新课程关键词

The Keywords of New Curriculum

崔允漷
王少非
杨澄宇
周文叶
雷　浩
　　著

教育科学出版社
·北京·

出 版 人　郑豪杰
策划编辑　池春燕
责任编辑　池春燕　殷　欢
版式设计　孙欢欢
责任校对　贾静芳
责任印制　叶小峰

图书在版编目（CIP）数据

新课程关键词 / 崔允漷等著. —北京：教育科学
出版社，2023.10（2024.2重印）
ISBN 978-7-5191-3575-1

Ⅰ.①新… Ⅱ.①崔… Ⅲ.①课程—教学研究
Ⅳ.①G423

中国国家版本馆CIP数据核字（2023）第190260号

新课程关键词
XIN KECHENG GUANJIANCI

出 版 发 行	教育科学出版社			
社　　　址	北京·朝阳区安慧北里安园甲9号	邮　　编	100101	
总编室电话	010-64981290	编辑部电话	010-64989441	
出版部电话	010-64989487	市场部电话	010-64989009	
传　　　真	010-64891796	网　　址	http://www.esph.com.cn	
经　　　销	各地新华书店			
制　　　作	北京京久科创文化有限公司			
印　　　刷	保定市中画美凯印刷有限公司			
开　　　本	720毫米×1020毫米　1/16	版　　次	2023年10月第1版	
印　　　张	18	印　　次	2024年2月第5次印刷	
字　　　数	271千	定　　价	56.00元	

图书出现印装质量问题，本社负责调换。

▶ 课程改革是一项"没有最好，只有更好"的专业实践，是一个永无止境的变革过程，从"新课程"走向更新的课程，亦是课程变革的常态。

前言

2001年，教育部颁发了《基础教育课程改革纲要（试行）》，吹响了中国基础教育第八轮课程改革的号角，这标志着我国中小学迈入"新课程"时代。20多年过去了，课程的样态趋于稳定，至少对这期间参与课程实施的教师而言，"新课程"已不再是新鲜事。然而，相对于国家的要求、人民群众的需求、时代的发展和教育的进步，之前的"新课程"已明显地显现出诸多的不适应。

为深入贯彻党的十九大和全国教育大会相关会议精神，落实立德树人根本任务，促进义务教育高质量发展，更好地满足时代发展的要求和人民群众对教育更高的需求，教育部于2019年启动了义务教育课程方案和课程标准的修订工作。历经三年卓有成效的工作，义务教育课程方案和各学科课程标准于2022年4月正式颁布，这标志着我国义务教育新课程再次迭代为更"新"的课程。

最好或最合适的课程是我们永恒的追求。课程改革是一项"没有最好，只有更好"的专业实践，是一个永无止境的变革过程，从"新课程"走向更新的课程，亦是课程变革的常态。若干年后，我们的课程必将走向更新。但是，毋庸讳言，当前的新课程至少提出了最紧密贴合这个时代需求的课程理想，并建构了尽可能贴近课程理想的课程方案。

然而，这并不表明我们的学生就能拥有当前最好的课程。课程并不等同于具体的方案文本，方案文本只是课程存在的一种形式，课程必须体现于教师、学生、文本（或叫方案）三要素的互动之中。简单地说，课程就是用"课"的方式去规范或引导学生学习过"程"的专业实践，或者说，教师用设计好的"课"的文本或方案影响和指导学生学的过"程"。因此，课程是一个过程，是教师带着某种目的或意图，运用专门设计过的文本影响学生学习的实践过程。如果没有教师、学生与方案文本的互动实践，就没有真正意义上的课程。课程是为育人服务的，只有当课程真正服务于学生的成长时，课程作为一种实践才能实现其意义。因此，在从党和国家的教育要求与时代发展需求（理想课程）出发，建构国家课程方案和教材（正式或文本课程），再到学生真正体验到的课程这一过程中，以教师为主力军的课程实施者对新课程的理解至关重要。

为了帮助广大教师、校长、教研员等课程实施者更好地理解新课程，明确此次课程修订的价值追求和技术革新，作为21世纪以来我国基础教育课程改革的亲历者，我基于自己的理解，从新课程众多概念中遴选了22个关键词，组织团队尝试对这些关键词进行深入的探讨。

新课程关键词以词条呈现，但其内涵远不止"词"本身。"关键词"本是一个图书馆学术语，指能体现一篇文章或一部著作中心概念的词语，其扩展意义是指编制索引时用来支持文献或其他媒体检索的词汇。如果将新课程视为一个文本，我们所选的这些词无疑都属于新课程的核心概念，但我们遴选的新课程关键词并非仅仅因为其是新课程的中心词汇，更不是为了便于检索。我们选择这些词，是因为它们对作为一种实践的新课程至关重要。这些词代表着新课程的关键观念与关键实践，这些观念与实践对于课程实施者"领会""运作"新课程至关重要，且在很大程度上决定学生"体验"到的课程是否达成或接近课程理想。这些词中，有些反映了新课程的核心理念，比如核心素养；有些反映了新课程相对于以往课程文本的关键变化，如学业质量标准、跨学科主题学习、学科实践等；有些则是新课程中的关键实践领域，如基于课程标准的教学、大单元教学、"教—学—评"一致性、表现性评价、新技术支持的评价等。特别需要指出的是，我们还纳入了在《义务教育课程方案（2022年版）》中未直接出现，但支撑着新课程关键实践的一些词，如

▶ 课程改革是一项"没有最好，只有更好"的专业实践，是一个永无止境的变革过程，从"新课程"走向更新的课程，亦是课程变革的常态。

深度学习、学业述评。

新课程关键词属于新课程，但并不表明新课程涉及的关键词只有相关的"新"词。新课程之所以"新"，是因为其既涉及众多全新的提法，如学业质量标准、学科实践、跨学科主题学习等，也涉及众多在国家教育政策文本中已经明确但在义务教育课程政策文本中首次加以明确的观念，如核心素养、综合评价等。但"新课程"不是对原有课程的颠覆，而是对原有课程的修订和完善，一些已历经20余年课程改革洗礼，且有广泛研究基础和实践底蕴的观念和做法，对于新课程实施依然至关重要，如基于课程标准的教学、学校课程实施方案、项目化学习等。课程实施自有其核心的常识性要求，其中有些源于古老的教育智慧，为人耳熟能详但仍历久弥新，如因材施教；有些原本是常识，但被遮蔽已久，实践中存在明显偏差，如"教—学—评"一致性。

本书是团队协作的成果。撰稿人中有的直接参与了义务教育课程方案的修订工作，有的虽未直接参与，但为其做了大量的基础性工作，如参与相关调研、开展专题研究等。各章具体撰稿人如下：1. 核心素养：崔允漷、王丹艺；2. 学业质量标准：陆卓涛、崔允漷；3. 学习任务：文艺、刘昕；4. 课程内容结构化：张紫红；5. 综合学习：郭洪瑞；6. 跨学科主题学习：安桂清、陈艳茹；7. 项目化学习：方超群、夏雪梅；8. 深度学习：温雪；9. 情境学习：杨澄宇、张紫红、王佳懿；10. 学科实践：崔允漷、张紫红；11. 因材施教：杨澄宇、陈诺；12. 基于课程标准的教学：石雯雯、崔允漷；13. 大单元教学：田薇臻、崔允漷、卢明；14. "教—学—评"一致性：雷浩、张菊荣；15. 过程评价：董泽华；16. 综合评价：贺鹏振、张雨强；17. 增值评价：周淑琪、周文叶、王少非；18. 学业述评：王少非、张斌；19. 协商式评价：王少非、王炜辰；20. 表现性评价：周文叶；21. 新技术支持的评价：毛玮洁；22. 学校课程实施方案：王丹艺、崔允漷。全书由崔允漷、王少非负责统稿，郭洪瑞、张紫红等以不同的方式参与了统稿工作。

此书尽管以我们团队署名，但无疑其中凝聚了义务教育课程方案修订专家组全体专家的智慧，在此我们向各位专家表示诚挚的感谢！此书能够顺利面世，还要特别感谢教育科学出版社及池春燕编辑的策划和推动。

　　由于我们自身能力和水平有限，书中难免有一些不足之处，敬请广大读者批评指正。

崔允漷

2023年9月

▶ 课程改革是一项"没有最好，只有更好"的专业实践，是一个永无止境的变革过程，从"新课程"走向更新的课程，亦是课程变革的常态。

目 录

▶ **1. 核心素养** / 1
新课程的统摄性概念，是指一门课程独特、关键且共同的育人价值，涉及与课程目标、学业质量、内容/学业要求以及大单元教学、表现性评价等概念之间的关系。

▶ **2. 学业质量标准** / 15
新课程标准的一大突破，体现了课程标准文本内容结构的重大创新，其实质是整合情境、学习内容与素养要求，总体刻画课程阶段性学习之后的学业成就。

▶ **3. 学习任务** / 27
新课程实施的重要载体和路径标志，其实质是素养导向的实践活动。通过学习任务的完成，体现学用结合、知行统一，达成深度学习与素养目标。

▶ **4. 课程内容结构化** / 39
新课程内容组织方式的变革，旨在使学生形成有组织的学习经验，促进深度学习的发生。课程内容结构化有三条路径：自下而上、自上而下与横向组织。

➡ **5. 综合学习** / 51

新课程学习方式的关键表征之一，针对知识间、知识与经验、知识与自我的三重割裂，强调学科内整合学习、跨学科主题学习和综合课程的学习。

➡ **6. 跨学科主题学习** / 65

综合学习的重要方式之一，强化课程育人的重要载体；倡导整合主学科和其他学科的知识来解决问题，体现学习的综合性、实践性和开放性。

➡ **7. 项目化学习** / 79

素养形成必需的学习方式，强调让学生在基于核心知识创设的问题情境中完成活动任务，以高阶学习带动低阶学习，实现知识逻辑、活动逻辑与生活逻辑的有机统一。

➡ **8. 深度学习** / 93

引领学习变革的价值观，统领着学习变革的诸多新观念，其实质是对学习者与知识、自我、环境三种关系的整体构建。

➡ **9. 情境学习** / 105

素养导向课程实施的必然要求，是学校学习情境化的共同特征，强调让学生在真实的任务情境中获得和应用知识，实现知识、情境和学习者经验的相互作用。

➡ **10. 学科实践** / 117

学科育人方式变革的新方向，学习"像学科专家一样"思考与行动，强调基于学科与实践、知与行的辩证关系，是自主、合作、探究学习的迭代升级。

> 课程改革是一项"没有最好，只有更好"的专业实践，是一个永无止境的变革过程，从"新课程"走向更新的课程，亦是课程变革的常态。

11. 因材施教 / 129

古老的教育智慧，但历久弥新。既是教育公平的必然要求，也是有效教学的"铁律"；既是新课程实施的基本原则，也是未来更"新"课程实施的基本原则。

12. 基于课程标准的教学 / 141

新课程落地的必然路径，涉及课标分解、目标叙写、"教—学—评"一致的关键技能，将素养导向的"目标一族"具体化为学期目标、单元目标与课时目标，以便于开展教学。

13. 大单元教学 / 153

新教学的重要表征，其实质是帮助学生建构有组织的学习经验，涉及高阶位的素养目标、多课时合一、有明确的组织者（大问题、大任务或大观念），是一种微型课程计划。

14. "教—学—评"一致性 / 167

基于课程标准教学的实践要义，明确了目标与教、学、评之间的应有关系。既是有效教学的核心观念，也是教师教学的关键技术。

15. 过程评价 / 179

核心素养评价的新路径，针对结果评价的弊端，强调关注价值观、必备品格与关键能力形成的过程性证据，为促进学习的行动提供科学的决策依据。

16. 综合评价 / 191

新评价的必然要求，针对"单一片面"评价的弊端，聚焦核心素养的整体性、实践性本质，全面考查学生综合素养的发展，促进学生全面发展。

▶ **17. 增值评价** / 203

学生发展评价的一把新标尺，聚焦学生的进步，指向学生的进步，也能有效支撑综合评价、过程评价和结果评价的改进。

▶ **18. 学业述评** / 215

新评价的一个亮点，针对长期存在的"数字"评价的弊端，倡导描述性评价，为过程评价、增值评价和综合评价的改进提供了思路。

▶ **19. 协商式评价** / 227

评价育人的重要策略，高度认可学生在评价中的主体地位，强调将协商对话贯穿评价的全过程，发挥促进学习的功能，并支持学生评价与反思能力的发展。

▶ **20. 表现性评价** / 239

最适合素养评价的方式之一。针对纸笔考试的弊端，强调学生在真实情境中的综合表现，指向深度学习与高阶思维能力，有效支撑教与学的改进。

▶ **21. 新技术支持的评价** / 253

新评价的方向之一。技术与评价的融合能有效支撑新课程所倡导的因材施教以及过程评价、增值评价、综合评价等评价方式方法的改革。

▶ **22. 学校课程实施方案** / 267

学校育人的课程蓝图，是学校有效实施国家课程和合理开发校本课程的基础性保障，涉及学校课程规划方案、学期课程纲要、单元/课时学习方案三个层级的方案。

1. 核心素养

新课程的统摄性概念，是指一门课程独特、关键且共同的育人价值，涉及与课程目标、学业质量、内容/学业要求以及大单元教学、表现性评价等概念之间的关系。

《义务教育课程方案（2022年版）》"基本原则"部分明确提出要"聚焦核心素养，面向未来"，强调要依据学生终身发展和社会发展需要，明确育人主线，加强正确价值观引导，重视必备品格和关键能力培育。要精选课程内容，注重培养学生的爱国情怀、社会责任感、创新精神和实践能力，奠基未来。核心素养作为中小学落实立德树人根本任务的重要抓手，不仅是课程方案修订工作的主基调，更是各学科课程标准文本的主旋律，其重要性不言而喻。

核心素养是怎么来的？如何正确理解新课程中的"核心素养"？核心素养给课程教学实践会带来什么影响？本章将尝试回答这些问题。

一、核心素养是怎么来的？

核心素养作为 21 世纪描述教育目标与课程目标的概念工具，昭示着时代背景下教育目标系统的范式转换。因此，梳理教育目标系统从"抽象的教育目的"到"具体的学习结果"再到"抽象与具体的'目标一族'"的变革历程，能够为深入理解"核心素养"这一新课程关键词提供一种有效的分析视角，澄清教育目标系统从"肯定"到"否定"再到"否定之否定"的辩证发展。

（一）教育的理想：关注抽象的教育目的

教育可追溯至遥远的原始社会。"巫"在宗教仪式中传递的具有教育价值的知识，构成了原始社会一切社会制度、机构活动、人际纽带的知识基础。到了奴隶制及封建制社会，人类积累了较为丰富的文化知识，学校教育及语言文字应运而生。各文明古国也设立了诸如宫廷学校、职官学校、文法学校等教育机构，在这里教师讲授由有限知识经验所形成的文化典籍，学生则阅读、书写并记忆书中的内容，以达成培养氏族成员或封建统治阶级所需贵族和官员的教育目的。

到了 16 世纪，近代自然科学迅猛发展，科学知识的增加迫切需要对其进行分类。培根（Bacon, F.）出于对不同知识具有不同教育作用进而实现不同教育目的的理解，开创了百科全书式的学科知识体系，对当时学校学习的内容划分产生了重要影响。夸美纽斯（Comenius, J. A.）在此基础上，提出了"构成一种全部学科的完全的、彻底的、准确的缩影"的知识主张，以期实现"把一切知识教给一切人"的教育理想[①]。而后，诸多教育家对知识的分类分科提出了更为细致的想法。例如，斯宾塞（Spencer, H.）基于人完满生活的五个领域提出以科学知识为核心的学科体系，注重服务于社会生产生活；赫尔巴特（Herbart, J. F.）依据兴趣理论对学生课程内容进行划分，为激发未来新的兴趣做好准备。

究其根本，教育家们对知识分类分科的不同主张，其实都是为实现学会一切知识、过上完满生活、为未来做好准备等"抽象"的教育目的。为达成抽象的教育目的，又进一步推论达成该教育目的所需的教育内容，确立了分班、分科、分级的学校教育秩序，实现了从教育思维到教学思维的转换。在这一内在逻辑的基础上，19 世纪下半叶各国逐步建立制度化的国家教育系统，经筛选过的"标准化"知识成为学校教育中分科制授课模式的主要内容，教师在有限的时间里高效地完成教学，以最为经济实用的方式传播着国家的意识形态并达成培养一定社会需要的人的教育目的。这时，国家实现了对教育目的与教育手段的严格掌控，进而以教育目的引领教师和学生的教与学行为。

（二）课程对抽象目的的承接与转化：聚焦具体学习结果的课程目标

19 世纪末，科学技术的飞速发展与全球化格局的形成推动着知识进一步解放，知识的竞争与共生成为常态。1918 年，克伯屈（Kilpatrick, W. H.）主张把学生有目的的活动作为学习单元，对上一时期的抽象目的加以承接与细化，强调对学习过程的设计。同年，博比特（Bobbitt, J. F.）从课程视角出发，强调学生经课程"跑道"式学习后的能力提升与目标达成，并基于对

---

① 夸美纽斯. 大教学论 [M]. 傅任敢, 译. 北京：教育科学出版社, 1999：238, 130.

教育结果的考量，将杜威（Dewey, J.）、克伯屈等人模糊的"目的导向"转化为清晰的"目标导向"，这标志着"课程"作为一种独立研究领域的诞生。20世纪中叶，以布卢姆（Bloom, B.）教育目标分类学为代表的一系列研究成果，为"目标导向"的结构建立以及教育目标的科学化表达提供了理论依据。此后，美、英、法等国，先后颁布了国家和各州/省的课程标准，将清晰的"目标导向"官方化，成为国家管理教育的工具，并逐步引向一种更加明确的"聚焦具体学习结果的课程目标"。

这种指向具体知识与技能习得的"聚焦具体学习结果的课程目标"，对我国的"双基"目标影响也很大。1978年，教育部重新修订并颁布《全日制中学暂行工作条例（试行草案）》《全日制小学暂行工作条例（草案）》，据此对中小学教学计划、各学科教学大纲和教科书进行了修订，突出强调现代科学的"基础知识和基本技能"，即"双基"概念。由此，对于基础知识的学习以及基本技能的培养，成为当时我国中小学教育的核心目标。

随着21世纪信息化、全球化、国际化的飞速发展，经济社会发展对人才素质的需求发生很大变化，除了知识与技能，还强调指向能力培育的过程与方法，以及社会性方面的情感、态度与价值观。2001年6月，教育部印发《基础教育课程改革纲要（试行）》，明确提出"三维目标"，在知识、方法和价值三个层面突出了学科要素价值的完整性和本质性，将"知识与技能、过程与方法、情感态度与价值观"作为国家课程标准中对课程目标的新表述。可见，"双基""三维目标"既承接了培养一定社会需要的人的教育目的，又对这一教育目的进行了具有时代意义的阐释，更在"教学思维"转向"课程思维"的同时，将知识本位的单一价值取向转变为多维度、综合性的价值取向，以学生"学什么、怎么学"的立场审视教师"教什么、怎么教"，由内而外为聚焦具体学习结果的课程目标澄清了维度。

（三）抽象与具体的"目标一族"：从"双基""三维目标"到核心素养

证据表明，新课程所倡导的先进理念得到了教师很大程度的认同，但先进的理念与残酷的现实之间的"两张皮"现象不仅是存在，而且十分严重。"课程思维"的基础薄弱,导致有些学科教师只关注知识点层面的"了解、记住、说出"等低阶位的目标,在教学实践中仍然将统整的"三维目标"割裂为"三类目标",三个维度统合而成的目标本身究竟是什么尚不清晰,难以实现培养"完整的人"的教育目的。这引起了我国诸多教育研究者对"三维目标"的反思。图1-1显示了"双基""三维目标"和核心素养的迭代发展。

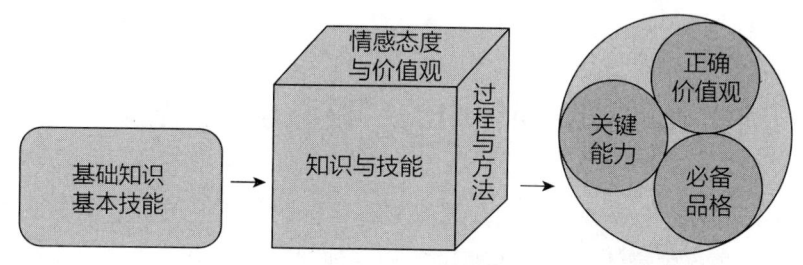

图1-1 "双基""三维目标"和核心素养的迭代发展示意图

与此同时,经济合作与发展组织(OECD)通过"迪斯科计划"(DeSeCo),以"素养"这一整体性和有机性的概念回应了个体发展的能力要求,即"个体在特定情境中,调动认知与非认知的心理资源,成功满足复杂需要的能力"[①]。由此,世界范围内诸多国家、跨国组织、研究机构等纷纷根据区域特征与育人目标,研制并颁布相关的核心素养框架,并将核心素养或课程标准作为教育的核心导向和国家育人目标的学科化表述,以此设计并组织各学科各学段的课程。

这种以"核心素养"表述育人目标的方式,不仅调动和运用了包括知识、技能层面的认知资源,还整合了情感态度与价值观层面的非认知资源,弥合了"三维目标"在实践中的割裂。从价值取向上来看,核心素养从追求知识技能转移到人的毕生发展,将教育目的从"具体"的学习结果再一次回归为"抽象"的教育理想,但同时又在以立德树人为教育根本任务的当下,以不同学段、不同学科的核心素养明确"培养什么人""如何培养人"等教育问题,为"抽象"的教育目的提供了"具体"的方式路径,实现抽象与具体的共存。因此,核心素养除了能够回应对"三维目标"的反思,还能够建立落实立德树人根本任务与学科课程教学之间的内在联系,成为破解教育目的与课程教学之间"两

---

① Rychen D S, Salganik L H. Key competencies for a successful life and a well-functioning society [M]. Göttinggen, Germany: Hogerfe & Huber, 2003: 43.

张皮"难题的关键,更是教育目标系统从"肯定"到"否定"再到"否定之否定"转变的关键。正是基于这一考量,新修订的义务教育课程标准建构了以核心素养为统领的课程/学段目标、内容/学业要求与学业质量标准的"目标一族",它有助于真正实现课程的育人价值,有助于落实立德树人根本任务,推进我国社会现代化和人的现代化,推动教育目标系统实现从"教书"到"育人"的转变。

二、如何正确理解新课程中的"核心素养"?

核心素养的提出反映了人们在思考教育目标时的重心转变。但核心素养到底是什么,又意味着什么,还需要进一步澄清。

(一)价值定位:从学习结果界定未来的新人形象

尽管国际组织以及美国、新西兰、新加坡、日本等不同国家在界定核心素养时存在不少差异,在划分具体维度时也难以达成共识,但当剥离核心素养的外在形式,回归这些词"在什么背景下描述什么"的价值实质时可以发现,不同的核心素养其实都是在回答同一个问题,即"如何从学生学习结果的角度来看未来社会所需要的人才是什么样的"或是"如何描述新时代新型人才的形象,如何解读新时代期许的'学力'与'学习'"[1]。尽管各国的答案不同,但都反映出各国相似的教育愿景,即摆脱传统的知识传授和基本技能获取的教育方法,以核心素养回应如何培养能够在复杂多变的未来社会学会学习、获得个人成功、促进社会进步的新人。

那么,我国对未来新人形象的回答是怎样的呢? 2013 年,教育部委托北京师范大学林崇德教授组织专家工作组,启动了中国学生发展核心素养的研究。2016 年 9 月,《中国学生发展核心素养》总体框架在北京发布。该框架包括 3 个维度、6 个素养、18 个基本要点,涵盖了学生适应终身发展和社会发展所需的能力或素质。中国学生发展核心素养以落实立德树人根本任务为

---

[1] 钟启泉. 基于核心素养的课程发展:挑战与课题[J]. 全球教育展望,2016,45(1):3-25.

根本出发点，是在关照"立什么德、树什么人"这一关键问题的同时，充分体现社会主义核心价值观，系统落实党和国家的教育方针，并将之科学地细化为具体的人才培养目标。[①]"让核心素养落地"，是此次义务教育课程方案与各学科课程标准修订的工作重点和关键抓手。基于此，核心素养导向既成为课程方案研制工作的主基调，也是课程标准文本的主旋律。义务教育新课标在反思普通高中课程标准研制经验的基础上，吸收了中国学生发展核心素养的研究成果，凝练了每门课程要培养的核心素养，强调正确价值观、必备品格与关键能力的培育。

可见，无论是中国学生发展核心素养还是学科核心素养，都从学生学习结果的角度勾勒出了我国未来社会所需人才的形象，体现了适应社会和促进人的全面发展的历史性要求以及国家在人才利益方面的意志，标志着课程改革为了应对信息化、全球化与知识经济社会对人才培养需求的变化而实现的一次华丽转身，即从对内容的关注转向对学习结果的关注，从对教材、标准的关注转向对培养什么人、怎样培养人、为谁培养人的关注。

（二）本质内涵：正确价值观、必备品格与关键能力

在义务教育新课程的语境下，每门课程所培育的核心素养是学科育人价值的具体体现，常表现为用3—5个概括化的词或短语来描述一门学科/课程独特、关键、共同的育人价值（见表1-1），它是落实立德树人根本任务的学科宣言，是学科教育的"家"或灵魂。它强调培养学生经过课程学习后逐步养成的、适应个人发展和社会发展所需要的正确价值观、必备品格和关键能力。其中，"关键能力"是核心素养的认知层面，指向学生面对未来复杂的不确定情境时，能够综合运用所学的知识、观念、方法来解决问题，是学生顺利完成某种活动进而解决相应问题的心理条件，是学生所应具备的复杂能力结构系统。"必备品格"和"正确价值观"则是对核心素养在非认知层面的理解，指向学生能够习惯并且坚持在面对未来复杂的不确定情境时，综合运用所学的知识、观念、方法来解决问题，指向道德化的习惯品行与人格特质，是学

---

① 林崇德. 构建中国化的学生发展核心素养[J]. 北京师范大学学报（社会科学版），2017（1）：66-73.

生习惯性、持续性解决相应问题中知识运用实践过程的副产品。这三种成分共同决定了核心素养的实体内容、外在形式与实践过程，进而确保核心素养的整体性生成。

表1-1 义务教育各门课程培育的核心素养

课程	培育的核心素养
道德与法治	政治认同、道德修养、法治观念、健全人格、责任意识
语文	文化自信、语言运用、思维能力、审美创造
历史	唯物史观、时空观念、史料实证、历史解释、家国情怀
英语（日语、俄语）	语言能力、文化意识、思维品质、学习能力
数学	会用数学的眼光观察现实世界、会用数学的思维思考现实世界、会用数学的语言表达现实世界
地理	人地协调观、综合思维、区域认知、地理实践力
科学	科学观念、科学思维、探究实践、态度责任
化学	化学观念、科学思维、科学探究与实践、科学态度与责任
物理	物理观念、科学思维、科学探究、科学态度与责任
生物学	生命观念、科学思维、探究实践、态度责任
体育与健康	运动能力、健康行为、体育品德
信息科技	信息意识、计算思维、数字化学习与创新、信息社会责任
艺术	审美感知、艺术表现、创意实践、文化理解
劳动	劳动观念、劳动能力、劳动习惯和品质、劳动精神

（三）根本属性：代表立德树人的学科宣言

核心素养反映一门课程独特、关键与共同的育人价值。它不仅可以作为课程发展的目的或意图，还可以是一种可实现的、多层级的目标体系。国际上关于核心素养的文献表明，大多数核心素养涉及顶层的教育目的，主要回应"培养什么人"的问题，这是延续教育（课程）标准研制的传统所致。我国在教育目的层面，已经达成了基本的共识，即落实立德树人根本任务，培养德智体美劳全面发展的社会主义建设者和接班人。

中国学生发展核心素养便是在此基础上形成的面向所有学段、所有学科、所有学生的共通素养，勾勒出了我国未来社会所需人才的形象，但难以直接成为可把握的目标实体。许多国家采取实在主义（realism）取向，试图用目标的技术规范把核心素养的育人价值描述出来，以作为各门课程编制课程标准的依据，教师再依据课程标准开展教学与评价。因此，我国普通高中和义务教育阶段均在课程方案及学科课程标准修订时强调坚持"育人为本"，凝练核心素养，明确该学科独特的育人价值和共通的育人要求，以此来落实学科育人、课程育人。

"核心素养"等概念的提出获得了广泛认同，其根本原因就在于它让学科教育终于找到了"家"，而且是学科教育界绝大多数人都认同的"家"，直接回应或代表了学科"育人什么"。具体而言，核心素养为各门课程的独立设置创设了学科理由，为学校教育与其他教育场域的素养培育划分了明确界限，是一代毕业生的画像，更是一代人共同的要求，成为立德树人的学科宣言。从属性上看，核心素养体现了学科性、科学性、教育性与人本性。它厘清了课程的育人目标，指明了学科教学与评价的方向，规划并引领着学科教育教学实践。

三、核心素养给课程教学实践会带来什么影响？

核心素养作为此次义务教育课程修订的统领，在新目标、新教学、新评价等方面均有体现。这三方面构成了课程育人的完整逻辑，也体现了素养导向下课程育人的复杂性与专业性，有助于教师更准确地理解与践行新课程改革的理念。

（一）统领目标：有助于教师确立教书与育人统一的观念

就一门学科而言，教师遇到的最大挑战是我教的这门学科如何回应"培养什么人、怎样培养人、为谁培养人"的问题，即学科课程育人的问题。义务教育课程改革以核心素养为统领，建构了素养导向的"目标一族"，建立了从抽象到具体的核心素养导向的目标体系，将"树人"过程从抽象的目的逐步分解为具体的目标，使得教师理解并践行从"教书"走向"育人"有了清晰的路径，对立德树人根本任务的"落实"有了清晰、可操作的凭依。

具体而言，核心素养代表某门课程的育人价值，统领"目标一族"：课程/学段目标是该门课程所要培养的核心素养的目标化表述。一门课程的核心素养通常用3—5个词或短语表述，课程目标则基于此采用目标的规范阐述各个素养的具体要求。内容/学业要求的实质就是知识点的目标，是基于具体学科内容或知识点描述的预期学习结果，是从素养目标的高度审视具体内容的学业要求。学业质量是学生完成课程阶段性学习后学业成就的综合表现，体现课程/学段目标的达成程度，反映核心素养的要求。而学业质量标准则指向不同核心素养在同一水平上的整合，进而形成学科学业质量标准的水平，用以规范、指导形成性评价、学业水平考试或中高考命题，更是对学生学业成就表现的总体刻画。以初中地理为例做一说明，如表1-2所示。

表1-2 核心素养统领的"目标一族"：以初中地理为例

核心素养	综合思维，指人们综合地认识地理环境及人地关系的思维方式和能力。
课程目标	学生能够初步理解地理事物和现象是由地理要素在不同时空条件下相互作用形成的；能够通过观察、比较、分析等方法，认识地理事物和现象的自然、人文特征及其时空变化特点，初步形成从地理综合的视角看待和分析问题的意识和能力；能够初步具备崇尚真知、独立思考、大胆尝试等科学品质。
内容要求	结合实例，说出地球自转产生的主要自然现象及其对人们生产生活的影响。
学业质量	能够初步从系统、动态的角度，简要描述、说明地球自转和公转的特征及其产生的自然现象，并将地球运动与人们的生产生活相联系，扩展对人地关系的认识，建立爱护地球的观念（综合思维、人地协调观）……

打个比方，如果我们将每门课程所要培养的核心素养比作"人品"，那么，学业质量就相当于酒品、棋品或牌品等"事品"，而内容/学业要求就相当于具体的"酒量"。酒量无法推论人品，只有酒品才能推论人品（更进一步的阐释见关键词2"学业质量标准"）。以前国家层面的学科课程标准以及20世纪的教学大纲关注的主要是内容标准或要求，即基于具体知识点的学习结果，缺乏学业质量标准，这也是导致教书与育人对立（即"教了书但没育人"）的问题所在。核心素养导向的"目标一族"为确立教书与育人的统一观念提供了概念基础和逻辑支撑。

（二）引领教学：有助于教师推进大单元教学

新课标决定新教学。长期以来，我们的教学都是按课时分配知识点的，因此教师会分课时把一个知识点、一个技能等作为一个单位来设计教学，甚至将一篇语文课文分为两个课时单位，设计成两份教案。这样的设计必然会导致目标窄化、细化、浅化与孤化，直接影响学科育人、课程育人的效果。当核心素养统领下的"目标一族"成为目标时，我们不仅需要思考课程内容的变革，还要思考如何来组织内容以实现有效教学。而"大单元"教学就成为一种替代性的新型教学模型，它能够整合时间、目标、内容、情境、任务、活动、评价等要素，组成一个相对独立而完整的学习事件，最终指向素养目标的达成。

大单元教学要求教师在思考或组织教学的单位时，放弃以前熟悉的"知识点+课时"的做法，而采用与学业质量高阶位目标相匹配的"大单元"设计。所谓大单元，本质上就是由高阶位的素养目标所统领的、超越单个课时来实施教学的课程单位。其"大"有四方面的含义：一是有高阶位的素养目标，也就是说，单元目标必须"看得见"素养；二是指向同一目标、多课时一起运作的教学单位；三是体现有组织的学习经验，将目标、多个知识点、多课时、情境、活动、学生学习、教师指导和评价等建构成为一种有组织的学习经验（即微课程）；四是有明确的组织者作为单元"骨架"。常用的单元组织者有大观念（生物学课标称为"大概念"）、大问题和大任务三类，大观念比较匹配价值观、必备品格等素养目标，大问题可以较好地对接关键能力、价值观等素养目标，而大任务更易达成关键能力与必备品格等素养目标。

例如，普通高中数学"函数"（48课时）是一个典型的大主题的学习任务，其内容涉及函数的概念与性质、指数与对数运算、三个基本初等函数（幂函数、指数函数、对数函数）、任意角的三角函数与诱导公式、三角函数的图象与性质及其应用和函数的应用等内容。以"大问题"为单元组织方式，可以将其划分为六个单元，即：怎样理解函数的概念与性质？如何进行指数与对数的运算？怎样探究指数函数、对数函数、幂函数的图象与性质？怎样计算任意角的三角函数值？怎样探究三角函数的图象与性质？如何应用函数知识解决实际问题？

这样的大单元意味着对课程内容的理解已经不是偏向学什么或怎么学，还涉及为什么学，即从学科逻辑、活动逻辑走向了学习逻辑。学科逻辑易导致学习太难，使学生丧失兴趣；而活动逻辑因缺乏系统性，容易导致学生获得的是"一里宽一寸深"的结果；学习逻辑则旨在以学习者为中心，以高阶位的素养目标为导向，依据大观念、大问题、大任务来组织学生的学习单元。

（三）变革评价：有助于教师重视真实情境中的问题解决

既然评价、考试、命题都要依据学业质量标准，那么新课标必然会带来评价的变革。具体而言，评价的改革至少体现在以下三方面。

其一，改进纸笔测试，重建试题属性。可以预见，纸笔测试仍将是考试评价的主要方式，但传统的纸笔测试更适用于测评学生的知识技能，难以适应素养导向的评价改革。素养导向的考试命题则需要重建试题属性，让每一个题目都有三个属性，即在什么情境下、运用哪一类知识、解决什么问题，以测量不同素养水平的学生在这些情境中解决问题的可能表现，进而根据上述表现确定学生的素养水平。[①] 比如，2022年全国新高考Ⅱ卷数学第19题，就是以某地区流行病学调查为情境（在什么情境下），运用概率分析的知识（运用哪一类知识），解决该地区疾病患者平均年龄及某一区间年龄的患病概率（解决什么问题）等问题。

其二，推进表现性评价，聚焦素养表现。表现性评价不仅能检测素养，更重要的是能促进素养的养成。其促进素养养成的功能主要通过创设在真实情境中解决问题的机会、引起学生的积极投入与主动建构、支持学生的自我调节学习来实现，把学生要学的知识与真实生活建立关联，引领学生经历知识和技能的运用或应用，进而将生活中的评价智慧与学科整合起来。

其三，强调过程数据，融合评价与技术。当前我们迎来了许多新技术，5G解决了即时传输的问题，云储存解决了超大数据的问题，人工智能解决了分析技术的问题。这三大技术支撑了线上学习、线上线下混合学习，能让数据变为证据，实现技术支持的过程评价，让以前认为不可评价的态度、习惯与品格等核心素养的关键点实现可视、可测、可评。

---

① 杨向东. 指向学科核心素养的考试命题[J]. 全球教育展望，2018，47（10）：39-51.

> 核心素养反映一门课程独特、关键与共同的育人价值。

核心素养是知识与技能、过程与方法、情感态度与价值观"三维目标"的整合与提升，是学科育人目标的认知升级，指明了教学与评价的方向，规划并引领着教育教学实践。它有助于建构课程育人的专业话语，打破学科等级化的困局，推动课程领域的专业对话，体现了中国课程人为世界课程共同体解决同类问题提供的"中国方案"。

▶ **拓展阅读……**

1. 崔允漷.追问"核心素养"［J］.全球教育展望，2016，45（5）：3-10，20.
2. 崔允漷，邵朝友.试论核心素养的课程意义［J］.全球教育展望，2017，46（10）：24-33.
3. 核心素养研究课题组.中国学生发展核心素养［J］.中国教育学刊，2016（10）：1-3.
4. 钟启泉.基于核心素养的课程发展：挑战与课题［J］.全球教育展望，2016，45（1）：3-25.
5. OECD.The definition and selection of key competencies［EB/OL］.（2005-05-27）［2022-11-30］.https：//www.oecd.org/pisa/35070367.pdf.

2. 学业质量标准

新课程标准的一大突破，体现了课程标准文本内容结构的重大创新，其实质是整合情境、学习内容与素养要求，总体刻画课程阶段性学习之后的学业成就。

《义务教育课程方案（2022年版）》在"课程标准编制与教材编写"部分明确指出，"体现正确的学业质量观，明确核心素养发展水平与具体表现，注重对价值体认与践行、知识综合运用、问题解决等表现的考查，建立有序进阶、可测可评的学业质量标准"。新修订的义务教育课程标准在文本结构上新增的一个结构要素——学业质量，其实就是学业质量标准。学业质量标准的提出和研制是此次新修订的课程标准的突出特色之一，它超越了每门学科原先的内容标准，用以对学生学业成就进行总体刻画。那么，学业质量标准是怎么来的？如何正确理解新课程中的学业质量标准？学业质量标准给课程教学实践会带来什么影响？本章尝试回答上述问题。

一、学业质量标准是怎么来的？

　　2014年，教育部颁发《关于全面深化课程改革落实立德树人根本任务的意见》，强调要研制学生发展核心素养体系和学业质量标准，这是"学业质量标准"的概念首次在政策文本中出现。2017年颁布的普通高中各学科课程标准首次将学业质量标准纳入课程标准，并将之作为其中的一个核心结构成分。2022年颁布的义务教育课程标准进一步落实并完善了学业质量标准的编制。这里，让我们首先考察一下学业质量标准的发展脉络。

（一）对学科结构运动的反思：从"内容"走向"标准"

　　第二次世界大战后，美国成为世界强国。然而，1957年苏联第一颗人造卫星的成功发射给美国造成巨大冲击，美国深感自身科技的落后并将原因归咎于学校教育的失败，进步主义时代盛行的"生活适应"教育成为主要的抨击对象。美国为了确保自身的领导地位，于20世纪60年代初开始进行战后第一次课程改革。此次课程改革采用以布鲁纳（Bruner, J. S.）为代表的结

> 学业质量不是具体内容的直接学习结果，而是在真实情境下运用所学的相关内容来解决问题或完成任务的综合表现。

构主义的主张，强调课程的学术性，重视学科基本概念和基本原理。但由于课程内容过于庞大和抽象，难度又过高，忽视了基本知识和基本技能，导致学生学完之后无法适应社会。再加上这一时期美国社会动荡不安，课程改革成效不如预期。因此，进入20世纪70年代，实用主义思想"回潮"。20世纪70年代中期至80年代，美国掀起了一场"回归基础"的教育运动，主要是因为此时美国学校的教育质量已低于"卫星冲击"之前，学生普遍缺乏读、写、算等基本知识和基本技能，公众开始不信任学校教育。各界人士要求"回归基础"，重视基本知识和基本技能。但由于这场教育运动缺乏统一的组织领导和外部支持，依旧无法抑制美国教育质量的下降。

面对日益下降的教育质量，1983年美国国家教育优异委员会（National Commission on Excellence in Education）发布了《国家处于危机之中：教育改革势在必行》报告，将教育质量下降的主要原因归咎于国家对教育的控制力不足：长期实行教育分权管理，使得联邦在基础教育课程设置上丧失领导地位，各州各学校虽有教学计划，但对具体教学内容和要求没有统一的规定。就特定内容来说，学生应该学多少、学到什么程度也没有统一的规定。因此，建立全国性课程标准显得尤为迫切。1989年美国州长联盟倡议编写全美课程标准，随后全美数学教师理事会（National Council of Teachers of Mathematics）正式颁布了《学校数学课程与评价标准》，这是美国首个全国性的数学课程标准。该课程标准从学科内容和学科能力两个维度进行构建，规定了学校教学内容。《学校数学课程与评价标准》属于传统意义上的课程标准，本质上是内容标准。与此同时，英国这一时期兴起了"输出驱动"的教育改革运动，开始从学习结果的角度研制课程标准，提出国家课程主体包括教学方案和成就目标两部分。其中，教学方案规定学生要学什么，实质上属于内容标准；成就目标规定学生要学到什么程度，实质上属于表现标准。随后不久，英国兴起的这一教育改革运动逐渐影响了全世界。

（二）标准化运动的开展："表现标准"的正式提出

在英国"输出驱动"的教育改革运动影响以及建立全国性课程标准的迫切需要下，美国正式开始了全国性标准的研制。1991年，美国全国教育标准和考试委员会（National Council on Education Standards and Testing）明晰了全国性标准的内涵，即全国性标准包括内容标准、表现标准、学习机会标准。其中的内容标准是学生需要掌握的知识和技能，表现标准是学生对内容标准的掌握程度。[1]1994年，美国国会通过的《2000年目标：美国教育法》指出，表现标准的开发要以内容标准为基础，与内容标准保持一致。这一时期美国颁布的《艺术教育国家标准》就明确区分了内容标准和表现标准。内容标准规定的是学生在艺术学科所要学的知识和技能，表现标准规定的是学生学了特定内容后的学业成就表现（九至十二年级设有"熟练"和"高级"两级水平）。此时的内容标准和表现标准是并列的，是学习标准的两个部分。表现标准基于要学的内容而确定，大多指向低阶位的学习结果，即学生对内容标准的掌握程度。这可以看作学业质量标准的"前身"。

在世界各国中小学教育标准化运动的背景下，我国在21世纪初也开展了新一轮课程改革，并颁布了一系列课程标准：2001年版全日制义务教育各学科课程标准（实验稿）、2003年版普通高中各学科课程标准（实验）、2011年版义务教育各学科课程标准。相较于2001年版义务教育各学科课程标准（实验稿），2011年版课程标准将"内容标准"的名称融合进"课程目标与内容"。但即便如此，其仍以学科知识体系为逻辑来组织和编排课程内容，描述的是学习内容与阶段性学习结果，本质上属于内容标准。上述三套标准均为内容标准，虽然已经关注到学生的学习结果，但主要涉及学生要学的内容及其对应的结果，相当于以往教学大纲的升级版，还没有建构出学科学业质量的本质内涵。

（三）核心素养理念的影响：学业质量标准的研制

由于我国2001年版、2003年版、2011年版课程标准均只有内容标准而没有单独设置表现标准，至多也只能说是兼有表现标准的内容标准，导致教师的教学实践过于注重学生对碎片化知识的掌握，难以实现培养"完整的人"的教育目的，学生在实践中暴露出一系列弊端。在我国反思课程标准在落实立德树人根本任务上存在的不足的同时，经济合作与发展组织启动了"迪斯

---

[1] Wurtz E, Malcom S. Promises to keep: creating high standards for american students [R/OL]. (1993-11-15) [2023-01-05]. https://govinfo.library.unt.edu/negp/reports/promises.pdf.

> 学业质量不是具体内容的直接学习结果，而是在真实情境下运用所学的相关内容来解决问题或完成任务的综合表现。

科计划"，以"素养"这一概念回应了个体面对知识经济、信息社会的能力发展要求。由此，世界诸多国家、组织等纷纷研制并颁布核心素养框架，并将核心素养纳入国家课程标准，重新设计内容标准和表现标准。如2014年美国《国家核心艺术课程标准》，从全人教育的角度明确提出了"艺术素养"这一概念，并围绕艺术素养制订内容标准和表现标准。值得一提的是，该标准没有单独提及内容标准，而是将内容标准和表现标准融为一体进行表达。表现标准规定了同一内容在不同年级的表现要求，具体描述了不同年级的知识技能的认知水平、学习表现或成果、任务类型和表现证据。[①] 此时的表现标准指向高阶位的学习结果，即素养的形成。从中我们可以看到学业质量标准的"原型"。

在核心素养理念的影响下，我国教育部于2014年颁布《关于全面深化课程改革落实立德树人根本任务的意见》，强调要研制学生发展核心素养体系和学业质量标准。在此之后，核心素养作为重要的育人目标，开始成为深化课程改革以及课程标准修订工作的有力统领。随后颁布的普通高中各学科课程标准（2017年版、2017年版2020年修订）和2022年版义务教育各学科课程标准逐渐从内容标准走向核心素养统领的"课程/学段目标+内容标准+学业质量"，反映了素养时代的育人要求。此时，学业质量标准在各个学科的课程标准中凸显出来，成为课程标准一个独立的组成部分，由此尝试建构超越具体知识与技能、体现核心素养的表现标准，努力弥补已往课程标准"只见内容，不见学生""只知教的书，不知育的人"等不足。

二、如何正确理解新课程中的学业质量标准？

在梳理了学业质量标准的发展脉络后，学业质量标准的内涵亦需进一步明晰。那么，究竟什么是学业质量标准？学业质量标准与其相关概念有什么联系和区别？下面将展开阐述。

---

① 杨向东.基础教育学业质量标准的研制[J].全球教育展望，2012，41（5）：32-41.

（一）学业质量标准究竟是什么？

如果要准确理解学业质量标准，关键在于要正确理解"学业质量"。尽管"学业质量"一词早已被广泛运用，但其真正的内涵还是众说纷纭，莫衷一是。归纳起来，大致有三种观点：第一种是将学业质量等同于考试分数，即将学生通过采用基于知识点的、双向细目表编制的试卷所获得的分数直接当作学业质量。第二种是将学业质量定义为学生对课程内容的掌握程度，学业质量标准是对学生对课程内容的学习学到什么程度算"好"、学到什么程度算"合格"、学到什么程度算"不合格"的规定。[1] 第三种是在核心素养的大背景下，将学业质量定义为学生通过特定课程内容学习后所具备的素养，学业质量标准规定了学生在完成基础教育阶段课程学习后应该具备的基本素养以及在这些素养上所应达到的表现水平。[2]

新修订的义务教育课程标准明确指出，学业质量是学生在完成课程阶段性学习后的学业成就表现，反映核心素养要求。学业质量标准是以核心素养为主要维度，结合课程内容，对学生学业成就具体表现特征的整体描述，是学业水平考试命题的依据，同时对学生学习活动、教师教学活动、教材编写等具有指导作用。具体来说，学业质量标准具有以下特征：第一，学业质量是学生在完成课程"阶段性学习"后的学习结果，不是一课时、一个具体知识点学习之后的学习结果。具体地说，学业质量用以描述单元、学期、学段或整个义务教育阶段的课程学习之后的学习结果，反映核心素养的要求。第二，学业质量指的是学生阶段性课程学习后学业成就的综合表现，不是某个知识点的获得或直接应用，而是多个相关的知识点综合运用的学习结果。第三，学业质量标准指的是结合学科课程内容来描述该课程培育的核心素养的表现。虽然离开课程内容是无法描述学科学业质量的，但学业质量不是具体内容的直接学习结果，而是指在真实情境下运用所学的相关内容来解决问题或完成任务的综合表现。第四，学业质量标准是整体描述或刻画某课程要培育的核心素养表现，是整合取向的，这就要求学业质量测评的命题与评分必须摒弃

---

[1] 雷新勇. 构建国家基础教育学业质量标准的思考［J］. 基础教育课程，2012（7）：58-61.
[2] 杨向东. 基础教育学业质量标准的研制［J］. 全球教育展望，2012，41（5）：32-41.

学业质量不是具体内容的直接学习结果，而是在真实情境下运用所学的相关内容来解决问题或完成任务的综合表现。

我们习惯了的"分解"思维，改造"将各个题目所得的分数相加得到一个总分"的简单化评分做法，用整合的思维开展命题与评分，并依据课程标准中规定的核心素养关键表现特征做出学业质量水平的判断。

（二）学业质量标准与课程目标、课程内容是什么关系？

首先，学业质量标准与课程目标是什么关系？课程目标是核心素养的目标化、拓展性表述，以目标的陈述规范描述某门课程所要培育的核心素养，是该课程在促进学生核心素养发展方面的预期目标；而学业质量则是课程目标实际上达成的情况，仅代表通过测评技术所获得的能代表课程/学段目标的那部分学习结果。课程/学段目标是预期的核心素养要求，是教学前的理想，相对比较抽象，相当于"求乎其上"；而学业质量则是通过测评手段获得的事实上的学习结果，是教学后的现实，相对比较具体，相当于"得乎其中"。课程目标是学业质量标准研制的重要依据，学业质量标准体现了结合课程内容来描述的分学段、具体化的课程目标。总体而言，课程目标是对学生通过本课程学习之后应达到的学业成就的预设或期待，是学业质量标准的方向与依据。但学业质量标准与课程目标又是不同的，学业质量标准是在课程目标指导下，判断学生是否具备相应素养的具体指标。[1]

其次，学业质量标准与课程内容是什么关系？新修订课程标准中的课程内容包括内容要求、学业要求与教学提示，其实质是内容标准，即根据直接要教的具体内容来界定学习结果，通常是以"行为动词+知识或技能"的句法结构来呈现，以了解、识记、理解和应用等为质量水平，如了解A（知识点）、理解B（知识点）、简单应用C（知识点）等。学业质量标准并不对某个具体的知识点规定学业要求，而是以课程内容为载体，强调学生在完成课程阶段性学习后学业成就的综合表现，即课程所培育的核心素养的整体表现。学业质量标准与课程内容的确有明确的关联性，但学业质量标准并不规定特定的课程内容要学多少、学多好，而是规定通过特定课程内容的学习，学生形成什么样的能力和品格。[2]

---

[1] 崔允漷, 郭华, 吕立杰, 等.义务教育课程改革的目标、标准与实践向度（笔谈）:《义务教育课程方案和课程标准（2022年版）》解读[J].现代教育管理, 2022（9）: 6-19.
[2] 程晓堂.高中英语学业质量标准研究[J].课程·教材·教法, 2018, 38（4）: 64-70.

为了更直观地理解学业质量标准与核心素养/课程目标、课程内容之间的关系，我们可以把它们之间的关系看成酒品与人品、酒量之间的关系，具体见图2-1。如果我们把核心素养/课程目标比作人品，那么学业质量标准就是事品，如酒品、棋品等，而内容标准就是能喝某种酒的量，即酒量。人品是一种理想的人格，是一种期望。如果我们要评价一个人的人品，一种可行的办法就是通过创设情境让被评价者在情境中做事，如和他一起喝酒，可测其酒品；与他一起下棋，可观其棋品……。以此推断其人品。当前教育存在的问题就是过于强调对知识点掌握程度的评价，即对"酒量"的评价，导致"内卷"问题十分严重，而忽视了对"酒品"的评价，缺少对过程与方法的关注，最终无法实现对"人品"的评价。新课标提出学业质量标准，并以其来重建评价观念与方法，通俗地说，就是要重视评价"酒品"，而非"酒量"，因为通过"酒量"无法推论一个人的人品，只有通过"酒品"才能推论人品，才能检验课程是否真的在育人。

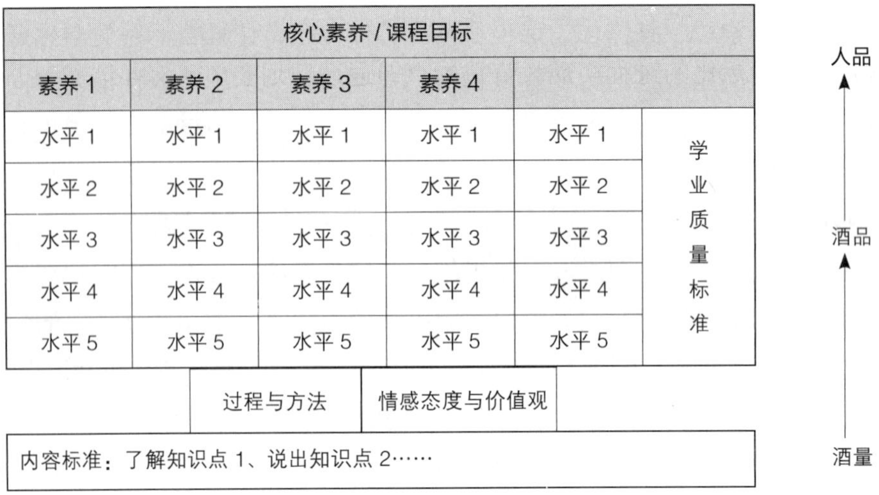

核心素养/课程目标					
素养1	素养2	素养3	素养4		
水平1	水平1	水平1	水平1	水平1	学业质量标准
水平2	水平2	水平2	水平2	水平2	
水平3	水平3	水平3	水平3	水平3	
水平4	水平4	水平4	水平4	水平4	
水平5	水平5	水平5	水平5	水平5	
	过程与方法		情感态度与价值观		
内容标准：了解知识点1、说出知识点2……					

↑ 人品
↑ 酒品
↑ 酒量

图2-1 学业质量标准与核心素养/课程目标、内容标准之间的关系

三、学业质量标准给课程教学实践会带来什么影响？

学业质量标准给课程教学实践带来的影响主要体现在课程、教学、评价三个方面。

> 学业质量不是具体内容的直接学习结果，而是在真实情境下运用所学的相关内容来解决问题或完成任务的综合表现。

（一）学业质量标准让核心素养落实"看得见"

核心素养反映了党和国家对教育"培养什么样的人"的期望，是贯彻落实立德树人根本任务的重要遵循。义务教育课程改革以核心素养作为育人目标，建构了素养导向的"目标一族"，即"课程/学段目标+内容学业要求+学业质量"。"目标一族"让核心素养进一步具体化，使得核心素养的落实有了清晰、可操作的凭依。

具体来说，核心素养是学科/课程育人价值的集中体现，用概括化的词来描述一门学科/课程的育人价值，体现了落实立德树人根本任务的学科/课程表述。它强调学生通过本学科或本课程学习之后逐步形成的关键能力（能做成事）、必备品格（愿意并习惯做正确的事）与正确价值观（寻求或坚持把事做正确）。核心素养反映某门课程落实立德树人根本任务的要求，是相对宏观且抽象的，它是课程建设的目的和灵魂，是课程建设的起点与归宿，但其本身不直接作为教与学的内容，无法直接用来教学和评价。课程建设的实质就是通过目标化的过程实现教育目的，即通过规划实施"怎样培养人"来实现"为谁培养人、培养什么人"，就是将一个个完整的教育事件组织成更大的教育事件，每一门课程其实就是学生经历一个完整教育事件的过程。他们从期望的核心素养/课程目标出发，经历分学段/学期具体的课程内容的学习与评价（内容标准），最后接受检测，看核心素养落实了没有以及落实的程度（学业质量标准）。学业质量标准是课程建设的关键要素，它既是核心素养/课程目标与内容标准的桥梁，也是规范和引领教学与评价的抓手。

（二）学业质量标准让教学目标"看得见人"

长期以来，教学大纲是我国中小学教学的纲领性文件，即基于要教的内容确定学业要求，教学目标主要涉及一个课时内具体知识或技能点需要达成的学业要求。这样的目标的好处是看得见内容落实、易操作，但问题在于看得见、可操作的东西是直接拿来教的东西，即具体的知识或技能，而不是这些知识或技能转化成在学生身上表现出来的核心素养，也就是说，在教学目标层面"只见书，不见人"。目标是教学的灵魂，目标无人，遑论教学过程"有人"。

新教学需要教师超越课时目标，构建素养导向的目标体系：学期目标、单元目标与课时目标。学期目标要参照核心素养、课程/学段目标以及学业质量标准，对标教材目录加以明确；单元目标介于学期目标和课时目标之间，需要对标核心素养、课程/学段目标、内容/学业要求以及学业质量标准，对学期目标做进一步分解后形成；课时目标需要对标内容/学业要求以及学业质量标准，并在对单元目标做进一步分解后形成。可见，学业质量标准不仅是教学目标的重要来源，而且直接影响三个层级目标的一体化建构。只要把握住学业质量标准，就能把握住学科育人、课程育人的关键。

以"人教版普通高中思想政治必修 1：中国特色社会主义"为例，根据核心素养、课程/学段目标以及学业质量标准，对标教材目录明确了四个学期目标："第一，能运用社会基本矛盾运动的原理，说明社会形态更替的一般进程，梳理近代中国探索复兴之路的历程，能论证中国特色社会主义是科学社会主义理论逻辑与中国社会发展历史逻辑的辩证统一。第二，通过各种活动，回顾中国共产党带领中国人民革命、建设和改革的奋斗历程，领会中国特色社会主义最本质的特征是中国共产党领导、中国特色社会主义制度的最大优势是中国共产党领导。第三，通过多种途径搜集中国成就的相关资料，探究成就背后的经验，懂得坚定中国特色社会主义道路自信、理论自信、制度自信、文化自信的道理。第四，通过参与多样化的'展望富强民主文明和谐美丽的社会主义现代化强国目标'活动，深刻体会青年学生的责任与使命，逐步树立为共产主义远大理想和中国特色社会主义共同理想而奋斗的信念。"[1]在确定学期目标时，学业质量标准是重要来源，要在学业质量标准中寻找"中国特色社会主义"这一大主题的学业要求。

（三）学业质量标准让标准参照的素养测评成为可能

自 20 世纪 90 年代以来，我国中小学学业评价一直采用基于教学大纲上知识点的学业要求或课标时代的内容标准的"双向细目表"进行命题和评价。如"学生应该理解绝对值、相反数等概念"。其中，"理解"描述的是知识的掌握水平，也就是教育者期望的学生认知过程，"绝对值、相反数"这些

---

[1] 此材料由上海市教师教育学院周增为老师提供。

> 学业质量不是具体内容的直接学习结果，而是在真实情境下运用所学的相关内容来解决问题或完成任务的综合表现。

名词描述的是学科知识，也就是教育者期望学生习得的课程内容。该评价框架采用"双向细目表"，一个维度规定学科知识，另一个维度规定对知识的掌握水平。此种评价框架的优点是看得见"落实了教书"，但无法回答"所教的书是否育人、育人什么"的问题。"双向细目表"过于关注学生对知识的掌握，把完整的学科知识体系分割成一系列的"知识点"，并与学生的认知过程相结合形成学习目标，比较适用于低阶位的知识点目标达成检测，而无法测评高阶位的关键能力、必备品格与价值观目标。所评即所得，最终导致培养出来的学生遭受高分低能、有分（分数）无德（公德、大德）的质疑。

新课程明确提出，学业质量标准是作业设计、过程评价、考试命题的直接依据，是结合课程内容描述学生完成阶段性学习之后的学业成就综合表现。它不排除具体知识点的学习与评价，但其评价已经超越那种仅局限于知识点并以知识点来设定目标等级的做法。它重视所教内容给学生带来的意义或价值，关注课程学习之后在学生身上体现出来的正确价值观、必备品格与关键能力，即高阶位的素养目标。就测评技术而言，"双向细目表"将退出历史舞台，素养导向的测评蓝图将取而代之，命题与评分方式的改变是关键。学业质量的测评将超越点状的具体知识和技能，突出在什么情境下运用所学的哪类知识（内容知识、程序性知识、认识论知识）能做什么事或解决什么样的问题。以2018年国际学生评估项目（PISA）中一道考查"面积"的题为例，试题描述大致如下：你的房间太旧了，需要重新粉刷一下，已知房间的长、宽、高分别是多少米，房间的门加上窗的面积是多少平方米，请问你要粉刷多大的面积？这道题是以粉刷房间为情境（在什么情境），运用面积的知识（运用哪类知识），解决房间粉刷多大面积的问题（解决什么样的问题）。

总之，学业质量标准超越了每门学科原先的内容标准，是此次新修订的课程标准的一大亮点，是深化基础教育课程改革的重要抓手。我们应将学业质量标准作为基础教育课程改革的切入点，以此引发对课程、教学、评价的深入思考，从而推动基础教育课程改革。

拓展阅读……

1. 崔允漷.试论新课标对学习评价目标与路径的建构[J].中国教育学刊,2022(7):65-70,78.

2. 崔允漷,郭洪瑞.试论我国学科课程标准在新课程时期的发展[J].全球教育展望,2021,50(9):3-14.

3. 杨向东.素养本位学业质量的内涵及意义[J].全球教育展望,2022,51(5):79-93.

4. 叶丽新.学业质量标准:从充分理解到运用与发展[J].教育发展研究,2020,40(10):44-49.

5. 辛涛.学业质量标准:连接核心素养与课程标准、考试、评价的桥梁[J].人民教育,2016(19):17-18.

3. 学习任务

新课程实施的重要载体和路径标志,其实质是素养导向的实践活动。通过学习任务的完成,体现学用结合、知行统一,达成深度学习与素养目标。

在日常生活中，"学习任务"本是一个众人熟知的词语，但在新课程的语境中，它已成为一个规范性概念。在新修订的课程方案和课程标准中，"学习任务"至少有三种不同的含义：一是作为课程内容组织方式，如《义务教育课程方案（2022年版）》强调要"突出课程内容结构化，探索主题、项目、任务等内容组织方式"；二是作为评价要素，如《义务教育地理课程标准（2022年版）》提出"在完成相应的学习任务过程中，所展现出的核心素养的发展水平，以检测课程目标的达成度"；三是作为教学设计的依据，如《义务教育化学课程标准（2022年版）》认为"核心素养导向的化学教学倡导基于学习任务的教学设计。学习任务是连接核心知识与具体知识点的桥梁和纽带"。这不得不激起我们探究的兴趣，"学习任务"到底是什么？一线教师应该如何设计和实施"学习任务"？本章试图回答上述问题。

一、学习任务何以成为新课程的关键词？

要厘清当下的"学习任务"是什么，首先要知道它是从何而来的。通过梳理"学习任务"的学术源流，我们能够明白它何以成为新课程的关键词。

（一）作为学习目标的靶向：任务源于对学习结果的强调

在《现代汉语词典（第7版）》中，"任务"被解释为"指定担任的工作；指定担负的责任"。在英语牛津词典中，"task"被认为是"必须完成的工作"。可见，无论是中文语境的"任务"还是英文语境的"task"，都表示必须要完成的工作或事情，具有明确的目标指向。在课程创设伊始，受行为主义与认知主义学习理论的影响，学习任务作为学习目标的靶向，在课程与教学领域开始受到重视。

现代课程理论的一个突出特征是追求明确的目标。现代课程理论的奠基者

> 学习任务是素养导向的实践活动，立足于培育学生的核心素养，实质是真实情境下的知识运用。

博比特就强调，要根据社会需求来确定课程目标，并且要将目标具体化。由此，他倡导将每一门职业分解为若干项小任务，再将每一项任务分解为若干项需要控制的因素。[①] 克伯屈和他有相似的观点，认为课程教学要把大目标分解为各项小任务，通过完成每一项小任务来达到从属于总目标的小目标。[②] 作为上述观点的集大成者，泰勒（Tyler, R. W.）认为要向学生清楚表明期望他们学习些什么，就需要提出学生力所能及的学习任务，并且随着学生学习的深入逐渐增加任务的难度。[③] 可见，在早期的课程理论中，虽然学习任务没有成为一个专门的概念，但其与目标的关系已初步显现。

在行为主义理论的影响下，教学设计中任务分析（Task Analysis）的理论和技术开始兴起。第二次世界大战期间，受过行为主义训练的心理学家米勒（Miller, R.）在对军事人员的选拔与培训中认识到，不同类型任务的人员选拔方式不同，特定的工作需要有独特的培训手段，因此便开始对学习任务进行分析，即对完成目标所必要的行为步骤进行分步描述。这一思想迅速渗透到教育领域。桑代克（Thorndike, E. L.）的联结主义和斯金纳（Skinner, B. F.）的程序教学法都主张将学习分解成一个个"小步子"，通过"小步子"的完成来塑造机体的行为。可以说，早期的教学设计理论明显地带有行为主义色彩，研究者倾向于从行为层面明确教学目标，帮助学生完成学习任务。

到了20世纪中叶，认知主义学习观开始逐渐取代行为主义学习观，任务分析的理论和技术也迎来重大发展。认知主义学习理论认为，学习过程是一个主动接受、加工信息的过程，因此要探索人类行为背后的心理机制。但是，受限于当时的科技水平，学习者的内部心理过程还无法探测，一些性能只有通过观察学习者在应用某性能的任务中的表现才能体现。于是，加涅（Gagné, R. M.）系统地提出了"学习任务分析"。他认为，任务就是对"终极的"或"作为靶子"的学习结果的描述。[④] 或者说，学习任务就是指学习者要学习的知识与技能的总和。[⑤] 可见，在认知主义学习理论的视角下，学习任务本质上是对认知结果的描述，学习者完成任务的过程就是获得知识与技能的过程。

---

① 博比特.课程[M].刘幸，译.北京：教育科学出版社，2017：72.
② 施良方.课程理论：课程的基础、原理与问题[M].北京：教育科学出版社，1996：335.
③ 泰勒.课程与教学的基本原理[M].施良方，译.北京：人民教育出版社，1994：11.
④ 加涅.学习的条件和教学论[M].皮连生，等译.上海：华东师范大学出版社，1999：267.
⑤ 杨开城，李文光.教学设计理论体系构想[J].教育研究，2001（11）：70-74.

总之，在早期的课程与教学研究中，受行为主义和认知主义学习理论的影响，教学设计中任务分析的思路与课程开发领域中目标分解的理念高度契合。学习任务是学习目标的具体化陈述，即学习目标的靶向。学习任务分析即学习目标分析，完成学习任务的过程即达成学习目标的过程。

（二）作为真实情境中的问题解决：任务成于对知识迁移运用的追求

20世纪80年代后，建构主义学习理论逐渐成为教学设计的重要基础。它强调学习者的主动建构与社会互动，在此基础上，乔纳森（Jonassen，D. H.）提出了建构主义的任务分析思想，认为抽象的知识必须回归到学习者的生活情境中，以此来促进知识建构、迁移和应用。此时，人们对学习任务的关注点，开始从作为学习目标的靶向转向作为强调真实情境的问题解决。

建构主义学习理论对知识运用的强调，促使了学习任务在多个学科教学领域中的发展。例如，在语言教学领域兴起了任务型语言教学（Task Based Language Teaching，TBLT）理论。该理论主张以完成任务的方式来学习语言，在此基础上达到语言习得所需要的理想状态：有大量的语言输入与输出，有关注语言形式的机会，有对语言的真实使用，以及调动了学习者的内在动机。[1] 数学教学也强调以任务为媒介促使学生协同合作，最终发展知识并解决问题。[2] 可见，在建构主义学习理论的影响下，学习任务的内涵发生了变化，学习任务成为一种运用知识的方式在课程与教学中广受关注。

进入21世纪以来，核心素养成为知识经济时代与信息社会人才培养的主要诉求，学习任务的内涵有了进一步发展。核心素养是一种复杂的、高阶的、整体的能力，只有真实复杂的学习任务才能帮助学习者整合各项知识、技能和策略，并将所学的东西迁移到新的问题情境中。因此，学习任务在知识整合方面的价值受到重视。这一时期的学习任务，在原有强调知识运用的基础上又承载了整合知识与技能的价值期待，成为素养时代学习和教学的驱动力。

此外，在建构主义学习理论的影响下，评价方式也发生了根本变革。随着表现性评价、真实性评价等新一代评价理论的兴起，学习任务被视为检测学

---

[1] 龚亚夫, 罗少茜. 任务型语言教学[M]. 修订版. 北京: 人民教育出版社, 2006: 30.
[2] 陈行, 鲍建生, 邢向东. 国外数学任务设计研究50年: 回顾与前瞻[J]. 课程·教材·教法, 2018, 38 (7): 139-143.

> 学习任务是素养导向的实践活动，立足于培育学生的核心素养，实质是真实情境下的知识运用。

生知识综合运用能力的重要途径。表现性评价需要通过任务来检测学生在特定目标上的行为表现，真实性评价也需要通过任务来考查学生真实的学业成就。而在标准化运动和促进学习的评价理念影响下，评价任务又被嵌入学习过程，成为兼具评价学习和促进学习双重功能的学习任务。

综上所述，建构主义思潮下的学习任务逐渐成为任务分析、教学设计、评价理论等多个理论领域关注的重要话题。在核心素养时代，学习任务是培育和评估核心素养发展的重要手段，成为撬动课程教学变革的重要概念。

二、学习任务究竟是什么？

从"学习任务"的历史演变可知，不同的教育心理学流派从不同角度探讨了学习任务，由此导致关于学习任务的多种不同理解。那么，新课程中的学习任务到底是什么？我们必须进一步厘清新课程语境中学习任务的本质内涵。

（一）实践活动：学习任务的本质归属

要界定学习任务，首先必须找到学习任务的上位概念，确定其本质归属，以此来明确其概念边界。

首先，学习任务是一种活动。学习任务是任务的一种，而任务又通常被视为一种活动。实际上，在当前的教育教学理论中，已经出现许多将"学习任务"看作一种"活动"的观点。例如，外语任务被认为是"为了达到交际目标用目的语进行交流的活动"[1]，数学任务被认为是"致力于发展数学观念的课堂活动"[2]，而科学任务则被认为是将学生的注意力集中在特定的科学思想和（或）实践上的课堂活动[3]。可见，当前很多人将"任务"当作"活动"，而"活动"又有着相对清晰的概念边界。凡是人同周围环境发生联系，由某种动机所激励和引导的行为，都可以称为活动。学习任务是学生在特定情境

---

[1] Willis J. A framework for task-based learning [M]. London: Longman, 1996: 23.
[2] Stein M K, Smith M S, Henningsen M A, 等. 实施初中数学课程标准的教学案例 [M]. 李忠如，译. 上海：上海教育出版社，2001：引言.
[3] Tekkumru-Kisa M, Stein M K, Schunn C. A framework for analyzing cognitive demand and content-practices integration: task analysis guide in science [J]. Journal of Research in Science Teaching, 2015, 52 (5): 659-685.

中完成的一件事情，因此可以被认为是一种活动。

其次，学习任务是一种实践活动。人的活动分为认识活动和实践活动。认识活动以认识世界为目的，是为了在人的头脑中建立客观事物的图景；而实践活动则以改造事物为目的，是为了满足人的需要。在过去，学习被认为是一种"认识活动"，因此教学总是通过知识传授的形式进行。这导致很多学习者只是知道而无法运用知识，学到的知识都成为"死"知识。在新的育人理念下，课程与教学领域开始强调"实践"的理念，主张将学习置于有意义的任务中，以此来促使学生运用知识解决问题、满足人的需要。因此，学习任务是落实实践的重要路径，或者说是实践的一种方式。"学习任务"的提出，体现了学习从认识活动向实践活动的转变。

（二）素养导向：学习任务的关键特征

学习任务是一种实践活动，体现了课程与教学改革对实践的追求。但实际上，对实践的关注并非始于本轮课程标准的修订，在我国基础教育课程改革的历史上曾提倡过多种实践活动。那么，学习任务与过去的实践活动相比有怎样的特性？可以解决过去课程与教学中的什么问题？

改革开放以来，课程教学目标经历了从"双基"目标到"三维"目标再到核心素养目标的变革。目标的变化决定着学习方式的变革，因此也产生了不同的实践活动。"双基"目标即基础知识和基本技能，需要学生在有目的、有计划的方法指导下通过重复操练来掌握各项技能，诸如抄写生字、发音练习、体能训练等课堂训练成为常态。这对于当时稳定教学秩序、提高教学质量发挥了重要作用，但因为训练到后期落入了机械训练的怪圈，导致了过度分解知识的问题。对此，21世纪初的新课程提出包括知识与技能、过程与方法、情感态度与价值观的"三维"目标，强调自主、合作、探究的学习方式。在实践层面，小组讨论、合作探究、鉴赏阅读等课堂活动开始盛行。此类活动对于改变过去机械训练的课堂形态、促进学生积极参与具有重要意义，但它在具体的教学实践中又产生了一些新的问题，如弱化了知识的严谨性，忽视了学习的学科性，甚至出现了"虚探究"和"假探究"的现象。

如今，课程改革进入核心素养的新时代，亟须一种新的实践活动——学习任务来匹配。核心素养之所以需要通过学习任务来培育，是因为核心素养本

> 学习任务是素养导向的实践活动，立足于培育学生的核心素养，实质是真实情境下的知识运用。

身是"看不见"的，只有依托具体的任务才能显现出来；核心素养强调在真实情境中解决复杂问题的能力，而学习任务的完成需要解决真实情境中的问题，为核心素养培育提供了环境；核心素养强调综合运用知识的能力，而完成学习任务需要调用各种知识与技能。这样，学习任务一方面可以解决"训练"造成的知识零碎且脱离情境的问题，另一方面也可以避免"活动"导致的脱离学科的现象。综上所述，学习任务是指向素养的，需要学生在真实的情境中习得并运用知识。学习任务是素养导向的实践活动，立足于培育学生的核心素养，实质是真实情境下的知识运用。

（三）本质内涵：学习任务的六大要素

作为素养导向的实践活动，学习任务有哪些要素？根据实践的特性和素养导向的要求，学习任务有六大要素：主体行为、预期结果、社会情境、时空情境、核心知识和育人价值。由于社会情境和时空情境高度关联，因此下文将二者合为一点来阐述。

要素一：主体行为（谁在做什么）。学习任务应该有明确的主体行为，说明学生要做什么。这种行为是独立于意识之外的，能够真真切切地表现出来的。例如，"让学生回忆一本书的情节"就是一种发生在意识中的认识活动，因此不是任务。如果将它改为"请你回忆并与同学分享书中的相关情节"，那就是任务。只有明确了主体行为才能体现实践的物质性特征，才能使学习任务区别于纯粹的认识活动。

要素二：预期结果（做成什么）。学习任务要有预期想达到的结果，确定需要做成什么。学生完成任务总是出于某种目的或需要，要么能让现实世界发生某种改变，要么能产出一个明确的成果或结果。由此可见，单纯写字不一定是学习任务，可能是训练，把字写好并在全班展示才是学习任务。预期结果是学生完成任务的目标和归宿，也是体现学生主体价值的关键。

要素三和要素四：社会情境（与谁一起做）和时空情境（何时何地）。首先，学习任务需要体现师生、生生之间的交流、分工与互动，因此需要告诉学生与谁一起做，体现实践的社会性。其次，学习任务离不开时间、空间和条件的制约，因此需要确定何时何地做。可见，学习任务应该包含具体的社会情境与时空情境。这是作为实践活动的任务区别于其他活动如肢体活动、个人行动、思维活动等的重要特征。

要素五：核心知识（用什么做）。学习任务还需要明确用什么做，体现对知识的利用。只有真正利用了知识的任务，才可被称为学习任务。没有核心知识作为基础和支撑，任务就难以帮助学生形成有意义的学习经验，也就难以发挥实践育人的功能。

要素六：育人价值（有什么用）。学习任务是指向素养的，所以任务需要超越客体的知识，指向素养的发展，其作用在于育人。只有具有明确的育人价值，才能让学生通过学习任务形成正确价值观、必备品格和关键能力，在学会做事时学会做人，在改造世界中实现对自我的改造。

三、在平时教学中如何运用学习任务？

学习任务是素养导向的实践活动，这个概念在平时的教学中该怎样运用？下文将进一步分析学习任务在新课程中的实践路向。

（一）学习任务的设计：基于标准的逆向设计

一项好的学习任务离不开对任务的精心设计。为了落实任务的育人价值、确保"教—学—评"一致性，学习任务的设计需要基于课程标准，采用以终为始的设计路径。总体而言，学习任务设计包括三个步骤：确定任务目标，陈述任务内容，明确子任务和评分规则（如图3-1所示）。

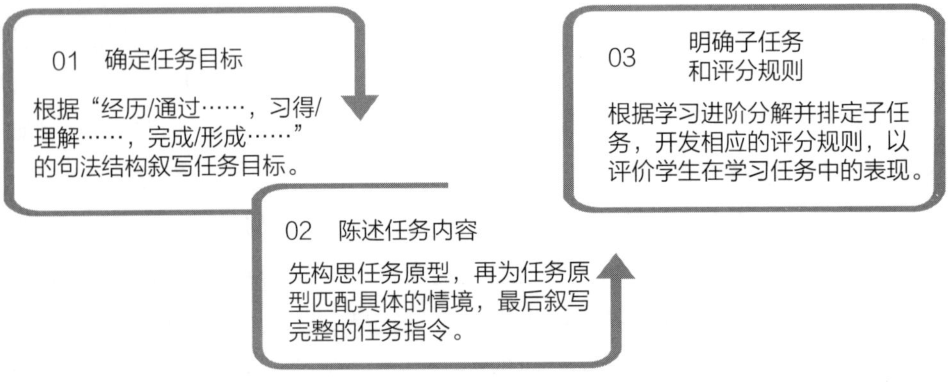

01　确定任务目标
根据"经历/通过……，习得/理解……，完成/形成……"的句法结构叙写任务目标。

02　陈述任务内容
先构思任务原型，再为任务原型匹配具体的情境，最后叙写完整的任务指令。

03　明确子任务和评分规则
根据学习进阶分解并排定子任务，开发相应的评分规则，以评价学生在学习任务中的表现。

图3-1　学习任务设计示意图

> 学习任务是素养导向的实践活动，立足于培育学生的核心素养，实质是真实情境下的知识运用。

第一步是确定任务目标。新修订的各学科课程标准都建立了素养导向的"目标一族"，教学必须基于课程标准来落实核心素养。素养导向的学习目标需要关注三个问题：一是预期的学习结果，二是学习的过程与方法，三是达成目标的具体表现。其句法结构可以概括为：经历/通过……（学习过程或方法），习得/理解……（结果），完成/形成……（表现）。例如，通过撰写作品梗概（经历），掌握写作梗概的技巧（习得），能用简洁的语言概述作品的内容（表现）。学习目标需要可测可评，体现素养指向的"目的地"形象。

第二步是陈述任务内容。首先要构思一个任务原型，即思考学习者需要做一件什么事情来实现或检验学习目标，针对目标要求与学情，构建初步的任务想法。其次需要为这个任务匹配一个具体的情境，以此来确保任务的真实性。最后需要根据任务原型及其情境叙写任务指令，完善任务的目标、产品/表现、角色、对象、时间、地点等信息。例如，要检测学生对某类主题书籍的理解情况，可以"推荐主题书籍"为任务原型，并为之匹配"图书馆书展征稿"的情境，最后形成任务指令，如图书馆准备举办主题书展，现向同学们征集书展的主题，请你给图书馆馆长写一封信，向他推荐你感兴趣的书展主题以及相关的书籍。

第三步是明确子任务和评分规则。子任务是对学习任务的分解，需要遵循学习进阶的过程。学习进阶是学生通过学习任务所经历的思维发展过程，包含进阶起点、进阶终点、进阶维度、进阶水平四个要素。[①] 可以依据思维进阶的维度和水平来分解子任务。首先需要明确任务涉及的核心概念，再根据不同概念的发展要求确定需要哪些子任务，然后根据思维进阶情况来排定子任务序列。明确子任务后，还需要开发评分规则，以评价学生在学习任务中的表现。为此，一方面需要明确评价的维度或指标，另一方面需要确定评价的等级或水平。此外，如果开发的是评价量规，还需要描述不同维度和水平的表现。

---

① 张颖之. 理科课程设计新理念："学习进阶"的本质、要素与理论溯源[J]. 课程·教材·教法，2016，36（6）：115-120.

（二）学习任务的实施：任务驱动的教学

在设计好一项任务以后，可以任务来驱动教学，提升教学的质量和效果。具体而言，任务驱动的教学有以下实施要义。

首先，要以任务统摄整个学习。在任务驱动的教学中，学习内容是为完成任务而服务的，而学习过程则是完成任务必经的阶段。例如，任务型语言教学模式共分为前任务、任务环和语言聚焦三个阶段。在前任务阶段，教师导入主题和任务，帮助学生理解任务指令，做好完成任务的准备；在任务环阶段，教师需要为学生创造充足的使用语言的机会；而在语言聚焦阶段，教师需要让学生练习语言难点，将注意力集中到语言形式上。通过以学习任务为中心，实现教学的有效整合。

其次，要为任务的实施留出一定的开放空间。若学习任务的结构过于严密，会挤压学习者自主学习能力培养的空间。因此，半开放的学习任务是引导学生自主学习或合作探究的基础。其中，学习任务单是学习任务实施过程中经常采用的手段。学习任务单往往充当脚手架的作用，用以指引学生任务的方向，帮助学生梳理任务实施过程中的关键问题。学习任务单的设计可以任务设计的要素为框架，至少包括学习目标、学习任务、学习评价三个部分。表3-1呈现了一个学习任务单样例。

表3-1 学习任务单样例

"检测生物组织中的糖类、脂肪和蛋白质"学习任务单		
姓名：	班级：	学号：
内容出处："人教版普通高中生物学必修1：分子与细胞"第2章第1节		
学习目标		
1.通过小组讨论，明确糖类、脂肪和蛋白质的检测原理和方法，能够选择合适的实验材料进行验证。 2.在实验探究过程中，能够正确配制试剂、制作观察材料、预测与记录实验现象，形成一份鉴定报告。 3.在总结和交流实验结果的过程中，能够用科学的语言表达观点，并聆听和评价他人的观点。		
学习任务		
商场中售卖的脱脂奶粉中常掺杂着假冒伪劣产品。作为生物研习社的一员，你想要调查A商场的脱脂奶粉是否合格，请你根据所学的糖类、脂肪和蛋白质的检测方法，鉴定脱脂奶粉的真伪，形成鉴定报告。		

学习任务是素养导向的实践活动，立足于培育学生的核心素养，实质是真实情境下的知识运用。

续表

学习任务
子任务一：基于原理，设计方案 　　背景资料：脱脂奶粉含有高蛋白、低脂肪等成分。一般来说，假冒脱脂奶粉有两种：一种是用全脂奶粉冒充脱脂奶粉，而全脂奶粉含有蛋白质、脂肪和蔗糖等成分；另一种是直接用淀粉冒充。 　　请你和小组同伴查找资料，讨论需要选择哪些材料来鉴定脱脂奶粉的真伪，形成简易的实验方案。
子任务二：动手操作，观察检测 　　请仔细观看老师对糖类、脂肪和蛋白质的演示实验，记录相关的注意事项。各小组选择相关的材料对奶粉进行检测，做好实验记录。
子任务三：形成报告，总结反思 　　请各小组整理实验探究的过程与结果，撰写一份鉴定报告。通过小组间交流，与同学分享你们在本次实验中的经验、启示与不足。

学习评价					
序号	评价内容	一般	良好	优秀
1	我能够说出需要的化学试剂及其检测方法			
2	我能够依据实验原理设计出可操作的实验方案			
3	我能积极地与同学进行合作与讨论			

（三）学习任务的评价：关注真实性、一致性与可操作性

　　学习任务具有多方面的价值功能，而要真正发挥出这些价值功能，需要建立学习任务的评价标准。具体而言，学习任务的评价需要关注真实性、一致性和可操作性三个方面。

　　首先，学习任务的评价应该关注其是否真实。学习任务应该处于一定的情境当中，且这个情境需要内含一个真实的问题。[1]因此，任务真实性的判断标准主要有两点：一是情境的真实性，二是问题的真实性。情境的真实性体现在其对现实的保真程度，即该情境与现实生活情境的接近程度。而问题的真

---

[1] 杜威. 民主主义与教育[M]. 王承绪, 译. 北京：人民教育出版社, 1990：179.

实性体现在学习结果是否具有现实价值,即问题解决的过程是否指向学习者的知识、技能、态度的发展,学习者能否将所学运用到有意义的新问题情境中,从而更好地解决生活中的复杂问题。

其次,学习任务的评价需要关注其与目标和评价之间的一致性。学习目标是学习任务设计的依据之一,而评分规则是判断学生在任务中表现的工具,因此目标、任务与评价需要具有高度的一致性。与目标和评价相一致的学习任务有以下特点:一是学习任务是为了实现特定的目标;二是学习任务强调在与现实生活相似的任务情境中发展目标涵盖的知识或技能;三是学习任务可以检测学生运用所学知识或能力的真实水平,以使师生明确努力的方向。

最后,学习任务的评价需要关注其是否具有可操作性。学习任务的功能和意义不在于其本身的性质或特征,而在于其对于教师和学生的价值。学习任务的可操作性是决定其效用的关键。任务的可操作性一方面体现在任务本身的类型、数量、完成任务所需人数和时间等因素;另一方面体现在教师提供的任务指令是否清晰,清晰的任务指令意味着每个学生都能清楚地知道,自己需要在真实情境中运用所学知识做什么事情。教师可以先将写好的任务指令读给其他人听一听,从而获得关于任务指令清晰与否的反馈。

▶ 拓展阅读……

1. 文艺,崔允漷. 语文学习任务究竟是什么?[J]. 课程·教材·教法,2022,42(2):12-19.
2. 王文智. 整体取向教学设计视角下的学习任务设计[J]. 全球教育展望,2022,51(8):39-51.
3. 威金斯,麦克泰格. 追求理解的教学设计:第二版[M]. 闫寒冰,等译. 上海:华东师范大学出版社,2017.
4. 希尔. 设计与运用表现性任务:促进学生学习与评估[M]. 杜丹丹,杭秀,译. 福州:福建教育出版社,2019.
5. Mctighe J, Doubet K J, Carbaugh E M. Designing authentic performance tasks and projects: tools for meaningful learning and assessment[M]. Alexandria, Virginia, USA: ASCD, 2020.

4. 课程内容结构化

新课程内容组织方式的变革，旨在使学生形成有组织的学习经验，促进深度学习的发生。课程内容结构化有三条路径：自下而上、自上而下与横向组织。

《义务教育课程方案（2022年版）》首先在"前言"部分的"主要变化"中提到，关于课程标准的主要变化之一就是"优化了课程内容结构。以习近平新时代中国特色社会主义思想为统领，基于核心素养发展要求，遴选重要观念、主题内容和基础知识，设计课程内容，增强内容与育人目标的联系，优化内容组织形式。设立跨学科主题学习活动，加强学科间相互关联，带动课程综合化实施，强化实践性要求"。而后又在第四部分"课程标准编制与教材编写"中明确提出"加强课程内容的内在联系，突出课程内容结构化，探索主题、项目、任务等内容组织方式"。那么，为什么要将课程内容结构化？何为课程内容结构化？如何实现课程内容结构化？本章尝试回答这些问题。

一、新课程为何倡导课程内容结构化？

　　课程内容结构化之所以成为此次新课程修订的重要诉求，一方面是由于课程目标决定了课程内容组织方式。当下，知识激增、信息爆炸，以零碎知识点为组织单位的课程内容难以承担素养时代的育人使命。另一方面，有什么样的课程内容结构，就有什么样的价值功能。课程内容结构化强调以学习逻辑整合学科逻辑与心理逻辑，重组学习经验，培育学生的核心素养，从而实现结构与功能的统一。在素养目标的观照下，可以发现当前课程内容结构存在诸多问题，新课程倡导课程内容结构化，主要意义在于变革课程内容组织的逻辑起点，从学科的内容知识走向学生的核心素养。

（一）当前课程内容结构存在的问题

　　首先，课程内容的割裂。存在知识与知识、知识与生活、知识与自我之间

> 课程内容结构化的本质是学习经验的结构化，即探寻学习者、学科知识、学习方式以及它们之间的相互关系。

的"三重割裂"。①学科内、学科间的知识分化和割裂问题普遍存在，"知识点"是教学、学习与评价的基本单位，学生所学知识以"点"为计量单位，导致过于零碎、孤立。这不仅没有建立起所学知识的结构，也没有形成"有组织"的学习经验，导致学生在学校课程中学到的知识还原或退化到"信息"或符号水平。没有了知识背后的思维、方法、情感与观念，也就没有了知识的整体性、建构性与价值性，因而也就失去了教育意义。

其次，组织逻辑的失衡。课程内容割裂的背后是课程内容组织逻辑的失衡，主要表现为：课程内容的结构将知识逻辑视为第一原则乃至唯一原则，在一定程度上忽略了学生的心理逻辑，导致知识逻辑与心理逻辑的失衡。其导致的后果之一就是，以知识逻辑为主要架构的学科内容缺乏实操性，过于强调理论学习而忽略了实践，导致知与行的分离。

最后，课程意识的缺乏。以上问题显示出，不论是研究者还是实践者，在看待具体问题时还需要加强课程意识和课程思维，整体语境中仍需要专业课程话语的引领。当前人们对课程内容的理解仍然停留在分门别类的学科知识上，而且就影响程度而言，教学论的话语还占据着主导地位，②即关注"教什么"和"怎么教"的问题。究其原因，一方面由于课程论本身只有短暂的历史，另一方面由于课程论在我国产生和发展的过程也是渐进的：在20世纪初期和50年代，日本和苏联的课程模式是我国主要学习和借鉴的对象，而这二者都是基于赫尔巴特分科课程形态的不同版本。

（二）强调课程内容结构化的意义

课程内容结构化是对上述问题的一种回应，它具有以下价值与功能：其一，秉持课程思维以实现专业引领。20世纪90年代，"教学计划"首次更名为"课程计划"，课程话语更为关注"谁在学""为何学""学什么""怎么学""学会了没有"等问题，注重学生的主体地位，学生的学习经验既是课程内容组织的重要原则，也是主要内容。课程内容结构化的本质是学习经验的结构化，

---

① 郭洪瑞，张紫红，崔允漷. 试论核心素养导向的综合学习[J]. 全球教育展望，2022，51（5）：36-48.
② 崔允漷，郭洪瑞. 试论我国学科课程标准在新课程时期的发展[J]. 全球教育展望，2021，50（9）：3-14.

即探寻学习者、学科知识、学习方式以及它们之间的相互关系，所回应的是"谁在学""学什么""怎么学"等问题，这正契合了关注学习者和学习经验的课程思维。其二，以结构化视角实现课程内容组织逻辑的平衡。实际上，所谓的学科逻辑与心理逻辑只是一对"假想敌"，二者并非绝对的对立，而是共同构成学习场域的两个不同向度。① 素养导向的课程内容结构化并非偏重学科逻辑或心理逻辑，而是从整合的角度对学习经验进行结构化，实现课程内容组织逻辑的平衡。其三，建立多样联结以实现课程内容的高阶整合。面对课程内容不同形式的割裂，只有以结构化的方式重构课程内容以建立联结，才能帮助学生实现深度学习，助力其核心素养的发展。

二、怎么理解课程内容结构化？

课程内容结构化不仅是素养导向课程改革的现实诉求，也是课程理论研究的本体问题。那么，到底该如何理解新课程方案倡导的课程内容结构化？这就要从其背后的源头说起：一是课程史上对什么是课程内容的讨论，二是不同学科视阈下对什么是结构化的理解。

（一）什么是课程内容？

要回答什么是课程内容结构化这个问题，首先要明确"课程内容"意味着什么。自从泰勒建立第一个现代课程理论以来，目标—内容—实施—评价作为探讨课程问题的核心要素，逐渐成为课程论学者的共识。其中，课程内容是关键性的要素，"从一定意义上可以说，全部课程问题就是内容问题"②。一方面，确定课程目标必须要考虑内容主题问题，目标确定后，还要面临关键问题：如何选择和组织课程内容才能有利于目标的实现；另一方面，课程实施即对经过组织的课程内容的现实化，把设想的内容方案付诸现实，而课程评价则是对基于课程内容产生的学习结果进行价值判断。然而，对于"课程内容是什么"这一问题，迄今仍然存在不同的主张，这些不同主张背后隐

---

① 刘徽. "大概念"视角下的单元整体教学构型：兼论素养导向的课堂变革[J]. 教育研究，2020，41（6）：64-77.
② 丛立新. 课程论问题[M]. 北京：教育科学出版社，2000：284.

> 课程内容结构化的本质是学习经验的结构化，即探寻学习者、学科知识、学习方式以及它们之间的相互关系。

含着作者的一些哲学假设和价值取向。按照形式—内涵的划分，对课程内容的不同理解主要包括"学科—知识"说与"活动—经验"说两大流派。

"学科—知识"说基于这样的一种认识论假设：只有凭借理性和思辨才能获得普遍的、客观的、永恒的知识，因此将课程内容的本质理解为客观知识。在近代科学革命的影响下，课程内容往往以分门别类的学科为载体，因而课程内容具有鲜明的学科性、层次性与等级性。譬如，斯宾塞强调"科学知识最有价值"，美国 20 世纪 30 年代的要素主义运动追求基础永恒的观念和 20 世纪 50—60 年代的学科结构主义运动追求结构化的学科知识，都体现出将课程内容理解为"学科—知识"的倾向。

"活动—经验"说则主张将课程内容的本质理解为经验，且以不同的活动为呈现形式，代表人物有卢梭（Rousseau，J.J.）、杜威、泰勒等。该流派的发展体现出两个特征：第一，从二元对立到交互融合。在杜威之前，该流派的主要观点是：知识获取的前提是多感官经验的累积，这种认识其实是将人类经验和客观知识截然二分了。而杜威意义上的经验，则是超越了这种二元对立，强调认知主体通过实验和探究不断改造、适应环境以建构知识，凸显了经验与知识的交互。第二，从哲学思辨思维到课程实然思维。杜威提出的经验仍然停留在哲学理论层面，由于偏重对教育内容的应然刻画而难以落地。早期课程论学者如博比特、泰勒等则是在杜威的思想下发展而来的，不同的是他们吸收了心理学发展的成果，将杜威抽象、思辨的经验概念发展为"学习经验"，突出学习者、知识与外部环境的交互作用。

（二）什么是结构化？

要理解课程内容结构化还必须澄清"结构化"的含义。那么，"结构化"又意味着什么呢？在哲学领域，结构主义思潮产生于 20 世纪 50—60 年代，有学者指出结构主义的核心就是系统，任何事物只有处在系统整体中才能获得其意义[①]。结构主义发展的后期出现了解构主义，力图消解一种预设存在论的形而上学，拒斥非此即彼的二元思维，让事物流动、彼此关联。在心理学领域，通常以认知结构描述人认识世界的方式。譬如，皮亚杰（Piaget，J.）

---

① 王向峰. 从结构主义到德里达的解构主义[J]. 辽宁大学学报（哲学社会科学版），2018，46（1）：118-122.

认为，认知发展的各阶段都有自身的图式（schema），即个体对世界知觉、理解和思考的方式，可以将其看作心理活动的框架或组织结构。在社会学领域，通常以结构描述社会发展的特征和机制，如吉登斯（Giddens，A.）对结构的定义是潜在于社会系统不断再造过程中的规则和资源，其结构化理论旨在走出微观与宏观、主体与客体、个人与社会、行动与结构的二元对立，最终走向综合。[1] 他认为，结构只有在实践中才有活力，结构由人类行动建构，同时也是人类活动得以建构的条件和中介，即结构的二重性。由此可以看出，"结构"一词在不同的学科领域具有不同的内涵，其共同特征在于注重事物之间、整体与部分之间的联系，而结构化可以看成实现这一目的的过程。

（三）课程内容结构化的本质内涵

课程内容结构化的实质就是要求我们以结构化的视角理解课程内容。课程内容是一个整体，其内部也存在着不同要素，主要包括学科知识、学习者（经验）以及二者之间的相互作用。也就是说，将课程内容简单地等同于学科知识或者儿童经验都是不确切的，它们都只是要素或者条件之一，而不是课程内容本身；更为重要的是，如何探寻课程内容诸要素之间的相互作用以实现学习者的经验增长，便是课程内容结构化所要回答的问题。

从这个意义上讲，课程内容结构化所要强调的类似于泰勒所说的学习经验，泰勒认为：学习经验不是课程所要传授的内容，也不是教师展开的活动，而是"学习者与使他起反应的环境中的外部条件之间的相互作用"[2]。也就是说，学习经验并不单纯是知识内容，也不单纯是学生的活动，而是二者之间的互动。在杜威看来，教育的本质就是经验的改造和生长，但并不是所有经验都是有效的，经验的相互作用（交互性）是检验经验有效性的重要原则之一。所谓经验的交互性，指的是形成经验的外部条件和内部条件相互作用而形成的情境，其中外部条件包括教学内容、教学法等，内部条件包括儿童的心理、兴趣等，传统教育往往过多关注外部条件而忽略了内部条件。可以认为，课

---

[1] 周怡.社会结构：由"形构"到"解构"：结构功能主义、结构主义和后结构主义理论之走向[J].社会学研究，2000（3）：55-66.
[2] 泰勒.课程与教学的基本原理[M].罗康，张阅，译.北京：中国轻工业出版社，2014：66.

> 课程内容结构化的本质是学习经验的结构化，即探寻学习者、学科知识、学习方式以及它们之间的相互关系。

程内容结构化的本质内涵在于学习经验的结构化，即揭示"谁在学""学什么"及"怎么学"三要素之间不同种类的关系结构。

三、如何实现课程内容结构化？

课程内容结构化有哪些路径？又该如何实施？

（一）课程内容结构化的三条路径

如何实现课程内容结构化？杜威提出两条路径来选择和组织经验，即分析和综合。[①] 基于分析路径，产生了纵向结构，基于综合路径，产生了横向结构，而在纵向结构内部，又存在自下而上和自上而下两种路径。[②] 依此推断，课程内容结构化大致有以下三条路径。

第一条路径，自下而上的纵向结构化。其背后逻辑是归纳主义，核心观点认为，学生能否学会的关键在于学生已有的认识结构和前提技能，因此在组织课程内容时需要不断追问"要使学生学会这个知识与技能，前提是要掌握哪些知识与技能？"。泰勒作为课程理论的集大成者，提出了组织课程内容的三条标准：连续性、顺序性和整合性。其中，连续性和顺序性是符合自下而上策略的两条原则。连续性是课程内容的直线性的重复；顺序性在超越连续性的基础上，对课程内容的深度、广度提出了更高的要求，是一种更高层次的处理。[③] 而在学习心理学领域，加涅提出了学习层级理论，强调较复杂、高级的学习是建立在基础性学习的基础上的。在加涅的八个学习层级——信号学习、刺激—反应学习、动作连锁学习、言语联想学习、辨别学习、概念学习、规则学习和问题解决中，后四类学习层级是学校教育主要考虑的层面，对应到课程内容组织，就是要让学生先学会辨别，再学习概念和规则，最后将学到的原理用于解决问题。

第二条路径，自上而下的纵向结构化。其背后逻辑是演绎主义，这种观点

---

① 杜威.我们怎样思维·经验与教育[M].姜文闵，译.北京：人民教育出版社，2005：292.
② Strike K A, Posner G J. Epistemological perspectives on conceptions of curriculum organization and learning[J]. Review of Research in Education, 1976, 4 (1): 106-141.
③ 泰勒.课程与教学的基本原理[M].罗康，张阅，译.北京：中国轻工业出版社，2014：90.

认为课程内容需要围绕学科大观念、基本概念、原理进行组织，学生通过掌握这些更为抽象、概括的内容可以推演出对具体问题的理解。譬如，布鲁纳就认为学习任何学科主要是需要掌握学科的基本结构，即学科的基本概念、规律及相互关系，学科的基本结构可以帮助学习者理解和记忆知识，举一反三，加深对其他学科内容的理解。[①] 在学习心理学领域，奥苏贝尔（Ausubel, D.P.）提出了与学科结构概念相似的先行组织者（advance organizer）的策略。所谓组织者，是一种包摄性较广的引导性材料，因为通常要在呈现教学内容之前就提供组织者来帮助学生学习，所以又叫先行组织者。先行组织者具有两个功能：一是为学生即将学习更分化、更详细、更具体的材料提供观念脚手架（ideational scaffolding）；二是清晰地表明同新学习内容之间的联系。[②]

　　第三条路径，横向组织，即横向结构化。横向结构的核心在于活动，指向问题解决的过程。在泰勒的三条标准中，整合性就是将相关的课程内容要素统一起来，以帮助学生逐渐获得统一的观点。作为经验课程的代表人物，杜威提出了两种类型的经验或活动。一是民主和科学的探究活动。他提出学校即社会的思想，但学校并不是对现实社会的照搬，而是对成人社会的简化和过滤，因而理想的学校应当建立工场、实验室、图书馆、博物馆等，使儿童在各种各样的活动当中自由地检验各种思想、信念，不断地丰富自己的经验。二是各种类型的社会性事务。杜威指出，"学校科目的互相联系的真正中心，不是科学，不是文学……而是儿童本身的社会活动"[③]，因而他认为学校的理想教材不应该是既成的学科课本，而是一些社会性事务，相应地，学校应开设园艺、纺织、木工、烹饪等课程。杜威的学生克伯屈同样也认为要以真实世界的活动作为课程内容的基础和来源，他提出了设计教学法（Project Method），"设计是自愿的活动——从自愿决定目的，指导动作，到供给动机的活动"[④]。通过参与设计的四个环节：确定目的、制订计划、执行操作、评判结果，儿童完成自主的、独立的活动，实现自身的发展。

　　课程内容结构化的三条路径如表 4-1 所示。

---

① 布鲁纳. 布鲁纳教育论著选[M]. 邵瑞珍，等译. 北京：人民教育出版社，2018：13.
② 施良方. 学习论[M]. 北京：人民教育出版社，1994：239.
③ 杜威. 民主主义与教育[M]. 王承绪，译. 北京：人民教育出版社，1990：26.
④ 瞿葆奎，丁证霖. "设计教学法"在中国[J]. 教育研究与实验，1985（3）：72-84.

> 课程内容结构化的本质是学习经验的结构化，即探寻学习者、学科知识、学习方式以及它们之间的相互关系。

表 4-1 课程内容结构化的三条路径

路径		基本逻辑	组织起点	代表人物及观点
纵向结构化	自下而上	归纳	前备知识与技能	泰勒：连续性、顺序性 加涅：学习层级理论
	自上而下	演绎	学科基本原理、概念	布鲁纳、施瓦布：学科结构 奥苏贝尔：先行组织者
横向结构化	横向组织	综合	真实活动	泰勒：整合性 杜威：探究活动与社会性事务 克伯屈：设计教学法

（二）课程内容结构化的实施要义

以上的讨论澄清了课程内容结构化的三条路径，那么该如何推进课程内容结构化？

第一，坚持以整合论为理论立场。课程内容结构化体现了整合论的倾向，因而在实施时要秉持整合论的立场与理念。不同于原子论遵循学科知识的逻辑，将完整的学科体系不断分解为一系列的概念、公式与原理，往往会导致知识的碎片化；也不同于经验论遵循学生的心理逻辑，过于强调学习经验的直接作用，在一定程度上会破坏知识的系统性。[1] 只强调这二者中的任何一方往往都会导致"只见树木，不见森林"的后果。基于整合论的立场对课程内容进行结构化，则是对原子论和经验论的超越，强调统整知识与经验的关系，以实现"既见树木，又见森林"。

第二，开展系统的教学设计。要产生有意义和难忘的学习，学习流程必须不断地在"整体—部分—整体"与"学—做—思"之间反复进行。[2] 从整合论的立场出发，意味着首先要着眼于整体，再通过分解的方法学习知识，最后重新回到整体，从而完成"整体—部分—整体"的历程。因此，课程内容结构化的具体设计，通常要考虑三个步骤：第一，确定组织者，根据不同的情况选择不同的组织起点（如前备知识与技能、学科原理与概念、真实活动），

---

[1] 崔允漷. 深度教学的逻辑：超越二元之争，走向整合取径[J]. 中小学管理，2021（5）：22-26.
[2] 威金斯，麦克泰格. 追求理解的教学设计：第二版[M]. 闫寒冰，等译. 上海：华东师范大学出版社，2017：24.

从整体站位上明确适合的组织者。第二，具体选择和呈现内容，确立各层级的内容和层级间的衔接，并将其情境化。第三，反思和总结，引导学生在完成具体内容的学习后进行反思总结，将所学知识融会贯通，进行迁移。案例1以高中物理"静电场"单元为例，展示了如何基于自下而上的纵向结构进行教学设计。[1]

案例1：基于自下而上的纵向结构的单元设计

首先，确定一个组织者。该单元围绕大问题"如何理解和分析静电场"展开，在学习"电场"概念前，学生往往以电荷间的相互作用解释自然现象，因此这里的设计起点是学生的前备知识与技能。其次，具体选择和呈现内容，并确定各层级内容之间的关联。将单元大问题分解为5个层层递进的子问题（见图4-1），引入"电场"概念后，便进一步引入电场强度、电势等概念以解释电场，从而实现由学生较为熟悉且相对简单的"电荷"内容到较为陌生、相对复杂的"电场"内容的进阶学习。各学习层级间的衔接紧致，设计出了层级间的关联性，譬如在子问题2介绍电场强度和子问题3介绍电势概念后，接着子问题4就引出了二者间的关系。最后，反思总结、迁移应用。子问题5将物理概念用于解释日常生活中的静电现象、对电容器的认识，由基础的物理知识学习到高阶的运用物理知识解释日常生活现象，培养学生的知识迁移能力，用物理学的视角看待问题。

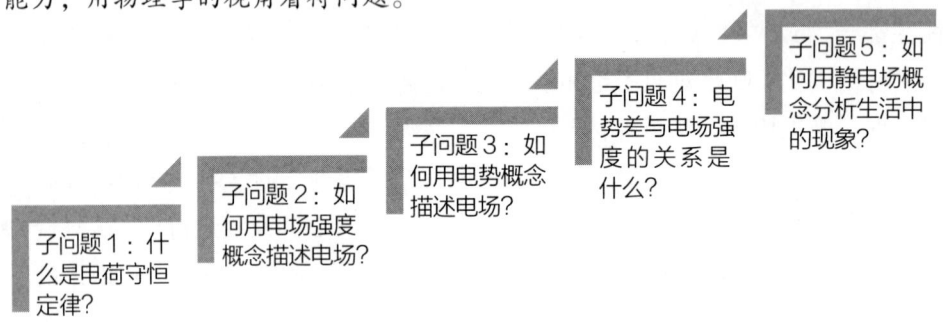

子问题1：什么是电荷守恒定律？

子问题2：如何用电场强度概念描述电场？

子问题3：如何用电势概念描述电场？

子问题4：电势差与电场强度的关系是什么？

子问题5：如何用静电场概念分析生活中的现象？

图4-1 自下而上的纵向结构设计

第三，进行结构化的教材处理。课程内容结构化的三条路径对教材处理的启示在于：其一，遵循学生身心发展水平，基于教材内容进行螺旋式、进阶

---

[1] 张玉峰.基于学习进阶的物理单元学习过程设计[J].课程·教材·教法，2020，40（3）：50-57.

式教学。自下而上的结构化以学习者已有的知识、技能为设计起点,强调把握所学内容间的不同层级及层级间的关联性,按照由浅入深、由具体到抽象、由简单到复杂的顺序对教材内容进行教学。其二,翻阅教材目录,围绕学科大观念、大主题进行结构化的教学设计。自上而下的结构化以极具概括性的学科核心概念、原理为设计起点,依据学科大观念这面"透镜"聚合起相关概念,将离散的、碎片化的知识点深度组织起来,从而实现教材内容"少即是多"的目的。其三,创设真实情境,设定真实任务,聚焦问题解决的过程,以统领不同学科的知识内容。横向结构化以生活中真实存在的问题为设计起点,要在呈现学科知识时注重将其情境化、问题化,且所选择的内容是来自不同学科的综合内容,学生的真实生活经验也将是重要的内容来源。案例2以统编高中语文教材必修上册第六单元为例,展示了如何基于自上而下的纵向结构进行教材处理。[①]

案例2:基于自上而下的纵向结构的教材处理

该单元包括《劝学》《师说》《反对党八股》《拿来主义》这几篇课文,人文主题是"学习之道"。因此,最关键的就是提炼出大观念,如果没有大观念的统领,这些课文内容只能是零散、孤立的,学生学到的也只是碎片化的知识。但是,"学习之道"这一人文主题也并不能成为大观念,因为它并没有揭示语文学科核心素养和该单元"思辨性阅读"任务群的要求。通过研读课程标准,发现该单元反复提到"针对性",而该单元的几篇课文都是基于当时的社会现象产生的针对性思考,与此同时又站在历史文化的高度分析问题的根源和本质,具有高度的理论概括性,所以该单元的大观念确立为"论述的针对性与概述性的统一",并划分了三个子观念和各自的具体内容,由此呈现图4-2所示的单元逻辑结构。

[①] 李卫东. 大观念和核心学习任务统领下的大单元设计[J]. 语文建设,2019(21):11-15.

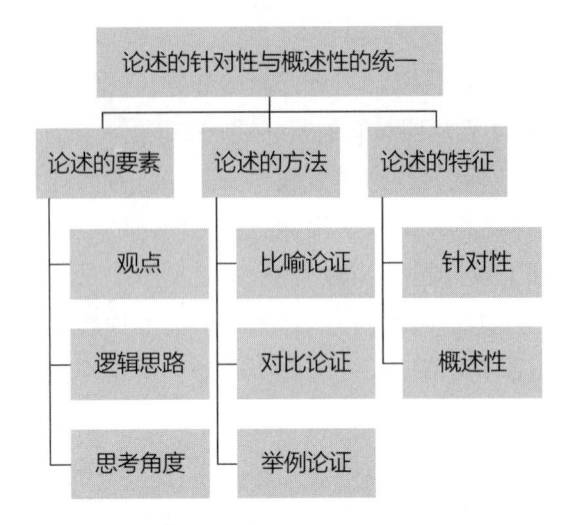

```
                    论述的针对性与概述性的统一
                              │
         ┌────────────────────┼────────────────────┐
      论述的要素            论述的方法            论述的特征
         │                    │                    │
       观点                 比喻论证              针对性
         │                    │                    │
      逻辑思路              对比论证              概述性
         │                    │
      思考角度              举例论证
```

图 4-2　基于自上而下的纵向结构进行教材处理

总而言之，基于整合论立场的课程内容结构化不同路径的共同点是整体站位，其出发点不是一个知识点、技能点或一篇课文，而是指向学科核心素养的大问题、大任务、大观念等。这样的课程设计有利于提升站位，理解学科育人的本质，确立"学习者中心"的理念。三种结构也具有不同点：横向结构是发散性的知识综合运用，因而不存在逻辑上的优先；自下而上结构和自上而下结构的差异则是设计逻辑的优先性不同，前者更关注由基础到高阶的序列递进，而后者则强调按照先学习概括性的内容再学习具体内容的逻辑展开。需要指出的是，这三种结构只是对如何组织课程内容思路的刻画，三者间并非是边界清晰、相互对立的，只是为了理论上论证的清晰，所以将这三种取径分开论述。而在现实实践中，往往会呈现出多种组织结构的结合，需要在实际操作中具体分析。

▶ **拓展阅读……**

1. 施良方. 学习论 [M]. 北京：人民教育出版社，1994.
2. 泰勒. 课程与教学的基本原理 [M]. 罗康，张阅，译. 北京：中国轻工业出版社，2014.
3. 杜威. 我们怎样思维·经验与教育 [M]. 姜文闵，译. 北京：人民教育出版社，2005.
4. 崔允漷. 如何开展指向学科核心素养的大单元设计 [J]. 北京教育（普教版），2019（2）：11-15.

5. 综合学习

新课程学习方式的关键表征之一，针对知识间、知识与经验、知识与自我的三重割裂，强调学科内整合学习、跨学科主题学习和综合课程的学习。

《义务教育课程方案（2022年版）》在第二部分"基本原则"中强调"加强课程综合，注重关联""变革育人方式，突出实践"，并在第五部分"课程实施"中明确提出"推进综合学习"。那么，综合学习是怎么来的？到底什么是综合学习？新课程实施中应如何开展综合学习？本章尝试回答上述问题。

一、综合学习是怎么来的？

尽管近年来"综合学习"一词频频出现在不同形式的论述中，但在官方的政策性文件中是由《义务教育课程方案（2022年版）》首倡强调，同时政策文本中从"综合课程"走向"综合学习"，更是体现了从偏重内容变革到关注方式变革的转向。

从教育历史的演进来看，"教什么"或"学什么"的问题指向学校教育中最古老、最直接、最可控的内容要素，因此学校教育变革的重点也通常体现在内容要素上。一部教育发展史几乎就是一部内容变革史，综合学习也大体经历了学校诞生之前的前内容时期，聚焦学校课程变革的内容时期，以及淡化内容、注重学习方式变革的后内容时期三个阶段。

（一）前内容时期：前学科的综合学习

前内容时期即制度化学校诞生之前。严格地说，这一时期的教学内容还未成型，处于前学科的自然状态。虽然出现"六艺"等古代学科，但缺乏现代意义的学科体系的支撑，学习内容尚未专门分化。一般来看，学习是客观存在的，且先于学校教育而存在，只不过那时的学习总体混杂，与生产生活融为一体，往往由自身的生存驱动，指向经验与技能的学习，而且没有分班分科而教，没有从事教育事业的专业化人员，也没有对学习进行系统的设计，大多采取"口耳相传、模仿操练"的个别化指导模式。前内容时期的学习体现为整体性视角下原始朴素的"综合"，这种"综合"本身并不是产生于对

> 综合学习的两大要义是内在的"多维联结的建立"以及外显的"学习方式的变革",其实质是"联结"引领下的学习方式的变革。

分科而教的批判和反思,而更多地体现为一种内容上未分化的"混合"状态。

(二)内容时期:分科教学的普及与综合课程的建构

18世纪以来,分科教学日益发展和成熟,学校教育开始尝试回答"学生在有限的时间内到底应该学什么",逐渐进入内容时期,并着手对施教内容进行系统建构。然而,内容时期一开始就遇到教育内容变革的两大永恒主题:一是内容要少而精,二是方式要适合儿童。最早尝试对教育内容进行系统性变革的教育学家大概是赫尔巴特及其弟子,他们针对分科教学所带来的学科知识间的割裂,提出教材联络和中心统合学说,旨在通过预先整合教学内容以缓解学科知识间的割裂。19世纪末以来,欧洲新教育运动与美国进步主义教育运动的发展使得儿童中心的思想愈加得到关注,关照儿童经验,从儿童出发整合所学知识,进而缓解知识与儿童生活间的割裂成为重要的教育理念(如"合科教学"以及杜威的儿童中心课程)[①]。这些缓解两种割裂的尝试成为综合课程早期的重要理论渊源,学校教育呈现出分科课程与综合课程并存的局面。

1918年,博比特出版论著《课程》(*Curriculum*),这代表一种处理教育内容事务的专业实践——课程的真正诞生。1937年,被誉为"课程整合之父"的霍普金斯(Hopkins, L.T.)出版《课程统整:理论与实践》,强调了整合理念在学校课程开发和实施中的应用,"整合课程"作为一个学术概念开始被提出和建构,并推动了教育实践中以学科知识逻辑为基础的整合课程的发展。20世纪70年代以来,随着综合文科课程及综合理科课程的设置,严格意义上的整合课程开始出现并发展起来。同时,儿童中心课程和社会中心课程的思想进一步发展,并在学校教育中多以主题式课程开设,被称为"非学科的综合课程"。学校教育中呈现出分科课程、整合课程和非学科的综合课程并存的局面。

综观内容时期的综合学习,其源于"整体性"思维及其对分科教学的批判,关注内容选择并以综合课程的建构为重要表征。但是,综合课程由于其本身存在的课程开发、教材编写以及师资队伍培训上的问题,在学校教育中的课程实施仍然面临巨大的困难,基于分科课程的分科学习仍是学校教育中的主

---

① 佐藤正夫.教学原理[M].钟启泉,译.北京:教育科学出版社,2001:415-447.

流。此外，由于学习内容受到广泛的关注，内容变革频繁发生，但实践中与之匹配的学习方式变革却少有人涉足，致使课程实施难上加难。因此，经常会出现学校课程改革的"两张皮"现象，专家设计的内容变革走得很快，而需要教师落实的学生学习方式变革步履维艰。

（三）后内容时期：从综合课程走向综合学习

由于课程改革长期存在上述"两张皮"的顽症，自20世纪80年代起，一些国家一改过去只重视课程、教材、内容的变革，转而重视学习方式的变革。恰逢21世纪以来，"核心素养"日益成为世界各国课程改革的DNA，课程目标发生了变化，加上受建构主义学习观及学生中心思潮的影响，学校课程变革进入后内容时期。人们越来越认识到，学校课程的变革不只是"教什么"的内容问题，还必须重视与内容匹配的"怎么学"的方式问题；不只是要不要添加一两门综合课程，更重要的是育人导向的学习方式变革，它可能比纯粹"学什么"的内容变革更重要。

从我国21世纪的新课程来看，2001年印发的《基础教育课程改革纲要（试行）》中着重强调"设置综合课程"，而2022年的课程新方案中秉承核心素养导向，明确提出"推进综合学习"，这正是体现了对学习立场的考量，使得课程改革的关注点从"学习内容"走向"学习方式"，即从综合课程走向综合学习，凸显了以学生为中心的价值理念。同时，依据课程的综合化程度，新课程为推进综合学习建构了三条路径：一是学科内知识整合学习；二是跨学科主题学习；三是基于综合课程的学习。综合学习不再局限于综合课程的开发，而是将学科内知识整合学习也纳入其中，从而拓宽了边界，以此彰显作为一种新的教育变革理念——代表学习方式变革的综合学习全面进入课程改革场域，服务学生核心素养的培育。

综上所述，从前内容时期因教育内容的未分化而采用原始朴素的综合学习，到内容时期因学科迅速发展纷纷"抢占"学校课程，分科学习盛行并成为主导，以及此背景下综合课程的尝试性建构，再到人们对内容变革的反思以及核心素养时代背景下着眼于"整体性"思维，凸显学习方式变革的综合学习理念全面进入课程改革场域，体现了"综合—有分有合—综合"这一"否定之否定"的学校课程变革历史轨迹。着眼于这一轨迹，可以说，我国在

> 综合学习的两大要义是内在的"多维联结的建立"以及外显的"学习方式的变革",其实质是"联结"引领下的学习方式的变革。

2022年的课程新方案中对综合学习的倡导是"综合"的回归,是历史的选择。

二、如何正确理解新课程中的综合学习?

在已有的研究文献中,"综合学习"这一概念依然处于一个比较模糊的状态,仍是一个令大家感到既熟悉又陌生的词语。通过相关梳理可以发现,一方面,综合学习的实质是"联结"引领下的学习方式变革;另一方面,新课程中的综合学习具体表征为三种类型。

(一)综合学习的实质是"联结"引领下的学习方式变革

从概念分析的视角看,学界对于综合学习的讨论并不充分且相对宽泛,概念内涵十分丰富(如表5-1所示)。

表5-1 已有的关于综合学习概念的代表性界定

学者	概念
纽威尔 (Newell, W. H.)	综合学习(Integrative learning)是一个可以帮助我们创造更有力量的学习环境的概念,为课堂与课外学习的衔接提供了有力的工具。多元文化学习、跨学科学习、服务学习、协作学习、学习社区和跨文化学习等均可视作综合学习的重要方法。[1]
徐晓东	综合学习的目的是培养学习者的学习能力、问题解决能力、信息活用能力。在国内外与综合学习相类似的学习形式有:美国的综合课程,日本的综合学习,英国的主题学习、交叉式课程,德国的合科课程,以及我国的课外活动小组、研究型课程等。[2]
佐藤学	综合学习是以现实的"主题(课题)"为核心,把"知识"和"经验"组织成单元的学习,不只包括学科间的综合,还是一种活动的、合作的、反思的学习,以实现与主题对话、与同伴对话、与自己对话。[3]

---

[1] Newell W H. The promise of integrative learning [J]. About Campus, 1999, 4 (2): 17-23.
[2] 徐晓东. 中小学综合学习课程开发和教学设计 [J]. 电化教育研究, 2001 (1): 65-70, 80.
[3] 佐藤学. 静悄悄的革命:课堂改变,学校就会改变 [M]. 李季湄, 译. 北京: 教育科学出版社, 2014: 89-114.

续表

学者	概念
休伯 (Huber, M.T.)	综合学习有多种形式,包括将来自多领域的技能和知识联系在一起,将理论应用于各种环境中进行实践,运用不同的手段甚至矛盾的观点,以及根据现实背景理解具体的问题和立场。[1]
克莱因 (Klein, J.T.)	综合学习是一个总括性的术语,用来描述弥合众多分歧的结构、策略和活动,如高中和大学贯通培养、通识教育和专业教育协同规划、课堂内外经验整合、理论和实践整合、学科和领域整合等,跨学科学习本身可以看作综合学习的一个子集。[2]
苏亚雷 (Soare, E.)	综合学习可被视为课程开发的一种范式转变,它侧重于整合教学活动,引导学生建立形成性的和具有社会价值的跨学科联系。它旨在培养学生将来自不同学科和学习经验的技能与知识联系起来的能力,以便将它们应用于复杂的学校和现实生活环境中,并结合具体背景运用不同的观点或能力来理解不同的问题和立场。[3]

从上述概念中可以看出,综合学习代表了一种新的教育变革价值观——"联结",即强调基于整体性思维建立广泛而多样的联结。这一价值观贯穿各个教育阶段。上述休伯等人对综合学习概念的讨论便基于对高等教育的变革诉求而展开,在美国高等教育界看来,联结与综合对于学生解决当代世界各种复杂的问题具有重要的意义。在基础教育阶段,日本于1998年颁布的《学习指导要领》规定小学三年级以上增设"综合学习"课程,平均每周2小时以上。在此背景下,佐藤学的相关论述强调了综合学习聚焦于多维联结的建立,如通过基于活动的学习实现与主题的对话,通过合作学习实现与他人和同伴的对话,通过反思学习实现与自我的对话等。正如前文所提到的,在综合学习所追求的多种联结中,学科之间的联结又是已有研究中最受关注的。

此外,综合学习也表现为"联结"引领下的具体学习方式。例如,休伯认为实践中的多种学习形式集中体现了综合学习的理念,构成了综合学习的重要内容,包括跨学科学习、服务学习、反思性学习、基于主题的学习等。同

---

[1] Huber M T, Hutchings P, Gale R. Integrative learning for liberal education [J]. Peer Review, 2005: 4-7.

[2] Klein J T. Integrative learning and interdisciplinary studies [J]. Peer Review, 2005, 7 (4): 8-10.

[3] Soare E. Integrative learning pathways in competence based curriculum [C].Edu World 7th International Conference, 2017: 3-5.

> 综合学习的两大要义是内在的"多维联结的建立"以及外显的"学习方式的变革",其实质是"联结"引领下的学习方式的变革。

休伯的观点相似,纽威尔直接将多元文化学习、协作学习、学习社区和跨文化学习等作为综合学习的重要方式。透过这些讨论可以发现,综合学习在被具象为具体的学习方式时,其内在逻辑仍是意在联结的建立。例如,在上述提及的多种综合学习的具体方式中,社区服务学习意在建立学生学习与社会生活之间的联结,跨学科学习意在建立学科知识之间的联结,反思性学习意在建立知识学习和学生自我之间的联结,协作学习意在建立学生与同伴之间的社会交往联结,等等。

综合学习并不是某一种具体的学习类型,而是代表了一种新的教育变革价值观,即建立多维的联结,从而增进学生对所学知识和技能的理解,并应用于具体实践中;同时综合学习在具体实践中也往往需要多样的学习方式作为载体,借由学习方式的变革加以实现。综合学习的两大要义是内在的"多维联结的建立"以及外显的"学习方式的变革",其实质是"联结"引领下的学习方式的变革。

(二)新课程建构的综合学习表现为三种具体类型

2022年版课程方案在"基本原则"中明确提出,"加强课程综合,注重关联""加强课程内容与学生经验、社会生活的联系,强化学科内知识整合,统筹设计综合课程和跨学科主题学习"。可见,从课程的综合程度来看,新的课程方案推崇的综合学习有以下三种类型。

第一,学科内整合学习。从课程的角度来看,虽然该课程不属于综合课程,但是可以通过本学科知识内容的整合教学倒逼学习方式的变革。学科内整合学习一般在本学科内完成,如语文综合性学习。

第二,跨学科主题学习。即"跨科目"的主题综合学习,强调基于某科目,整合运用至少一门其他科目的概念、观念和方法,以解决真实情境中的问题。跨学科主题学习通常是围绕真实情境中的问题、任务或项目,通过搭建跨学科主题学习单元而不是新设科目来整合不同学科的知识、观念、方法与思维方式。如语文老师指导学生演课本剧,可能需要与艺术类多个科目整合。

第三,综合课程的学习。即在科目层面开设综合课程,以实现综合学习。根据新的课程方案,当前综合课程有两类:一类是特指的严格意义上的整合课程,如初中科学课程,是对原有的物理、化学、生物学、地理等学科知识的深度整合，更加强调不同学科逻辑的整合；另一类是泛指的综合课程，如综合实践活动、劳动课程等，更加强调主题实践活动的开展。

三、如何在具体实践层面推进综合学习？

新课程所倡导的综合学习，直指学生核心素养的培育，其实施要义在于把握综合学习的"联结"本质，从"割裂"走向"联结"，并依托新课程建构的三种综合学习类型协同推进。

（一）把握"联结"本质，超越三种割裂

综合学习的实质是"联结"引领下的学习方式变革，在实施过程中须注重超越知识间的割裂、知识与生活的割裂、知识与自我的割裂（如图5-1所示）。

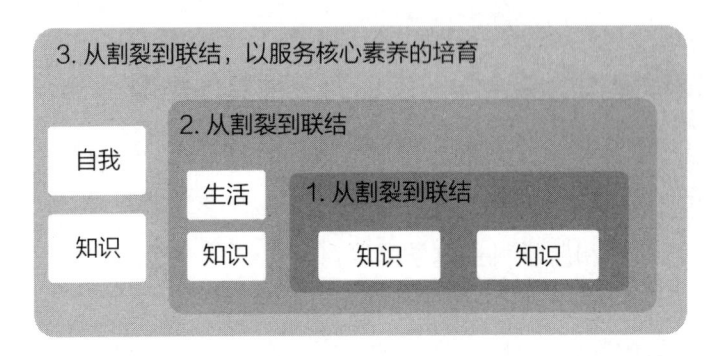

图 5-1　核心素养导向下综合学习的三重联结

→ **针对知识间的割裂，强调核心素养统领的知识的联结与整合**

分科教学是当前普遍存在的授课模式，它可以帮助学生习得体系化的学科知识，有效提升知识传授效率，符合学生接受知识的认知规律。但长期基于碎片化知识点的教学，在实践中极易出现知识间的割裂，使知识还原到"信息"层面，而失去了知识赖以存在的方法、思维、观念与价值，导致意义的缺失，难以实现核心素养的培育。走向"素养说"（强调以指向核心素养的培育来整合知识间、知识与生活间的割裂）的综合学习应当注重实现内容的进阶整合，在教学设计上开展大单元设计，强调借由大观念、大任务、大问题等强化知

综合学习的两大要义是内在的"多维联结的建立"以及外显的"学习方式的变革",其实质是"联结"引领下的学习方式的变革。

识间的联结与整合。例如,在科学领域,《义务教育科学课程标准(2022年版)》建构了"物质与能量""结构与功能""系统与模型""稳定与变化"四个跨学科概念,学生需要学习掌握这些少而精的共通概念而不是零碎的知识点,以实现知识间的有效联结。

→ **针对知识与经验的割裂,强调知行合一,注重学用结合**

课程改革的持续推进的确推动了学习方式的巨大变革,死记硬背、机械训练等少了,"自主、合作、探究"多了。但是,在课堂教学的实践中,流于形式的探究学习即"虚假探究"现象普遍存在,如没有目标的"为了探究而探究"、无关学科特性而盲目套用固定程序模式的程式化探究等,由此产生的后果之一就是"有活动、无知识",课堂热闹起来了,但是深度学习难以产生。素养导向的综合学习坚持新的课程方案提出的"变革育人方式,突出实践"的基本原则,倡导探索学科典型的学习方式,以学科实践作为学习方式变革的新方向。学科实践即"像学科专家一样思考与行动",是指在教学情境中运用该学科的概念、思想与工具,整合心理过程与操控技能,解决真实情境中的问题的一套典型做法。[1] 例如,基于任务群学习的语文实践、基于史料实证的历史实践、基于实验探究的科学实践等。其实,学科实践就是一种严谨的、规范的综合学习,既注重学科的严谨性,也强调实践的规范性,强调知行合一,"做中学""创中学"。同时,注重学用结合,在学用关系上,不仅要考虑先学后用,还要考虑先用后学、边学边用、边用边学,从而实现知识学习与学生经验、现实生活、社会实践的联结。

→ **针对知识与自我的割裂,强调学思结合,建构学习反思支架**

相较于上述外在的联结,如何在知识与自我间建立起内在联结则更为关键,否则,只能培养出"有知识,没文化"的人。学生对知识学习的普遍看法是,"这是要我学的"而不是"我要学的""我要用的",知识与学生之间这种主客对立的关系显示出所学知识与核心素养之间仍存在差距。正如杜威的教

---

[1] 崔允漷,张紫红,郭洪瑞.溯源与解读:学科实践即学习方式变革的新方向[J].教育研究,2021,42(12):55-63.

学隐喻:"教之于学,犹如卖之于买",教了不等于学了,学了不等于学会了,这则隐喻已经成为普遍共识。而如何让学生真正学会,学后反思非常重要。从不同学者对综合学习的界定可以看出,反思性学习不仅是综合学习的题中之义,而且是联结知识与自我的重要桥梁。如果没有学习者自己的反思或"悟",那么学习者就成了"容器"或只会"刺激—反应"的低级动物,教师教的知识技能,便难以转化为学生的核心素养。因此,综合学习应当着重开发学后反思的支架功能,通过设计包括"复述""关联"和"转化"的进阶的、形式丰富的反思路径(见表5-2),帮助学生管理自己的学习,反思所学,不仅在新旧知识、知识与生活之间建立联结,而且能够通过反思建立起知识与自我之间的联结。

表 5-2 学后反思的三阶六级水平

阶	级	特征描述
一阶:复述	一级	回忆刚学过的知识中一些有价值的信息
	二级	复述所学的内容并能根据一定的规则将其组织起来
二阶:关联	三级	将所学的知识与已知的知识建立联系
	四级	将所学的知识应用于真实场景
三阶:转化	五级	运用所学知识解决真实情境中的问题
	六级	能在知识运用中形成自己的观点或信念

(二)依托三种类型,协同推进综合学习

如前所述,新的课程方案建构了三种综合学习类型,在实践层面应注重协同推进,实现有效的综合学习。

→ 以学科内整合学习倒逼学习方式的变革

学科内整合学习是综合学习的常规形式,其实施要义强调通过内容整合倒逼学习方式变革。一门学科可以在学段、学期、单元等不同层面,通过大问题、大任务或大观念(生物学学科称为"大概念")将本学科的知识内容结构化,创造多样化的综合学习机会。从时间顺序看,涉及学生开始怎么学、过程怎样学、结束时如何学;从主体作用看,涉及接受学习、发现学习、合作学习、

> 综合学习的两大要义是内在的"多维联结的建立"以及外显的"学习方式的变革"，其实质是"联结"引领下的学习方式的变革。

独立学习等；从学习方式看，如项目化学习、基于问题的学习以及各门学科的实践，比如语文的任务群实践、地理的户外研学实践、科学的实验探究实践、艺术的创意制作实践等，应予以统筹考量。

→ 以综合课程作为综合学习的"固定科目"

综合课程是综合学习的"固定科目"，往往体现在课程表中，其实施要义在于：对于学科类的综合课程，如初中科学、历史与社会等，应严格按照课程标准的要求进行教学设计，注重单元化实施并强调学习方式的变革。如在科学课程中以制造水火箭的形式开展项目化学习，在历史与社会课程中以探访博物馆的形式开展史料实证探究与相关议题讨论，等等。对于非学科类的综合课程，如综合实践活动课程等，则可以结合地方特色开发校本课程，基于《中小学综合实践活动课程指导纲要》推荐的152个主题，变式选用，关照学生的生活经验，实现对学生的育人价值。例如，地震多发地区可以加强安全教育的元素，沿海地区可以关注海洋污染的治理与海洋环境的保护等问题。

→ 以跨学科主题学习作为"综合学习特区"

每门科目设置"不少于10%的课时"的跨学科主题学习的初衷是，既然整体推进综合学习那么难，那就划出一个"综合学习特区"，便于每个科目在课程标准研制、教材编写层面整体规划跨学科主题。因此，跨学科主题学习是克服学科内整合学习容易丧失综合性以及综合课程在教材编写及教师培养上的实施困难的重要抓手，故此处将这一"特区"置于最后予以强调。

跨学科主题学习在实践层面可通过两种方式推进，第一种为"A跨B型"，即以科目A为主科目，整合另一门科目B的内容进行深化或拓展学习，以主题学习的方式实现跨科目，如语文老师教游记时可以让学生画一画课文中的游览图（与美术整合）等，数学老师借助数学交流，培养学生口头表达能力（与语文整合）等。第二种为"A跨B+型"，即以科目A为主科目，借由主题学习的方式对两门及以上的科目相关内容进行跨科目整合，综合程度更高。如语文老师指导学生演课本剧，可能需要与艺术类多个科目整合；化学老师教实验报告的撰写与交流，可能需要与数学、语文等多个科目整合。

在具体进行教学设计时还要注意：第一，实施单元化，选择适切的统摄中心建构单元作为运作单位。例如，统编语文教材八年级下册第五单元有四篇游记课文，写作任务是"学写游记"，教师可基于此素材设计一个跨学科主题学习单元，如创设一个真实情境中的大任务，并由此来组织学生学写游记，其中子任务可以设计成基于课文画游览图，那就可以与艺术或信息科技科目整合。第二，主题意义化，注重关照学生生活经验，实现育人价值。例如，历史新课标中示例的跨学科主题学习之一为"历史上水陆交通的发展"，这便凸显了主题选择的"历史味"和交通发展这一学生熟悉的生活情境，并考虑了对地理、科学等其他科目知识的整合。第三，内容结构化，由真实情境中的探究活动设计组织学生的学习经验。例如，实施科学跨学科主题学习时，以跨学科概念"能量"为出发点，设计主题为"感受生活中的能量"，依据自上而下的演绎逻辑建构声能、电能、光能、热能等，并借助信息技术工具进行观察和记录。第四，学习实践化，即注重对不同科目的典型学科实践进行整合实施，突出动手操作和探究。如在"学写游记"这一语文学习任务中设置游览图绘制活动，在与"碳中和"相关的化学跨学科主题学习中设置低碳出行方案设计活动等。第五，评价表现化，即注重表现性评价的应用和积极利用信息技术手段收集过程数据等。当然，这五点内容也可经过变式成为另外两种综合学习的抓手，实践中不必将其机械对标跨学科主题学习。

总之，综合学习深度体现了新课程的"综合性"与"实践性"精神，是培育学生核心素养的重要抓手，是教学改革的重要方向。我们应该以其为切入点，引领学习变革层面的思考，并努力一同撬动核心素养时代的学习革命。

▶ **拓展阅读……**

1. 佐藤学.静悄悄的革命：课堂改变，学校就会改变［M］.李季湄，译.北京：教育科学出版社，2014.
2. 比恩.课程统整［M］.单文经，等译.上海：华东师范大学出版社，2003.
3. 有宝华.综合课程论［M］.上海：上海教育出版社，2002.
4. 郭洪瑞，张紫红，崔允漷.试论核心素养导向的综合学习［J］.全球教育展望，2022，51（5）：36-48.

综合学习的两大要义是内在的"多维联结的建立"以及外显的"学习方式的变革",其实质是"联结"引领下的学习方式的变革。

5. 崔允漷,张紫红,郭洪瑞.溯源与解读:学科实践即学习方式变革的新方向[J].教育研究,2021,42(12):55-63.

6. 张紫红,崔允漷.论课程内容结构化:内涵、功能与路径[J].课程·教材·教法,2023,43(6):4-10.

6. 跨学科主题学习

综合学习的重要方式之一，强化课程育人的重要载体；倡导整合主学科和其他学科的知识来解决问题，体现学习的综合性、实践性和开放性。

《义务教育课程方案（2022年版）》在"培养目标"部分提出要在"增强综合素质上下功夫"，把"加强课程综合，注重关联"作为基本原则，要求"统筹设计综合课程和跨学科主题学习……开展跨学科主题教学，强化课程协同育人功能"，并进一步强调"各门课程用不少于10%的课时设计跨学科主题学习"，"综合实践活动侧重跨学科研究性学习"。作为本轮课程改革的亮点之一，跨学科主题学习成为推进课程综合、强化课程育人的重要载体，也成为教育实践中亟待突破的新课题。那么，跨学科主题学习的思想源流从何而来？什么是跨学科主题学习？跨学科主题学习又应当如何开展？本章尝试回答这些问题。

一、跨学科主题学习从何而来？

跨学科主题学习并非一个新概念，其发端于教育领域课程整合的相关理论，伴随着学习理论的发展逐渐完善。相较于学科学习，跨学科主题学习强调不同学科内容的整合及综合运用，既可以应用在学科课程中，用以推进学科特定育人价值的实现，也可以应用在综合实践活动课程或其他校本课程中。

（一）跨学科主题学习的缘起

"跨学科主题学习"是"跨学科"和"学习"构成的组合式词汇。"跨学科"这一概念最早由美国哥伦比亚大学心理学教授伍德沃斯（Woodworth, R. S.）于1926年在美国社会科学研究理事会会议上公开提出，主要面向的是大学和科研机构的跨学科研究。此后"跨学科"一词风靡于科学界、教育界，意指超越一个已知学科的传统界域而进行的科学与教育实践活动。[1] 在教育领

---

[1] 刘仲林. 交叉科学时代的交叉研究[J]. 科学学研究, 1993, 11（2）: 9-17.

> 跨学科主题学习唯有根植于学科思维，跨学科理解才能产生并发展；唯有具备跨学科视野，对一门学科的理解才能不断深化。

域，人们更为耳熟能详的是"跨学科整合""跨学科课程"，其所基于的"课程整合"相关理论一般认为可以追溯至赫尔巴特的"统觉论"及其追随者提出的"学科关联"的理念。在美国进步主义教育运动中经常可以看到"跨学科"的相关表述，如其强调真正的自然学习只有以整体的方式发生，即几个领域的技能和知识被整合到单元、主题和项目中，而不是作为单独的科目进行教学。[1]1937年霍普金斯出版的《课程统整：理论与实践》使得课程整合正式进入课程领域，并开始形成关于整合的知识中心、儿童中心与社会中心三大取向。

（二）跨学科主题学习的发展

20世纪后期，"跨学科"与"整合"的关系得到进一步澄清。德雷克（Drake, S. M.）等认为"整合"这一连续体，包括多学科、跨学科和超学科三种整合程度不同的形式。[2]与此同时，主题式教学的内涵也在不断深化，强调不拘泥于某一特定的学科领域，开展广泛的主题探究。由此，跨学科主题学习便成为推进主题学习的跨学科式展开以及跨学科学习的主题式展开的典范。

跨学科主题学习在20世纪后期的复兴，一方面是因为相关学习理论的发展。如建构主义为跨学科主题学习提供了认识论基础，强调个体根据自己的经验建构知识、学习来自学生先验知识与基于探究性实践的新经验的互动[3]，这为跨学科主题学习路径的构建提供了理论基础。跨学科主题学习帮助学生在特定学科和其他学科之间建立牢固的联系，而相互关联的知识使他们能够将所学应用于新的情境，以更有效的方式学习，从而像专家一样思考与行动。

另一方面，传统学科学习的局限和跨学科学习优势的显现也成为跨学科主题学习进一步发展的重要催化剂。传统的学科学习强调掌握事实、记忆信息、训练技能，分科式的教学一方面会导致教学内容间缺乏横向联系，使学生形成碎片化的知识结构，另一方面也会忽视教学内容与现实生活的联结，使学

---

[1] You H S. Why teach science with an interdisciplinary approach: history, trends, and conceptual frameworks [J]. Journal of Education and Learning, 2017, 6（4）: 66-77.
[2] Drake S M, Burns R C. 综合课程的开发 [M]. 廖珊, 黄晶慧, 潘雯, 译. 北京: 中国轻工业出版社, 2007: 8-18.
[3] Brand B R, Triplett C F. Interdisciplinary curriculum: an abandoned concept? [J]. Teachers and Teaching, 2012, 18（3）: 381-393.

生难以基于经验自主建构对内容的深度理解，实现在现实生活情境中的迁移与应用。而跨学科主题学习将学习的重点从对事实的记忆转向对中心主题的关注、对与主题相关的知识的应用以及对思维过程的反思。由此观之，跨学科主题学习相关研究的发展并不是偶然的，而是有着深厚的研究基础、扎实的理论支撑的，也是学校应对社会变化对教育要求的重要策略。

基于这样的背景，结合真实生活情境、尝试选取并构建跨学科的内容主题进行课程与教学设计，逐渐成为世界各国或组织的普遍策略之一。如2017年苏格兰在其卓越课程（Curriculum for Excellence）中提出"跨学科主题学习要致力于让学生在关联和使用不同学科知识解决跨学科问题的过程中，增进对各学科知识的理解"[①]；2016年秋季芬兰开始实施基于核心素养的国家核心课程，其鲜明的特征是"基于现象的学习"（Phenomenon-based Learning），强调建立在学生已有知识基础上、针对某一真实存在于现实生活中的现象开展跨学科的学习，目的是培养学生在分析和解决现实生活中的实际问题时，形成系统、综合的思维方式[②]等。此外，风靡全球的STEAM教育、国际文凭组织推出的国际预科证书课程（International Baccalaureate Diploma Programme，IB课程）等无不渗透着跨学科学习的理念。

跨学科主题学习是核心素养导向的课程实施的必然要求。"核心素养是指人格品性与跨领域（学科）的通用素养"，而"学科领域与素养之间的关系不是一一对应的，所有的领域与学科都有助于多种素养的发展，没有一种素养的发展专门依赖于一个学科"[③]，素养本身也具有一定的跨学科性，需要以跨学科的方式来培育。因而，跨学科主题学习被视为面向学生核心素养发展的教与学的重要选择。同时，跨学科主题学习强调整合两个或两个以上学科的知识、观念与方法去考察与探讨一个中心主题、议题或问题的过程，为学生创设了做中学的机会，让学生以综合和关联的方式在真实的境脉中展开实践，以提高问题解决能力等，这正是核心素养所强调的。因此，跨学科主题

---

① The Scottish Government. Building the curriculum 3: a framework for learning and teaching [M/OL].Edinburgh：The Scottish Government, 2008 [2023-09-01].https：//education. gov.scot/media/0cvddrgh/btc3.pdf.
② 胡玉华. 芬兰基础教育核心素养框架及实施[J]. 教学与管理，2020（1）：80-82.
③ 安桂清. 基于核心素养的课程整合：特征、形态与维度[J]. 课程·教材·教法，2018，38（9）：48-54.

学习被视为学生核心素养培育的重要路径。

二、如何理解跨学科主题学习？

（一）跨学科主题学习的内涵

在对跨学科主题学习进行概念澄清之前，需要先明确其与相关概念的联系与区别。依据学科领域之间的整合程度，一般将广义上的跨学科整合划分为"多学科整合""跨学科整合"以及"超学科整合"（见图6-1）。相较而言，跨学科不像多学科在各个学科中分别学习相关内容，而是对学科知识进行一定融合后开展教与学；也不像超学科学习完全忽视学科分界，而是将相互关联的课程内容围绕组织中心进行组合以促进问题解决，虽弱化学科的边界，但知识本身具有学科属性。即跨学科主题学习一方面充分尊重内容的学科属性，另一方面也强调整合不同学科内容以解决现实世界中的问题。

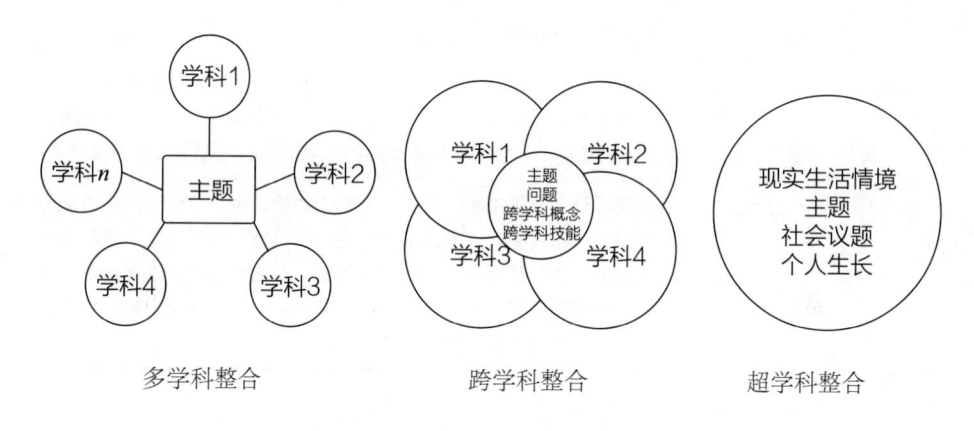

图 6-1　跨学科整合的不同形式

通过对既往研究中对跨学科主题学习界定（见表6-1）的分析可以发现，其核心内容具有内在一致性。从学习内容看，都关注到了学科间的整合，整合的内容较为多元，包括各学科的知识、方法、工具、视角、思维方式、概念和理论等；从学习过程看，都突出了学生的学习实践，即从学习结果中表现出新的经验的获得、理解的生成、问题的解决、产品的产出等。由此可见，"整合不同学科"与广泛意义上的"问题解决"是跨学科主题学习的焦点，其中"问题解决"既作为学习过程，也作为学习结果，学生跨学科问题解决能力的发展也成为跨学科主题学习的重要目标。跨学科主题学习本质上是一种融综合性与探究性于一体的深度学习方式。

表 6-1　对跨学科主题学习的不同界定

研究者	年份	对跨学科主题学习的界定
雅各布斯 (Jacobs, H. H.)	1989	避免学科知识过度分化彼此之间失去关联，而应用不同的学科方法与语言以验证一项核心主题、议题、问题、单元或经验的设计方式。[①]
伊万尼茨卡娅 (Ivanitskaya, L.)等	2002	两个或两个以上的学科结合在一起相互作用，并对彼此的观点产生某种影响。在这一过程中，学生被要求将来自几个学科的分析和知识应用于一个核心议题、问题中。[②]
戈尔丁 (Golding, C.)	2009	在两个或多个学科或既定的专业领域中整合知识和思维方式，以产生认知进步，如解释现象、解决问题或创造产品。[③]
张(Zhang, D.)等	2015	跨学科方法通过整合来自两个或多个单独学科的方法、工具、视角、概念和理论，帮助学生对复杂现象产生深刻和全面的理解。[④]
张华	2017	基于跨学科意识，运用两种或两种以上的学科观念以及跨学科观念，解决真实问题的课程与教学取向。[⑤]
德雷克 (Drake S. M.)等	2020	当多个学科围绕一个跨学科概念，比如可持续性，或者复杂的跨学科技能，比如批判性思维或能力、跨学科理解时，学科之间的疆界会变得模糊。跨学科学习就为探索和弱化学科边界提供了一种情境。[⑥]
张玉华	2022	一种将学习置于真实、复杂、有意义的情境中，综合运用两门或两门以上学科的知识、方法或观念进行问题解决，实现单一学科不能达成的目的，如解释现象、完成任务、创造作品等，以促进学科理解和跨学科理解，培养从多学科视角分析问题、解决问题的能力，实现核心素养提升的学习方式。[⑦]

[①] Jacobs H H. Interdisciplinary curriculum: design and implementation [M]. Alexandria, Virginia, USA: Association for Supervision and Curriculum Development, 1989: 8.

[②] Ivanitskaya L, Clark D, Montgomery G, et al. Interdisciplinary learning: process and outcomes [J]. Innovative Higher Education, 2002, 27(2): 95-111.

[③] Golding C. Integrating the disciplines: successful interdisciplinary [M]. Melbourne: Centre for the Study of Higher Education, The University of Melbourne, 2009.

[④] Zhang D, Shen J. Disciplinary foundations for solving interdisciplinary scientific problems [J]. International Journal of Science Education, 2015, 37(15): 2555-2576.

[⑤] 张华. 跨学科学习：真义辨析与实践路径[J]. 中小学管理, 2017(11): 21-24.

[⑥] Susan M D, Joanne R. 几经迭代更新，跨学科课程走进了21世纪[J]. 方兆玉, 译. 上海教育, 2020(32): 24-30.

[⑦] 张玉华. 核心素养视域下跨学科学习的内涵认识与实践路径[J]. 上海教育科研, 2022(5): 57-63.

跨学科主题学习唯有根植于学科思维，跨学科理解才能产生并发展；唯有具备跨学科视野，对一门学科的理解才能不断深化。

跨学科主题学习是以学科为基础的，唯有植根于学科思维，运用相关学科的观念与方法，跨学科理解才能产生并发展。与之相对应，也唯有具备跨学科视野，对一门学科的理解才能不断深化。那这是否意味着跨学科主题学习最终指向的是对学科的理解？有研究者对跨学科主题学习进行分类并予以解释[①]：一类是通过使用一门或多门学科的语言、方法或准则来丰富另一门学科，即以超越单一学科范围的学习实现对某一学科的基础性或实践性理解；另一类是使用两个或两个以上学科的语言、方法和准则，对诸如健康、正义或暴力等普遍主题进行共同探究。这种分类方式与我国2022年版课程方案关于跨学科主题学习的设计异曲同工。在学科课程中，跨学科主题学习所强化的是以跨学科学习的方式推进本学科特有的育人价值的实现，而不是专业特色的消解；而存在于综合实践活动中的"跨学科研究性学习"等则更直接服务于学生综合素养的培养。

基于上述分析，结合我国2022年版课程方案与课程标准的相关要求，我们将跨学科主题学习定义为：以素养培育为指向，整合两种或两种以上学科的知识、观念、思维方式与方法等去学习主题，考察与探究主题之下问题的一种兼具综合性与探究性的学习方式。其既可以应用在学科课程中以推进对学科特定育人价值的实现，也可以应用在综合实践活动课程或其他校本课程中推进学生综合素养的发展。

（二）跨学科主题学习的特征

在推进学生核心素养发展的现实需求以及落实新一轮课程方案精神理念的政策诉求下，跨学科主题学习也呈现出新的面貌，主要表现在整合性、实践性、开放性的特征上。

整合性。主要指跨越学科边界以及联结学校学习与生活世界。传统的学科教学强调学科知识点的学习，人为割裂了学科与学科间的内在联系，学生通过学习获得了大量庞杂、零散的知识。而跨学科主题学习强调的是学生围绕主题，联系两门及以上学科的知识、技能、概念、方法等展开学习。不同学

---

① Chettiparamb A. Inter-disciplinarity in teaching: probing urban studies [J]. Journal for Education in the Built Environment, 2011, 6（1）: 68-90.

科为学生提供了认识事物或现象的不同视角、学习工具与资源,在跨学科主题学习中,学生因学习需要调用这些视角、工具与资源,以求得对学习对象的充分理解。跨学科主题学习还强化学生学习与现实生活的整合,强调跨学科学习情境的创设,力求使学生的学习与学生所处的学校情境、社会情境和未来职业情境建立联结,并在这种"为了真实"的情境中设计学生当下或未来的实际生活中可能面临的问题或挑战,以帮助学生建立当下学习与自身生活的联系,感知当下学习对自身的意义。

实践性。主要指学生在跨学科主题学习中要展开真实的实践,获得具备个人意义的学习经验。[①] 既往的学科教学常采取知识授受的方式,学生对知识的理解即是对现有解释的接受,缺乏对知识本身的体悟以及基于个人理解的内化,本质上说学生所积累的知识只是被动接受的缺乏个人意义的符号。而跨学科主题学习兼具实践取向与行动取向,关注学生个人的经验和认知、情感与旨趣、理解与创造,通过推进学生个体及其所在的共同体解决特定情境中的问题,以"用"的方式去"学",基于实践、运用与行动理解知识的本质和价值,并实现迁移与运用。而且,学生在这种实践性的学习中还获得了个体社会化的契机。这使得跨学科主题学习中的实践兼具问题解决的探究性实践与交往互动的社会性实践的双重意涵。

开放性。主要指跨学科主题学习设计与实施的动态调整和灵活生成。传统的学科教学依循的是"计划—执行"的思路,预设性较强,虽然教学效率高,但是很难兼顾预设之外的学生的学习需求与学习结果。而跨学科主题学习以师生互动、合作创生为主线,实施过程不是对预先规定内容或模式的执行的过程,而是师生共同投入探究的历程。随着问题的解决和兴趣的满足,学生可能会产生新的问题、新的探究设计和价值感,学习也会随之关联其他学科,生成更大范围的整合,创生新的内容。

三、如何设计与实施跨学科主题学习

如何回应核心素养发展的要求进行跨学科主题学习的设计与实施是教育实

[①] 安桂清. 论义务教育课程的综合性与实践性[J]. 全球教育展望,2022,51(5):14-26.

践领域的重点和难点问题。已有研究为跨学科主题学习设计模式的探索提供了操作化手段，大致包括基于标准的、基于概念的和基于问题的跨学科主题学习设计模式。结合既往研究中的跨学科主题学习设计模式，基于上述跨学科主题学习的内涵与特征，从主题、目标、内容、过程与评价五个维度呈现跨学科主题学习设计的基本思路与方法，并借助"雨水花园——为滨江撑起绿伞"[①]跨学科主题学习案例（以下简称"雨水花园"案例）做具体呈现。

（一）跨学科主题学习的主题

主题是架构整个主题学习的线索和实现跨学科设计的黏合剂，既不是凭空产生，也不是随意确定的。一方面，跨学科主题学习的主题选择与确立都首先要考虑学生的兴趣、需要、生活经验以及已有的知识与能力发展基础；其次要充分考量学校所在地区的特征及学校具备的资源与条件；最后，跨学科主题学习是植根于学科思维，以学科学习为基础的，因此要参考学科课程标准，考量跨学科主题学习与学科学习的关系。

另一方面，主题首先要合乎跨学科主题学习最基础的整合性特征。既表现为主题的范围具有跨领域性，能够覆盖多个相关学科的内容，且具有一定的黏合性，能够合乎逻辑地、有效地统领整个主题学习的展开；也表现为主题与学生的实际生活相联系，使学生感知当下学习对自身的意义。

在"雨水花园"案例中，教师选择了"雨水花园"这一湿地景观，围绕学生关于"为什么要有雨水花园，雨水花园如何设计"的现实困惑，关联四年级科学、语文、数学、道德与法治等科目的学习内容展开主题设计。

（二）跨学科主题学习的目标

目标是跨学科主题学习的灵魂，它澄清了学生预期的学习结果，指引与规约着具体的学习内容与过程的设计。

一方面，跨学科主题学习要以发展学生核心素养为导向，凸显对学生能力与意识品质发展的要求。因而，跨学科主题学习的目标要展现对学生学习的整体性要求，首先要明确学生须理解的不同学科的事实、概念、基于深层理

---

① 案例来自上海市杨浦区平凉路第三小学。

解的经得起考验的个人观点等；其次要澄清学生须掌握的技能，包括低层次技能、特定学科的技能以及跨学科技能；最后要厘清学生须获得的态度、情感与人格品性等方面的发展，着重体现对世界的关怀与责任。

另一方面，从目标的叙写来看，应该适应不同的素养培育要求及学习结果的类型选择不同的学习目标类型——成果性目标、表现性目标与体验性目标，反映对学生的多维要求，并进行有内容、有能力、有情感价值的一体化描述，以澄清学生的预期学习成果，为学生把握自己的学习进程与学习水平提供参照。

在"雨水花园"案例中，学生需要达成"通过查阅资料、实地考察等活动，能阐释'雨水花园'的结构功能以及其中的能量循环，感悟可持续发展的理念，增强保护滨江生态环境的意识"这一目标。该目标体现了对学生理解的要求，以及基于理解要达成的态度发展。

（三）跨学科主题学习的内容

跨学科主题学习内容的选择与组织较为复杂，并非一个线性的过程。

首先，内容的选择与组织需要确立组织中心，以架构关键学习内容，明确内容的范围、逻辑与顺序。组织中心可以依据学习主题与目标设计为大概念、大问题或大任务。其中，大概念是要能够反映专家思维方式的概念、观念或论题，围绕大概念还要确认具有一般性的基本问题，以及学生所要达成的基本理解[1]；大问题要凸显问题的焦点、问题嵌入的情境、问题期待的产出等；大任务往往要赋予学生一定的角色，使学生在特定的情境中，依据任务目标完成产品或表现[2]。

其次，围绕确立的组织中心设计适切的统领性任务。统领性任务既作为整个跨学科主题学习总结性评价的表现性任务，也是统领整个主题学习的经验型任务[3]，强调学生参与有挑战、高投入的跨学科主题学习过程。要依托任务

---

[1] Erickson H L. 概念为本的课程与教学 [M]. 兰英, 译. 北京：中国轻工业出版社, 2003：83.

[2] 威金斯, 麦克泰格. 追求理解的教学设计：第二版 [M]. 闫寒冰, 等译. 上海：华东师范大学出版社, 2017：177.

[3] 希尔. 设计与运用表现性任务：促进学生学习与评估 [M]. 杜丹丹, 杭秀, 译. 福州：福建教育出版社, 2019：5.

> 跨学科主题学习唯有根植于学科思维,跨学科理解才能产生并发展;唯有具备跨学科视野,对一门学科的理解才能不断深化。

与活动创设富有挑战性的情境,明确可利用的资源及限制性的条件,设计引发学生高阶思维活动的学习过程,并促进学生在学习过程中自我反思与修正,让学生在跨学科探究性实践中实现认知、情感与行为的深度参与。作为统领性的高阶的学习任务可经由子任务与活动逐层完成分解,分解的子任务与活动也依循一定的层次进阶,从感性到理性,从具体到抽象,从对概念和技能的回忆与复述走向基于情境的策略性思考、推理与创造性应用。具体的进阶方式依学习目标与任务特征而定,可以是能力的进阶、活动阶段的进阶、问题的进阶等,但要合乎学生认识事物的一般规律,逐步推进高阶学习目标的实现,服务于学生的深度学习。

最后,"主学科+辅学科"的内容结构既是跨学科主题学习内容规划的基本思路,也是跨学科主题学习内容最终的组成样态。在学科课程的跨学科主题学习设计中,主学科往往是本学科,而在综合实践活动的跨学科主题学习中,主学科往往依据学习主题而定。主学科的确认能够为跨学科主题学习内容定向,通过对主学科中既有的、与主题相关的学生学习经验的分析,澄清学生进行跨学科主题学习的起点水平,初步规划跨学科主题学习的可能内容,为组织中心的确立奠定基础。辅学科往往相对于主学科而言,一般指提供工具与方法性支持的学科。相较于主学科的规划性,辅学科更具开放性,既可以在学习任务设计中应学习需要逐渐纳入,也可以在跨学科主题学习实际开展过程中纳入,学生在纳入过程中也可能扮演重要角色。

"雨水花园"案例择取了"大概念——能量循环与生态平衡"作为组织中心,确定将"能量如何在自然的和人工的生态系统内循环;我们如何通过调节生态系统的物质循环,实现可持续发展"作为本质性问题。在此基础上,形成了"向联合国教科文组织(UNESCO)提交'校园雨水花园'的设计方案(包括设计图纸和模型),并现场进行7分钟的情景剧演绎,展现作品的可持续发展理念"的统领性任务,通过理解生态系统、实地探访雨水花园等子任务与学习活动,完成统领性任务。在学习过程中,将科学学科作为主学科,而用以支持统领性任务完成的语文学科和音乐学科(情景剧创编与表演)、美术学科和数学学科(校园雨水花园的设计)等作为辅学科。

（四）跨学科主题学习的过程

学习过程是跨学科主题学习具体展开的过程。学习过程的设计关键是对具体的学习方式、教师对学生提供的指导与支持，以及学生学习时空条件的设计。

为促进跨学科主题学习的有效开展，要适应学习需要设计多样化的学习方式，既可以是包括帮助学生发展对学习对象感性认识的学习方式、推进学生建构和表征理性认知的学习方式等，也可以是跨学科主题学习所涉及的主要学科的学科实践方式。总之，学生学习要凸显实践取向与行动取向，要能够驱动逻辑关系紧密的系列任务流畅地、充分地完成；要能够帮助学生建立起知识领域间以及知识领域与个人经验、现实生活的联系，寻求问题的解决。

在跨学科主题学习过程中还需要教师为学生适时地提供指导与支持。首先，教师要成为学生学习的促进者，在学生学习的过程中应需提供预设性的与即时性的引导和帮助，推进学习的顺利开展。教师还需要打造课堂上支援学习者能动学习的"软环境"，提供多样的学习支持。学习支持可以是物化的，也可以是抽象的，可以包括学习资源、工具支持、支架支持等方面。此外，教师还需引导学生创设学习社群，促进学生之间的交流与协作。

灵活的学习时空为学习任务的开展以及完整学习经验的获得创造了条件。一方面，要创设与学生学习需要相适应的物理环境，既包括传统的教室，也包括校内相关功能教室，以及与学习主题相关的校外活动场域。另一方面，在学习时间的安排上也需要灵活设计，要打破传统的课时主义，适应学习任务、学习活动开展的需要实现长短学时的适应性安排，为学生获得完整连续的学习体验创造条件。

"雨水花园"案例以探究和体验作为主要的学习方式，如学生实地走访滨江雨水花园、学校人工生态系统，小组合作开展校园雨水花园结构图绘制与故事编排等。在学习过程中，教师既提供了"预学单"和"学习单"帮助学生整体把握学习过程，还安排了任务相关的各学科教师和校外教师为学生提供即时的支持。整个主题学习的开展综合运用了校内（科学、美术、信息技术等功能教室，学校人工生态系统"生生有机农场"）与校外学习环境。为支持学习开展，还根据课程内容和学生学习需要，将学校既有的基础性课程、拓展性课程、社团活动、中小队活动相结合实施，有效解决了学习时间的问题。

> 跨学科主题学习唯有根植于学科思维，跨学科理解才能产生并发展；唯有具备跨学科视野，对一门学科的理解才能不断深化。

（五）跨学科主题学习的评价

学习评价本质上是一种"教育性活动"，指向学生学习和成长的发现与促进。在跨学科主题学习中必须架构完整的评价方案，实现以评促学。

首先，跨学科主题学习的评价应该由教师与学生共同作为评价的主体，并为不同的主体设计相应的评价工具。自评的开展能够促进学生在学习过程中的自我反思、自我监控、自我判断与自我调整。而互评既能打破评价中由来已久的评价者与被评者关系不对等乃至对立所带来的焦虑与紧张，也能够为全面评价学习提供新的视角。自评的工具可以有多种形式，关键在于为学生提供自我反思的支架。

其次，跨学科主题学习的评价要兼顾形成性评价与总结性评价，通过评价来发现与理解学生并基于此促进学生的发展。形成性评价可以依托成长记录、检核表、研讨交流等方式来展开，这些记录和表单也可以放入学生成长档案袋中，既可作为对学生成长的记录，也可作为学生获知自身现有水平及现有水平与目标水平之间的距离并据此进行自我反思与改进的参照。总结性评价则可以与统领性任务整合，综合学生对具有跨学科性的真实性任务的完成过程与结果情况来考量学生在学科与跨学科知识、技能和观念目标方面的达成情况。这需要借助与任务相匹配的评价量规。评价量规囊括评价准则、等级标准与具体说明，可考虑从内容、过程、质量和影响等方面设计量规的基本准则，并描述不同等级水平的表现，设置不同水平的评分标准。

与统领性任务相匹配，"雨水花园"案例设计了评价量规，从"制图的科学性与功能性""制作的标准性、科学性与完整性"以及"故事的完整性与科学性"指标来分别评价校园雨水花园方案（含设计图纸与模型）、科普情景剧演绎，以此考查学生对"能量循环与生态平衡"核心概念的理解和应用，以及对可持续发展与环境保护理念的理解和内化；同时，采用KWL（已知、想知、新知）表格帮助学生自我反思与评价。

拓展阅读……

1. 程龙.重申跨学科学习的学科立场［J］.全球教育展望，2023，52（3）：25-34.

2. 张玉华.跨学科主题学习的水平分析与深化策略［J］.全球教育展望，2023，52（3）：48-61.

3. 伍红林，田莉莉.跨学科主题学习：溯源、内涵与实施建议［J］.全球教育展望，2023，52（3）：35-47.

4. 董艳，夏亮亮，王良辉.新课标背景下的跨学科学习：内涵、设置逻辑、实践原则与基础［J］.现代教育技术，2023，33（2）：24-32.

5. 吴永军.跨学科学习何以可能［J］.教育发展研究，2022，42（24）：22-27.

7. 项目化学习

素养形成必需的学习方式，强调让学生在基于核心知识创设的问题情境中完成活动任务，以高阶学习带动低阶学习，实现知识逻辑、活动逻辑与生活逻辑的有机统一。

《义务教育课程方案（2022年版）》在第五部分"课程实施"中的"深化教学改革"中明确提出，"积极开展主题化、项目式学习等综合性教学活动，促进学生举一反三、融会贯通，加强知识间的内在关联，促进知识结构化"。这里提及的"项目式学习"，英文名称是Project-Based Learning（简称PBL），又称项目学习、项目化学习，是当前国际上普遍采用的学习样态。为了行文一致，本文统称为"项目化学习"。那么，项目化学习的起源与演变过程是怎样的？为什么项目化学习可以指向素养的培育？如何设计出高质量的项目化学习？这是本章需要讨论的问题。

一、项目化学习从何而来？

　　作为新的学习方式，项目化学习近些年受到教育界广泛关注，已然成为当前课程改革中的热点。然而，要想深入理解项目化学习的育人价值，不仅要探寻其理论意涵与实施机制，还需要追问其发展的历史源流，从其演变的过程中把握项目化学习的进阶趋势。

（一）发端于作品设计的原始项目

　　项目化学习起源于建筑设计比赛。在16世纪文艺复兴时期，意大利很多建筑学院经常举办各种设计项目比赛，要求学生在一段时间内完成多个设计项目，质优者获胜。这种设计项目比赛，一方面可以检验学生对课堂所学构图和建造原理的掌握情况，另一方面作为理论训练的补充，可以真实培养学生建筑设计的实践力和创造力。于是，在各种比赛的推动下，设计项目的活动渐渐发展成为一种固定的学校教学形式。设计出具体的产品，正是项目化学习的原始形态。可见，项目化学习作为一种学习方式或教学形式，一开始与建筑设计、雕塑等密切相关，指向真实作品的创造，体现着强烈的设计和

> 项目化学习不是活动，其实质乃是一种指向素养目标的严谨的学习设计。

实践倾向。这种指向实践的学习形式因其显著的教育效果，渐渐走出原先的具体职业领域而对一般的基础教育领域产生深远影响。

（二）注重儿童活动的设计教学法

项目化学习进入基础教育领域，主要归功于克伯屈的大力倡导。在美国进步主义教育运动时代背景下，克伯屈糅合杜威和桑代克的教育思想，提出了"设计教学法"，这是一种基于儿童兴趣活动的项目化学习方式。这里的"设计"（Project）其实就是项目，而设计教学法本质上就是一种项目教学的思路，克伯屈借助设计教学法具体阐述了在基础教育领域开展项目化学习的理念与做法[①]。

针对传统教育呆读死记、单纯灌输、重知识轻实践、忽视学生主体性等痼疾，克伯屈的设计教学法旨在倡导一种由学生在实践中自动、自发地进行有目的、有计划、手脑并用、获得完整经验的综合学习活动。设计教学法提倡：废除传统的班级授课制，摒弃教科书，打破学科界限，儿童可以根据自己的兴趣决定学习目的和内容，在自己设计、自己负责实行的单元活动中获得有关知识和解决实际问题的能力；而教师的作用则在于激发学生的学习动机，帮助学生选择活动所需的教材。20世纪初期至中期，设计教学法非常盛行，且被视为当时理论最为系统且实践影响最大的一种教学法，甚至漂洋过海到中国，在民国时期的基础教育界掀起了实验的热潮。[②]

但问题是，在真实的学校教育中，放任学生自己去形成学习目的，一味满足学生的兴趣，让学生自发开展各种学习活动，而没有考虑到知识的学习与能力的培养，很难让学生有实际收获与成长。因此，当美国进步主义教育运动退潮后，设计教学法也逐渐被人淡忘。

（三）指向素养培育的项目化学习

此后，设计教学法虽然在美国基础教育领域日渐沉寂，但其项目活动的教育理念却影响了第二次世界大战后的欧洲教育，如意大利学前教育领域的瑞

---

① Kilpatrick W H. The Project Method [J]. Teachers College Record, 1918, 19 (4): 1–5.
② 瞿葆奎，丁证霖. "设计教学法"在中国 [J]. 教育研究与实验, 1985 (3): 72–84.

吉欧课程就包含了项目化学习的诸多要素。20世纪90年代以后，伴随着知识经济时代的来临，科技迅猛发展，互联网迅速普及，这逐渐改变了人们的生活方式和教育观念，原有的学校课程结构和以单一学科教学为主的方式越来越难以满足社会经济的发展需求，世界各国兴起了新一轮课程改革运动。2014年以来，特别是在核心素养理念深入人心之后，项目化学习作为一种综合性的学习和课程形态，再次获得了极大的关注。当然，此时的"项目化学习"已经超越了克伯屈那种狭隘的儿童活动的理解。素养理念下的项目化学习特别强调指向个体和社会价值的整合、指向核心知识的深化和思维迁移、关注学科和跨学科课程的协调等方面。[①]这种吸取各种最新学习理论的新型项目化学习也有了更为深远的教育意蕴。

素养理念下的项目化学习在建构主义、情境学习、学习共同体等学习理论支撑下有了新的底蕴，不再仅仅凸显儿童的活动，而是基于核心知识创设问题情境，以挑战性任务激发学生学习需要，支持学生主动找寻解决问题的办法与路径，理解学科的思维结构与价值意义，同时培养学生的合作意识、责任意识、创造意识等重要品格。

二、项目化学习是什么？

项目化学习作为一种落实素养培育的学与教的方法，旨在支持学生在一段时间内对学科或跨学科有关的驱动性问题进行深入持续的探究，在调动所有知识、能力、品质等创造性解决问题、形成公开成果的过程中，形成对核心知识和学习历程的深刻理解，并能够在新情境中迁移。[②]以下从性质、特征与分类三个方面简要说明项目化学习的基本内涵。

（一）项目化学习的性质

一般而言，对项目化学习的性质有两种理解：一是将项目化学习视为一种

---

① 夏雪梅.从设计教学法到项目化学习：百年变迁重蹈覆辙还是涅槃重生？[J].中国教育学刊，2019（4）：57-62.
② 夏雪梅.项目化学习设计：学习素养视角下的国际与本土实践[M].北京：教育科学出版社，2018：32.

学习方式，基于课程标准，用驱动性问题、项目成果、学习支架等设计要素重新组合、拓展教材中的相关教学内容，形成新的经验单元，优化学与教的过程，促进学生积极主动地思考、解决问题，形成项目成果。二是将项目化学习看成一种课程组织方式，用项目主题、问题等作为系统的课程逻辑，选取有整合性的内容，形成独立于国家课程之外的新的项目课程，如STEM系列的项目课程、体现学校特色的节庆文化的项目课程。这些课程的内容中也会涉及学生所学的知识和能力，但是它们往往作为一种独立的自成逻辑的课程体系存在，具有自己独立的课程目标。

要想真正推动学校育人方式的变革，关键在于改变学生的常态学习体验和经历。因此，将项目化学习作为一种学习方式，而不是将其作为一门独立的课程，可能更有利于推动学校学与教方式的变革。

（二）项目化学习的特征

有学者认为，项目化学习具有真实情境、复杂问题、超越学科、专业设计、合作完成、成果导向以及评价跟进等诸多特征。[①]巴克教育研究所则给出了项目化学习的八大"黄金标准"：（1）重点知识的学习和"成功素养"的培养；（2）解决一个有挑战性的问题；（3）持续性的探究；（4）项目要有真实性；（5）学生对项目要有发言权及选择权；（6）学生和教师在项目中进行反思；（7）评论与修正；（8）项目化学习成果的公开展示。[②]综合来看，与一般的研究性学习、综合实践活动相比，项目化学习主要有以下几个方面的显著特征。

一是指向素养目标。项目化学习不是活动，而是一种指向素养目标的严谨的学习设计。素养目标对学生在未来真实世界中的发展有持久作用和价值，具有统整性和迁移性，而这和项目化学习的宗旨是高度匹配的。项目化学习的目标正是指向对学生有重要、持久价值的且可迁移的核心概念与能力。当面对承载核心概念与能力的真实情境问题时，学生需要调动所有知识、能力、品质等去创造性地解决问题并形成公开成果，从而获得素养的培育。

二是有真实性和挑战性的驱动性问题。驱动性问题贯穿整个项目化学习始

[①] 崔允漷.学习素养通过项目化学习培养[J].上海教育，2018（34）：18.
[②] Buck Institute for Education. What is PBL?［EB/OL］.（2016-02-21）[2022-12-06］. https://www.pblworks.org/what-is-pbl.

终，具有全程统领的作用。驱动性问题具有真实性和挑战性，需要通过新的学习、探索才能解决，是真实世界中的人们、专家有可能面临的真实挑战。在对驱动性问题的解决过程中蕴含着真实世界中专家有可能会采用的思维方式或实践方式，学生要灵活调用相关知识和能力，促进对知识间关系的理解。

三是学习过程的探究性。项目化学习需要学生持续探究，学生在探索解决问题的过程中，建构自身知识体系，将所学的知识策略、方法技巧用于问题解决和项目成果的产生，获得深度学习的体验。而且，当一个项目完成后，学生能从这一情境问题的解决拓展迁移到这一类或相似情境问题的解决，从而全面提高认知能力和思维品质，促进认知结构的发展迭代。当然，项目化学习持续探究的动力和能力离不开教师的支持与促进。

四是项目成果的公开性。在传统的学习方式中，学习是在教师和一个个学生之间发生的。学生个体完成作业并且一般只给教师审阅。在项目化学习中，学生的成果是公开的，不仅分享给教师，而且分享给同学、专家等。项目化学习通过公开的成果来判断学生的学习质量，通过纳入与项目成果有关的人员的交流讨论来促进学生对项目的反思和深入理解。项目化学习的成果既反映出学生对驱动性问题的解决，也展现出学生深度思考、深层理解与创造性解决问题的素养水平。

（三）项目化学习的分类

项目化学习的分类，从实施主体可以将项目分成学生自主项目与教师指导项目，从实施时间长短分成微项目（1—2课时）、单元项目（一周或几周）与长项目（一学期甚至更长时间），按照学科结构特征分成学科项目、跨学科项目、多学科项目与超学科项目。还可以根据素养目标的定位和问题性质的不同将项目化学习分为活动项目化学习、学科项目化学习、跨学科项目化学习（见表7-1）。

活动项目化学习。活动项目化学习指向通用素养目标，具有很大的开放性和多元性，多从学生在生活中可能面临的真实问题出发，具有较强的实用导向。学校可以在综合实践活动、校本课程、课后服务时段开展活动项目化学习。其设计与实施的聚焦点在于关注学生如何创造性地解决日常生活中面临的真实问题，从提出问题、理解问题到研讨解决问题的方法，最终形成项目成果，而问题解决的过程正是对学生进行素养培育的过程。

学科项目化学习。学科项目化学习是以某一学科的核心素养为立足点，通过学科真实问题促进学生深度理解学科核心知识。这类项目化学习要在设计要素和学科教学之间寻找联结点和契合点，让学生经历丰富多样的学科实践，学会用学科的思想方法和视角对真实问题进行分析，在教师的支持下综合学科的相关知识去解决问题，并在解决问题的过程中发展沟通交流、合作、创造性思维等具有共通性的素养。学科项目化学习是一种持续探究式的学习，这种学习历程有助于突破单课时、知识点掌握的传统教学方式，推动学科学习走向主题化、单元化、综合化，对教学设计和学习模式的革新有着重要意义。

跨学科项目化学习。跨学科项目化学习是学生合作探究真实世界中的复杂问题的项目。这类项目化学习一般涉及两门及以上学科的核心知识，旨在实现对大概念的持久深度的理解，产生富有创造性的成果。需要特别强调的是，跨学科项目化学习不是为了跨而跨，不是不同学科知识的简单拼凑，而是在解决真实、复杂的现实问题的过程中，学习不同学科的知识，对所学知识产生整合性的理解并产生创造性的成果，同时，将其灵活迁移到其他情境的问题解决中。跨学科项目化学习是通过整合不同学科的认知方式回应真实世界的复杂问题，在解决现实问题的过程中构建起不同学科之间的"联结点"，有助于培养学生复杂多维、系统综合的高阶思维能力。

表 7–1　三类项目化学习

类型	基本特征	所涉及的知识	学校课程类型
活动项目化学习	关注学生身边的日常问题，不强调学科知识的学习和掌握，更加注重发现问题、分析问题、沟通交流、创造性思考等学习素养的培育	日常知识的综合与重构	主要以校本课程为主
学科项目化学习	探讨的是真实世界中的学科问题，需要运用学科思维去解决，并在解决问题的过程中深化对学科概念的理解	以一个学科为主的核心概念和结构化、综合性的知识	主要以国家课程为主
跨学科项目化学习	探讨的是真实世界中需要调用两门及以上学科的知识能力去解决的问题	以两个或三个学科为主的核心概念和结构化、综合性的知识	一般是两门及以上学科课程的综合研究性学习

三、如何设计高质量的项目化学习：以学科项目化学习为例[①]

关于项目化学习的分类，活动项目化学习与跨学科项目化学习，因与探究性学习、综合实践活动有相似之处，教师一般多少有些了解，并不感到陌生。但在我国现有分科教学占主导地位的教育背景下，以学科学习为主要载体，聚焦关键的学科概念和能力，进行学科与学科、学科与生活、学科与人际的联系和拓展，用项目化学习的形式组织呈现出来，用课程结构化的方式配套到年级，或是课程改革和国家课程校本化实施的一条可行之路。可以说，项目化学习要想取得更大的应用价值，关键在于证明其在提升学科学习质量上的作用。因此，这里主要聚焦学科项目化学习，讨论如何设计出高质量的学科项目化学习，有效培育学生的学科核心素养。

事实上，高质量的学科项目化学习不仅是学习方式的变革，也是一种中观的单元设计，会涉及学科项目目标、学科真实问题、学科实践、学习实践、学科项目成果、学习评价六个维度。因此，学科项目化学习的设计要始终关注这六个维度的问题。

1. 学科项目目标：指向学科核心素养的学科项目目标是什么？
2. 学科真实问题：用什么样的具有挑战性、真实性的问题情境驱动学生主动投入思考？
3. 学科实践：学生将在解决学科真实问题中经历怎样的学科实践？
4. 学习实践：学生在解决学科真实问题中将发展怎样的跨学科通用学习素养？
5. 学科成果：项目将期待学生产生怎样的公开学科成果？
6. 学习评价：如何评价学生在学科项目中的学习过程和产生的项目成果？

以上六个维度既是系统综合性的思考，也是在知识观、学生学习、学习关系等多个层面上进行的统合，更是进行富有探究性的学科单元设计。学科项目化学习的设计，体现了将学科学习的学与教方式的变革和真实问题解决情境的整合，体现了学科核心素养和跨学科素养的融合，是一种双线并进的设

[①] 第三部分的整体内容来自：夏雪梅. 国家课程的项目化学习：高质量的分类探索[J]. 上海教育科研，2023（3）：31-36.

计思路（如图 7-1 所示）。下面就从这六个方面，结合一些案例，简要讨论高质量的项目化学习设计应当注意的事项。

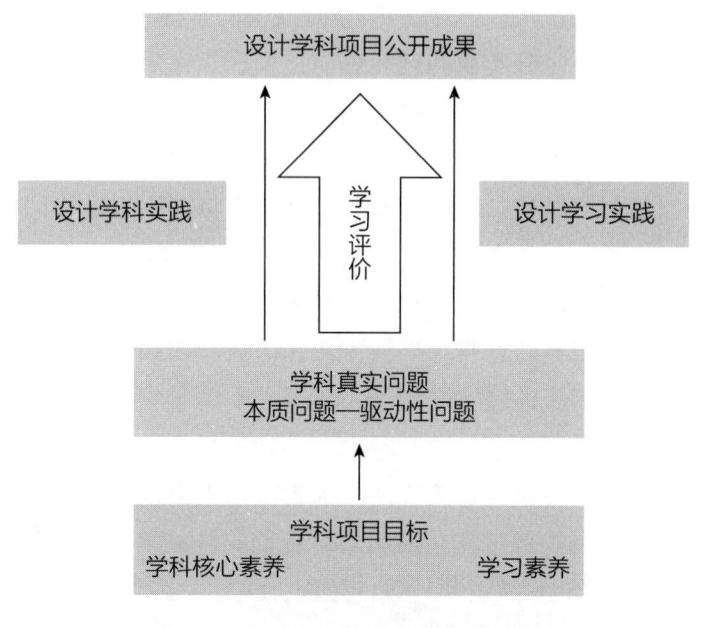

图 7-1　学科项目化学习双线设计简图

（一）如何确定学科项目目标？

学科项目目标一般包含两个大类。一类是学科核心素养，另一类是学习素养，两者之间是相互依存与促进的关系。学科核心素养是有结构的，包含学科大概念、学科单元概念、具体知识技能、态度价值观等不同的成分。特别要注意的是，在学科中进行项目化学习，首要的不是先去设计活动，而是确认在这个阶段学生需要进行深度理解的学科概念。学科的核心概念往往隐藏在课程标准中，是构建这个学科的重要内容、思想方法、原则与精神，是通过深入探究而形成的结果，也是各个领域的专家思考和感知问题的方式。学科项目化学习是用这个学科的核心概念来统摄下位知识，形成知识网。当然，除了学科核心素养，在学科项目目标中还须确认项目中需要关注的学习素养，有些学科的核心素养中会自然地包含这些部分，比如语文项目中的沟通、交流能力等。

（二）如何设计学科真实问题？

学科项目是通过开放性的、带有一定挑战性的学科真实问题来驱动的。从设计的角度而言，要区分本质问题和驱动性问题。本质问题是教师为了促进学生对核心知识的学习而提出的抽象问题，学科项目化学习中的本质问题是有学科性的，是为了回答这个学科中的关键问题。驱动性问题面向特定年龄段的学生，有很强的情境性，是为了引发学生投入情境中的思考、探索。以"疫情背景下如何设计全体同学的出操方案"为例，该例就提出了一个真实的问题：原来学生每日都到操场上集中出操，但是为了符合"人与人之间间距1米"的要求，学校体育组老师调整了出操方式，单数和双数班级每天轮流到操场上做操。学生小记者团通过实地调查和访谈发现同学们并不喜欢这种出操方式，他们想每天都能呼吸室外的新鲜空气，到操场上伸展筋骨。如何既满足疫情防控要求，又满足学生每天都能全部到操场上出操的需求，就是一个真实的问题。而将这个"日常真实的问题"转变成"数学真实的问题"，既是引导学生形成用数学的眼光分析问题的过程，也是学生数学素养形成的过程。

（三）如何设计学科实践？

项目化学习不是走流程，而是要让学生经历有意义的学习实践历程。就学科项目而言，这种实践同时带有学科实践的特征和学习实践的特征，在项目中同时培养学生的学科核心素养和学习素养。就学科实践而言，比如在科学项目化学习中，需要设计和让学生经历提出科学问题、进行科学论证分析、运用科学模型等实践；在数学项目化学习中，可以凸显学生作为数据观察者、数据收集和分析者、依据数据进行决策等角色，让学生用符号化、模型、数形结合等数学思想方法，进行数学运算、直观想象、数据分析等数学实践；在语文项目化学习中，随着诗歌、童话故事、整本书阅读等不同项目的开展，学生要经历的言语实践也会随之而生，需要进行记诵、创作、阅读、积累、比较分析等大量的实践；等等。学科实践的本质在于让学生"像学科专家一样"进行思考和探索，在解决学科真实问题中活学活用本学科的知识。

> 项目化学习不是活动，其实质乃是一种指向素养目标的严谨的学习设计。

（四）如何设计学习实践？

学科项目中的学习实践与学科实践密不可分。需特别强调的是，这种学习实践强调的是"做"和"学"的不可分割性，或者说，项目化学习不仅仅是"做"，不仅仅是技能，同时也包含着"学"，包含对知识的深度理解。因此，项目化学习的实践旨趣，不是动手做出产品即可，其"行动"或"制作"是带有思考、假设、验证概念性质的，是动手动脑、整合技能和态度的。项目化学习中的实践类型具有多样性，常见的有探究性实践、社会性实践、审美性实践、技术性实践、调控性实践五种实践形态。这些学习实践都广泛地存在于几乎所有的学科项目化学习中。探究性实践，如提出问题、搜集信息等；社会性实践，如倾听、沟通、交流、合作等；调控性实践，如投入学习、调控情绪、计划与反思等。

（五）如何设计学科项目公开成果？

学科项目化学习中的成果往往带有较强的学科性，是能反映学科本质问题的成果。要避免的误区是：学科项目最后不产生任何成果，或产生的成果与学科核心知识没有关系，或从成果中并不能反映学生对学科真实问题的新理解。学科项目成果并不一定要真正解决驱动性问题，也可以是在方案层面的模拟解决，但这种解决仍然要具有思维上的真实性。在成果的量规中需要有对核心知识达成程度的评价。学科项目成果的公开，可以面对模拟用户或相关学科领域的专家，引发讨论和分析，促进学生的反思和深入理解。在学科项目成果的展示环节，一定要有明晰的评价标准，需要有对学科核心知识达成程度的评价以及层次水平指标，从而判断学生的学习效果，并促进师生的进一步反思，不断改进优化教与学的过程。以下是一个简要便捷的判断学科项目成果质量高低的核查表（见表7-2）。

表7-2　学科项目化学习成果设计质量核查表

考查学科项目化学习成果设计质量的基本指标	得分（1—5）
1. 是否反映了对学科概念的深层理解	
2. 是否指向学科项目目标中的高阶认知策略	

续表

考查学科项目化学习成果设计质量的基本指标	得分（1—5）
3. 是否回答了驱动性问题	
4. 是否包含个体和团体两方面成果的设计	
5. 是否让不同类型的学生有选择性的成果	
6. 是否同时兼顾制作表现类和解释说明类的成果	
7. 是否在成果中考虑了不同的实践类型	
8. 是否邀请了尽可能多样的人群来参加公开成果展	

（六）如何设计逆向的全程评价？

真正的评价，既是教育成果的衡量尺度，也是教育再出发的新基点与新方向。项目化学习的评价涉及多环节、多要素、多主体（如表 7-3 所示），既要对最后的项目成果进行评价，也要对学习实践的整个过程进行评价；既要有对概念性知识、高阶认知策略的评价，也要有对低阶基础知识和基本技能的评价。从以终为始的逆向思维看，学科项目化学习的评价从学科项目目标的确定即已开始，而驱动性问题则给定了评价的主要情境，这里的评价其实是"作为学习的评价"，是为了促进学生对学习成果和学习实践设计的逐步定善。学科项目化学习依托学科核心素养和学习素养，需同时设计指向这两个维度的评价，要回答"学生到底学得怎么样"的问题。学科项目化学习中包含真实且多样的评价任务，需运用多种评价方法和工具，如纸笔测试、表现性评价、观察等，还可以针对项目成果、重要概念和能力进行量规的设计。

表 7-3　项目化学习评价类型

评价目标	评价类型	评价方法与工具	评价者
核心知识	形成性评价 总结性评价	纸笔测试 量规 表现性任务	教师
学习实践	形成性评价	量规 档案袋	学生自己 同伴 教师

> 项目化学习不是活动,其实质乃是一种指向素养目标的严谨的学习设计。

续表

评价目标	评价类型	评价方法与工具	评价者
学习过程中的成果	形成性评价	量规、KWL 表 档案袋 纸笔测试	学生自己 同伴 教师
最终学习成果	总结性评价	公开展览与汇报 指向核心概念、成果质量、成果报告的量规 变化后的新情境和评价量规 对比性的概念图、KWL 表	学生自己 同伴 教师 外部相关专家 公众

拓展阅读……

1. 巴克教育研究所.项目学习教师指南:21世纪的中学教学法:第2版[M].任伟,译.北京:教育科学出版社,2008.

2. 张卓玉.项目学习何以可能?:基于山西的实践与思考[J].中小学管理,2017(4):23-26.

3. 夏雪梅.项目化学习设计:学习素养视角下的国际与本土实践[M].北京:教育科学出版社,2018.

4. 夏雪梅.项目化学习的实施:学习素养视角下的中国建构[M].北京:教育科学出版社,2020.

5. 夏雪梅,等.项目化学习工具:66个工具的实践手册[M].北京:教育科学出版社,2022.

8. 深度学习

引领学习变革的价值观,统领着学习变革的诸多新观念,其实质是对学习者与知识、自我、环境三种关系的整体构建。

虽然《义务教育课程方案（2022年版）》中未出现"深度学习"一词，但在各学科课程标准中"深度学习"的表述被不断强调。而且，新课程所倡导的多个关键观念都从不同维度体现了深度学习观，如跨学科主题学习、项目化学习、大单元教学、过程评价、增值评价、协商式评价、表现性评价和新技术支持的评价等，其落实都需要深度学习观的支撑。那么，深度学习从何而来？其本质内涵是什么？在新课程中如何推进？本章尝试回答这些问题。

一、深度学习从何而来？

深度学习的相关研究涉及多个学科领域，研究者们以不同的视角和理论基础，运用多种研究方法，整体呈现出纷繁复杂的研究样态。

（一）深度学习的研究缘起

深度学习的相关研究源于高等教育领域对学生学习质量的关注。1976年，马顿（Marton, F.）和萨乔（Säljö, R.）研究了大学生在进行大量散文阅读时所表现出的不同学习过程和学习策略，及其所导致的差异化学习结果。他们聚焦于学生有意义的学习，即学生"学会了什么"（what is learned），而非"学了多少"（how much is learned），发现不同的学习者对学习任务有不同层次的理解和感知，进而产生不同的学习结果层次；同时，学习过程也呈现出浅层和深层的差异。[①] 当学生使用浅层的学习方式去完成学习任务时，往往获得对问题的表层回答，学习过程表现为机械的死记硬背；当学生采取深层的策略以达成理解时，他们更关注学习的主题和主要观点。20世纪80年代，比格斯（Biggs, J.B.）基于皮亚杰的认知发展阶段理论，提出了

---

① Marton F, Säljö R. On qualitative differences in learning: i-outcome and process [J]. British Journal of Educational Psychology, 1976, 46 (1): 4-11.

> 深度学习之"深",在于其背后的整合逻辑,强调围绕学习将课程要素深度联结。

SOLO 分类法(Structure of the Observed Learning Outcome,SOLO),对学生学习过程中所采用的"深层"和"浅层"的学习方法进行了阐述。[①] 该分类法同样关注学生学习的质量,而非局限于学习内容的数量或学习结果的正确性。

关注"学会了什么"或学习质量,这种研究取向深刻根植于社会历史环境对教育变革的影响,同时也催生了诸多新的研究问题,例如:在从数量扩充到质量提升的过程中,人们对教育质量或学习质量有什么预期?当教育的功能不只是再现过去相对稳定的社会关系时,人们需要学习什么内容?学习者所学的知识与他的现在和未来有什么关系?教与学的关系如何调适?学习者用什么方法获取知识?如何对学习结果做出客观的评价?这些研究基于心理学视角,围绕"理解"建立学习质量观,从教学的微观层面对学习过程和结果进行量化,对社会变革中的教育问题予以回应。这些早期研究在之后逐渐凝练在"深度学习"这个概念或主题之下。

(二)学习的自我建构与社会建构

随着计算机科学的蓬勃兴起,心理学研究开始借助计算机进行模拟,以信息加工系统来阐释复杂的心理活动。学习和认知的信息加工模型成为解释学习过程的主要依据,认知过程通常被视为输入、编码、加工、储存、提取和输出的过程。这种模型在一定程度上打开了"学习过程"的"黑箱",为研究人的高阶思维过程提供了方法和依据。

然而,随着学习环境的日益复杂,单一的信息加工理论已不能全面地解释人的学习过程,学习的社会性和情境性因素逐渐受到重视。例如,符号加工(symbolic processing)关注大脑和思维符号表征的加工结构,强调理解人的内在心智过程,以及个体输入和输出的转化,对外部环境则不予关注。在班杜拉(Bandura, A.)的社会认知理论和莱夫(Lave, J.)的情境学习理论的启发下,深度学习的研究开始关注学习的社会层面与情境认知层面,即从关注学习过程的内部,转向了对学习内部与外部过程的整合,更多关注外部世界的结构及其如何约束和引导了人类行为,强调历史、社会交互、文化

---

① Biggs J B, Collis K F. Evaluating the quality of learning: the SOLO taxonomy (structure of the observed learning outcome)[M]. New York; London: Academic Press, 1982.

与环境对学习的影响。由此，在学习的自我建构与社会建构的争论中，深度学习的社会化与情境化部分逐渐被重视。

（三）走向复杂环境中的学习研究

21世纪初，多媒体计算机、互联网等技术的发展掀起了基于现代信息技术环境的教与学的研究，催生了教学思维方式、教学方法、学习方法以及教学关系的变革。例如，利用互联网的丰富资源进行探究学习，在网络空间中构建虚拟学习共同体，运用视频图像或其他软件工具进行可视化学习，或是在虚拟情境中进行仿真实验等。在线协作学习、混合学习、移动学习、泛在学习等成为可能，深度学习的研究也从常规教学拓展到多媒体学习、CSCL（计算机支持的协作学习）等领域，愈加关注如何更有效地利用信息技术促进深度学习。

这个阶段深度学习的相关研究主题比较分散，涉及学习、经验、课程、教学、参与、设计、情境、技能、学习方法等，"教学"虽然仍被持续地探讨，但教学的环境在这个阶段发生了巨大变化，"学习环境"受到重点关注。在社会文化理论和情境学习理论的影响下，研究者们持续关注外部情境的作用，并探索在复杂环境中学习的内部过程和外部情境的有效融合。

（四）回归学习本质

学习科学领域的研究复归"人是如何学习的"这一问题，深度学习的相关研究也逐渐回归学习本质，进一步揭示了学习目标、动机、态度等要素的内在关联，以及学习者与知识、自我、环境等三种关系的整体构建。

索耶（Sawyer, K.）基于深层学习与传统课堂实践的对比，发现二者的差异集中体现在建立新旧知识关联、构建概念系统、抽象并表达模式与原理、评价与解决问题、参与深度对话、反思六个方面。[1]2010年，美国深度学习研究项目（Study of Deeper Learning: Opportunities and Outcomes, SDL）提出了深度学习能力框架，包括认知领域、人际领域和自我领域，[2]围

---

[1] 索耶. 剑桥学习科学手册［M］. 徐晓东, 等译. 北京：教育科学出版社, 2010：4.
[2] Zeiser K L, Taylor J, Rickles J, et al. Evidence of deeper learning outcomes［R］. Washington, D.C.: American Institutes for Research, 2014.

> 深度学习之"深",在于其背后的整合逻辑,强调围绕学习将课程要素深度联结。

绕学生如何深层理解学习内容,如何应用知识解决问题,是否能够运用一系列媒体进行沟通,是否有能力与同伴合作,以及自我导向与反馈能力等展开评价。PISA 也旨在评价学生的深层学习能力,即学生"在各种情境中提出、解释和解决问题时,能进行分析、推理和有效沟通的能力"[①]。PISA 的学生问卷包括对学习动机和学习态度的调查,二者也是深度学习关键能力的表现。

二、深度学习是什么?

新课程实施语境中的深度学习,是指在学校课程学习的情境中,为了达成素养目标,学生进行有目的、有计划的全身心(认知、情感与行为)、全联结(知识与知识、知识与生活、知识与自我)、全学程(知识习得、运用与反思)的学习。全身心是指学习者以"整体的人"参与到学习中,而不仅仅是认知层面的参与;全联结是指学习中建构知识与知识、知识与生活、知识与自我的联结,体现学习的情境性与结构化,而非局限于碎片化知识内容的学习;全学程是学生所需经历的完整学习过程,强调从知识习得、运用到反思的整体历程,呈现了学习进程连续的时间秩序,以及学习环境、方法、技术和手段共存的空间秩序。深度学习之"深",在于其背后的整合逻辑,强调围绕学习将课程要素深度联结。具体而言,新课程实施语境中的深度学习具有以下内涵。

(一)学习目标:指向素养培育

2001 年,我国基础教育课程改革构建了知识与技能、过程与方法、情感态度与价值观三维目标体系,试图立体地呈现"学生学会了什么"。2022 年,义务教育课程全面进入核心素养时代,核心素养成为课程改革的统领以及目标追求,这就要求学习必须超越"有知识无素养"的浅表化学习,超越教学实践中对三维目标表述的割裂,走向深度学习。深度学习是基于理解的学习,伴随高情感投入和高认知投入,学习者在其中经历复杂的认知过程,主动、批判性地整合新知识,并将其融入原有认知结构,追求知识建构、意义生成

---

① OECD.PISA 2009 Results: what students know and can do: student performance in reading, mathematics and science(volume I)[R]. Paris: OECD Publishing, 2010.

和能力发展，从而实现高阶思维发展、学习迁移、复杂问题解决和创新能力发展，也就是说，深度学习的根本目标是学生核心素养的培育。

（二）学习主体：学习者全身心参与

深度学习是学生感知觉、思维、情感、意志、价值观等全面参与、全身心投入的活动。[1]它既是一种认知活动，其关键是信息的自我转换，即学生在教师的帮助下加工信息、理解信息、评价信息、应用信息，反思自己的学习；[2]也是一种情感活动，没有情感与动机的介入，深度学习不可能实现。不同于以往仅将情感视为影响认知和行为的变量，深度学习同时关注认知目标和情感目标，强调情感与认知、情感与社会交互的双向关系，尤其是认知对情感、交互活动对情感的影响。学生深度的认知参与和情感参与，则为其真实、主动、有意义的行为参与提供了基础。

（三）学习内容：知识的情境与结构全联结

知识的情境与结构全联结是以学习内容为载体，设计意义生成的具体路径。深度学习的内容既要体现知识的结构化，又要关联真实情境中的问题，嵌入学习活动、资源、工具和媒体，为学习者提供参与对话与合作、自我反思、评价与管理的学习机会。深度学习内容的全联结，则强调帮助学习者获得大概念，进而展开抽象、情境化表达和问题解决。这需要首先对学习进行情境化解释，将真实的问题和情境作为内容框架，然后再对学习的内部过程进行设计。

从学习内容层面看，深度学习与综合学习的内在逻辑有相通之处。综合学习强调建立知识间、知识与生活间、知识与自我间的联结，由此在实践中强调学科知识整合、知行合一、学思结合。[3]同样，跨学科主题学习、大单元教学等关键词，也在这个层面上与深度学习相通，有知识情境与结构相联结的意涵。

---

[1] 郭华. 深度学习及其意义[J]. 课程·教材·教法，2016，36（11）：25-32.
[2] 崔允漷. 课堂教学变革的"家"在哪里[N]. 中国教师报，2016-06-01（7）.
[3] 郭洪瑞，张紫红，崔允漷. 试论核心素养导向的综合学习[J]. 全球教育展望，2022，51（5）：36-48.

> 深度学习之"深",在于其背后的整合逻辑,强调围绕学习将课程要素深度联结。

(四)学习过程和结果:全学程理解与实践

从学生所经历的完整学习过程看,深度学习也是课程实施的具体形式,倡导学习方式变革,通过日常教学过程,形成相应的学习结果。首先,在学习过程中,深度学习表现为学习者深层的认知参与,以及对学习环境背后深层社会文化的适应,能够与他人、学习技术或工具进行深度互动,即进行认知、社会和技术层面的深度融合。其次,在学习结果上,深度学习体现为学习者呈现出深层认知表现水平,获得积极的学习情感以及有效的学习互动策略。

因此,深度学习体现在学习者知识习得、运用与反思的全学程中,经过知识与经验相互转化而达成深层理解。学习者参与学科实践,进而把握知识本质,解决真实情境中的问题。例如,以学科知识为依据,学习者能够表达个体经验和观点;关注学习内容的主题、观点及其关联,选择相应的学习策略深化理解;体现学习的元认知维度,进行自我监控、自我反思的学习;学习过程中展开有效的互动,包括增进人际沟通与合作,或利用计算机环境下自适应学习材料对学习内容进行深度加工等。

深度学习是全学程指向理解和实践的,新课程中探究学习、项目化学习、情境学习、学科实践等关键词也体现了深度学习的本质内涵;当探究学习、项目化学习、情境学习等产生了深度学习的过程和结果时,可视为深度学习的具体形式。同时,鉴于课程诸要素的内在一致性,对于深度学习所呈现的理解进阶和实践过程,新课程所倡导的过程评价、协商式评价、表现性评价和新技术支持的评价等,成为支持和保障深度学习的重要评价方式。

三、在新课程中如何推进深度学习?

要将深度学习融入日常教学,促进学习方式变革,回应核心素养育人目标体系的要求,需要设定合理的学习目标、提供多样化的学习机会,以及关注学习过程的评价。

（一）设定合理的学习目标

首先，在学习目标的类型上，需要综合考量成果性目标、过程性目标和创造性目标。[①] 一是成果性目标，如"准确朗读《对韵歌》中的字音，正确读出单字对、双字对的音韵节奏"，说明了学生通过学习能获得的成果。二是过程性目标，如"通过反复诵读韵文，感受对韵之美，产生主动识字、写字的愿望"，这类学习成果可能是隐性的或不可测量的，学习过程本身就是目的。三是创造性目标，如"借助图文展开想象，用自己的话表述出诗词中的动态和静态景象"，学习结果是开放的、层次丰富的，甚至是不可预测的。需要依据学习内容和学生发展的适切性，考量学习目标类型多样化的设计。

其次，在学习目标的层次上，设定深度学习目标需要对标高阶素养。美国教育评估专家威金斯（Wiggins, G.）认为，在有效学习评价中，若涉及基本知识与技能以外的深层理解如大概念和核心任务层面的学习目标，则需要通过复杂的、开放式的、真实的表现性任务和项目进行评价。[②] 因此，评价目标要关注学习者的深层理解、知识结构的生成以及学习过程的整体性和创造性。这与新课程中的大单元教学、项目化学习、情境学习的目标界定相通。

（二）提供多样化的学习机会

设定恰当的学习目标后，还需要为学生提供多样化的学习机会来促进深度学习的真实发生。美国深度学习研究项目提出深度学习的三个领域：认知领域、人际领域和自我领域，并针对不同领域提出了教学策略。在深度学习的认知领域，教学策略包括：教师将知识与真实世界的关联整合到教学中；为学生提供实践机会；通过项目化学习帮助学生掌握核心知识内容，发展批判性思维能力；通过专题研究或课外作业进行差异化或个别化教学。在人际领域，教学策略包括：组建持续性的、日常进行的合作研究小组；为学生提供校外实践和合作的机会。在自我领域，教学策略包括：组建研究小组，学生可以

[①] 崔允漷.追问"学生学会了什么"：兼论三维目标[J].教育研究，2013，34（7）：98-104.
[②] 威金斯，麦克泰格.追求理解的教学设计：第二版[M].闫寒冰，等译.上海：华东师范大学出版社，2017：189.

> 深度学习之"深",在于其背后的整合逻辑,强调围绕学习将课程要素深度联结。

参与决策制定;开展个别化学习,发展学生独立学习和自我管理的能力。[①]

从中可以看出,多样化的学习机会对深度学习至关重要。因此,教师应理解学生是如何认识问题、思考问题的,明晰学生在学习发生阶段已经具有哪些概念、经验和知识,从而采取适当的策略。

第一,提供学习理解和表达的框架。教师提供学习理解的框架,让学生通过理解外化、协作、对话等方式,表达正在发展的个人理解。例如,教师追问学生"你能展示知识间的联系吗?""你能说明这个事实(观点)的重要性吗?""你能提供背后的依据吗?"等。而教师提供表达的框架则有助于学生将所学知识结构化,进行学习反思。教师为学习过程设计有效的"脚手架",也可以为学生提供解决问题的结构和线索。例如,在一堂"粗盐提纯"的化学虚拟实验课中,学生选择、摆放仪器,称量药品,并对某些操作事项进行判断和选择;任务提交后,得到有关失误操作的解释和个人成绩等级。在这一虚拟实验课中,教师在实验操作的各个子环节都设置了自动反馈,学生可多次调整实验过程,并可以返回查看实验流程图,以确认自己所在的子任务环节,以及子任务在整个实验流程中所处的阶段。学生通过返回查看实验流程图,监控自身的任务进展,有助于学生对任务进程的系统理解。

第二,在适当阶段提供可视化学习支持。可视化的目的不在于将学习简化,而在于帮助学生由浅至深地构建深度理解。从可视化的角度来看,教学过程经历了两个阶段,即抽象知识具体化的过程,以及将具体知识进行抽象表达的过程。前者的主体主要是教师(学生也可能参与其中),由教师创设包括依托信息技术在内的学习环境,为学生提供可视化的学习支持;后者的主体是学生,也就是学生再将具象的内容抽象为概念和模型,并进行可视化表达。可视化支持的深度学习发生在第二阶段。如果学生只是在学习环境的支持下完成了抽象知识到具体知识的呈现,而没有能够进一步抽象出其中的概念与原理模型,则深度学习没有真正发生。

第三,引发反思促进深层理解。教学过程中教师要关注学生产生了怎样的反思和元认知,以促进学生对知识和学习过程进行回溯与再思考。

上述跨领域、多样化的学习机会是提供给全身心参与学习的学习者,旨在

[①] Zeiser K L, Taylor J, Rickles J, et al. Evidence of deeper learning outcomes [R]. Washington, D.C.: American Institutes for Research, 2014.

促进知识与情境全联结的，因而与综合学习、情境学习和学科实践等关键词有诸多内在关联。

（三）关注学习过程的评价

首先，关注学习成果的持续性和学习态度的变化。吉普斯（Gipps, C. V.）提出，从学校教育的最早阶段开始，我们不仅要鼓励知识的获取，还需要促进学生深度学习、高阶思维和自我监控，并使评价直接导向这一目的。因为，深度学习、高阶思维和自我监控的能力将指向更持久的学习成果，同时也会激发学生持续学习的内在动机和积极态度。由此可见，过程评价、增值评价等观念也指向深度学习。例如，教师通过长程作业设计，如作品展览或作品集进行学习评价，这使学生能够展示他们积累的知识和技能，以及学习的深度和广度。进行作品评价时，教师需要鼓励学生关注成长和个人反思，并要求他们展示自己是如何解决困难和获得成长的。

其次，需要重视深度学习中的非正式评价。在日常评价实践中，多样化的评价方案、评价内容和评价方法需要教师进行专业化的组织，因而存在较大的实践困境。从实践推进角度来说，更好的途径是帮助教师理解新的学习观念，以及发展教师的观察、提问和互动能力，使教师能将这些方式整合到日常的课堂教学和评价中。[①]深度学习的评价是教师和学生共同参与的、更多交流方式的、富有创造性的过程，观察、提问和互动等非正式评价在其中发挥着重要作用。具体来说，第一，要注重指向认知目标深层理解的评价。例如，引出学习者的反应，观察学习者对学习材料或脚手架的理解，分析学习作品，以及运用问卷或访谈的方法评价学习。第二，要关注真实情境中学科实践的评价，不仅要评价认知维度，还应涉及学科情感、社会参与、自我反思等。例如，评估课堂对话的质量，分析学习者的非语言符号（姿势、表情、眼神、形体动作等）、学习者互动参与的形式与策略，以及学习者对学习评价反馈的反应等。这种非正式评价也可以来自学生。例如，鼓励学生以书面或口头报告的方式与他人交流复杂的概念、任务。在交流过程中，学生对他人的工作或作品提出建议、提供反馈。这个过程帮助学生学习如何整合来自他人的

---

① Gipps C V. Beyond testing : towards a theory of educational assessment [M].Oxon; New York: Routledge, 2012: 25.

深度学习之"深",在于其背后的整合逻辑,强调围绕学习将课程要素深度联结。

反馈和想法,而作为听众的学生则学习如何提供建设性的、适当的反馈。

最后,需要描绘深度学习的进阶。深度学习是培育核心素养的路径,因而深度学习的过程也是进阶的、发展的。学习进阶是基于经验证据,对学科大观念的思维方式和学习路径,按照由低级到高级的复杂程度所进行的序列化描述。[①] 在以促进学习为目的的日常评价中,如果要获取学习进阶的信息并为学生提供相应的学习反馈和改进建议,关键的依据就是建立学习的过程性目标,即深度学习目标在课堂中的具体化。因为,在体现教师决策的教学实施过程中,可能最让教师感到困难的不是用怎样的教学技巧来呈现怎样的教学内容,而是需要用一系列的观点去评估和判断以下问题:学生是怎么认识和理解某一问题的?基于当前的学习情况,学生需要获得怎样的反馈才能导向深度学习的预期目标?因此,教师需要建立学生深度学习过程进阶的模式,刻画学习进程的地图。例如,需要基于深度学习的理念来构建学生复杂问题解决、知识迁移和应用的学习进程。这些扎根日常实践的探索,将是未来建立合理可靠的深度学习评价模式的基础,也是达成深度学习和导向核心素养培育的重要环节。

▶ 拓展阅读……

1. 威金斯,麦克泰格.追求理解的教学设计:第二版[M].闫寒冰,等译.上海:华东师范大学出版社,2017.
2. 索耶.剑桥学习科学手册[M].徐晓东,等译.北京:教育科学出版社,2010.
3. 彼格斯,科利斯.学习质量评价:SOLO分类理论(可观察的学习成果结构)[M].高凌飚,张洪岩,译.北京:人民教育出版社,2010.
4. 王少非,等.促进学习的课堂评价[M].上海:华东师范大学出版社,2018.

---

① 张华.儿童发展、学习进阶与课程创生:《义务教育课程方案和课程标准(2022年版)》内在追求[J].中国教育学刊,2022(5):9-16.

9. 情境学习

素养导向课程实施的必然要求,是学校学习情境化的共同特征,强调让学生在真实的任务情境中获得和应用知识,实现知识、情境和学习者经验的相互作用。

《义务教育课程方案（2022年版）》在第二部分"基本原则"的"加强课程综合，注重关联"中提出"加强综合课程建设，完善综合课程科目设置，注重培养学生在真实情境中综合运用知识解决问题的能力"。在第四部分"课程标准编制与教材编写"的"教材编写"中提出"加强情境创设和问题设计，引导学习方式和教学方式变革"。在第五部分"课程实施"的"深化教学改革"中指出"加强知识学习与学生经验、现实生活、社会实践之间的联系，注重真实情境的创设，增强学生认识真实世界、解决真实问题的能力"。在这些表述中，或明或暗地体现着情境学习观。那么，新课程为何强调情境学习？如何正确理解新课程中的情境学习？情境学习如何实施？本章尝试回答上述问题。

一、新课程为何强调情境学习？

素养导向的课程实施强调情境学习，一方面是因为学校学习"去情境"的困境已经严重影响了人才培养的质量水平，另一方面是因为情境学习是培育核心素养的重要路径。

（一）学校学习"去情境化"遇到的问题

去情境化（decontextualization）是指将某个事物或概念从特定的环境或语境中分离出来，使其能够独立地存在或被理解，此过程的最高表征是人类的抽象思维，从高度理论化的角度考虑事物或概念的本质和一般性质。[1] 可以认为，去情境化是一种重要的思维过程，它帮助我们理解抽象概念，进行归纳和演绎推理，发现事物间的共性和规律，也有助于我们对复杂问题进行

---

[1] Van Oers B. The fallacy of decontextualization [J]. Mind, Culture, and Activity, 1998, 5 (2): 135-142.

简化和概括，从而更好地理解和解决问题。对应到教学层面，一般认为有效的教学过程要经历"情境化—去情境化—再情境化"的历程。其中，情境化阶段主要是以真实的问题情境激发学生的学习动机，去情境化阶段则帮助学生以抽象思维建立起学科知识间的关联，再情境化阶段则以真实的任务情境，指向知识的迁移和具体运用。如果缺失情境化与再情境化的阶段，学习则容易陷入"去情境"的沼泽，主要表征为以下三个方面。

第一，在"学什么"层面，过于强调知识的抽象性、客观性与普遍性，忽视了知识生产所需的情境、资源、背景等因素。知识产生于特定的实践历程，是从具体的情境中抽象而来的，对知识的理解与应用同时也需要基于特定的情境。因此，知识是情境性的，即学习者对知识的理解、掌握和运用等学习活动或学习行为的发生需要有情境的支撑，同时又受情境的影响与制约。[①] 然而，在"双基"时代，课程目标对学习内容的界定主要是基础知识与基本技能，在实施时过于强调以知识点为单位的碎片化内容，学生学到的大多是还原到信息水平的、脱离情境的符号与命题。

第二，在"怎么学"层面，重复操练、死记硬背成为去情境化学习方式的重要表征，忽视了探究性、实践性学习的重要意义。正是由于学校教育主要传授抽象的命题性知识，相应地，有效掌握这些知识的学习方式则是对这些知识的机械记忆。这样导致的后果就是学习方式的僵化，学生难以运用所学知识解决实际问题。

第三，在"谁在学"层面，忽视了学习者与社会、历史、文化的关系，学习者的"身份"等社会性问题没有得到应有的重视。从根本上说，情境就是与人互动的环境，人的本质是一切社会关系的总和。因此，学习不是一个孤立的过程，而是基于一定的社会环境，在与他人、共同体协作互动中产生的。如若忽视学习者的社会性因素，那么这样的学习实则是缺乏意义的。

（二）情境学习是培育核心素养的必然要求

在这样的背景下，我国基础教育课程改革开始逐渐强调情境学习的重要

---

① 张琼，胡炳仙.知识的情境性与情境化课程设计[J].课程·教材·教法，2016，36（6）：26-32.

性。2001年，"三维目标"成为新课改的关注焦点，即"知识与技能""过程与方法""情感态度与价值观"。可以看出，世纪之交的课程改革已经意识到"去情境"的危害，不仅强调"自主、探究、合作"学习，而且关注学习过程中认知与情感的统一、个体与社会价值观的一致性，凸显了学习方式的情境性、探究性与社会性。

随着《义务教育课程方案（2022年版）》的颁布，基础教育课程改革全面步入核心素养时代，情境学习在素养时代具备了新的价值意蕴。其一，核心素养的本质内涵蕴含了情境学习的必要性。新课程旨在培育学生的核心素养，究其本质，核心素养指的就是在复杂情境中解决问题的能力，[1]即学生适应终身发展和未来社会需求所必须具备的正确价值观、必备品格和关键能力。无论是价值观，还是品格或能力，唯有在具体的情境中稳定地表现才堪称"素养"。核心素养的培育无法通过对陈述性知识的机械记忆而实现，只有在真实的、多样的、综合化、结构化的情境中，素养才得以真正形成。其二，情境学习是培养核心素养的重要路径。情境学习不仅强调知识及其产生的具体情境，而且倡导理论与实践（活动、任务）相统一的学习方式，更关注个体的主体性与社会性问题，能够启迪我们寻找人类学习的真谛，反思长期以来浅表学习的弊端，为传统课堂模式的革新提供新的理论方法。情境学习能够培育学生的知识理解能力、问题解决能力与迁移能力、社会性能力，为培育学生的核心素养提供有效的场域与可能。

二、如何正确理解新课程中的情境学习？

情境学习不仅是一种教育价值观和课程理念，同时也是一种具体的学习方式。从哲学理念层面的教育构想，到心理学、人类学视角下具体学习方式的建构，情境学习的内涵也得以丰富和扩展。

（一）情境学习体现了新课程理念

情境学习的理念可以追溯到杜威对有关学习与探究、活动和经验改造的关

---

[1] 于泽元，那明明.情境化学习：内涵、价值及实施[J].华东师范大学学报（教育科学版），2023, 41（1）：89-97.

> 有效的教学过程要经历"情境化—去情境化—再情境化"的历程。

系的设想。此时的情境学习还主要是哲学理念层面的教育构想。针对当时美国学校教育偏重古训，远离生活、现实的困局，杜威提出学习应该以真实的情境为基础，而不是基于孤立的知识点，强调情境对于学习的重要意义，并提出"思维起于直接经验的情境"，以及"从做中学"，教育即生长、教育即生活、教育即经验的不断改造与改组等教育思想，其中便蕴含着情境学习的观念。在数学教学中，教师可以设计一些与日常生活相关的问题，如购物计算、时间管理等，让学生运用所学的数学知识解决实际问题。在阅读教学中，教师可以选择与学生兴趣相关的文本，激发学生的阅读兴趣，并通过讨论和实践活动来加深他们对文本的理解和应用能力。在地理、物理和外语教学中，可以通过实地考察、实验或与外语环境接触等方式，将学习内容与现实情境相结合，增强学生的学习效果。这种教学方法的优势在于它能够使学习更加有趣、富有挑战性和实用性。通过将学习与现实生活联系起来，学生能够更好地理解知识的意义和应用，培养问题解决和批判性思维能力。此外，这种方法还能够激发学生的好奇心和主动性，提高他们的学习动机和参与度。杜威十分强调日常生活情境对学习的重要意义，倡导学科教学要回到校外的真实情境当中，从而激发学生的兴趣、发展学生的思维。

　　基于这种课程理念，我国展开情境学习的本土化尝试并不少见。譬如，在20世纪30年代的国立中央大学实验学校的小学低年级实验"设计教学法"，[①]学生自发决定学习目的和内容，教师则需要由此设计特定的学习情境。改革开放后，李吉林从英语教学的"情景教学"中受到启发，并将古代文论经典"意境说"创造性地应用于儿童情境学习中，完成从情境语文到情境教学，再到情境课程的整体建构。李吉林提出了情境课程五大操作要义：以"美"为境界、以"思"为核心、以"情"为纽带、以"儿童活动"为途径、以"周围世界"为源泉。这里的"情"指"有感情"；"境"指"有境界"，并非指实际生活，不是事实真实的情景。实际社会生活是情境构建的源泉，而非情境本身。

　　新课程建构的情境学习强调让学生在真实的任务情境中获得和应用知识，实现知识、情境和学习者经验的相互作用。具体而言，可以从以下层面理解新课程建构的情境学习。

---

① 斯霞.斯霞文集·第五卷[M].南京：江苏教育出版社，2010：35.

其一,针对学习内容过于抽象的问题,情境学习强调知识的情境性。知识是基于特定情境而构建的,知识的情境性表明了知识的实际应用与使用通常是基于特定的情境或背景。它是针对知识的一般性、普遍性和抽象性而言的,关注的是知识的具体性、特殊性和实践性。[1]因此,新课程语境下的情境学习意味着我们必须置身特定的情境中去理解与运用知识,强调知识的情境性,知识的选择与呈现应当蕴含在各种包含真实问题的情境中,由此激发学生理解与探究的积极性与主动性,从而加深对知识的理解与掌握。

其二,针对学习方式僵化的问题,情境学习强调探究性、实践性学习的重要意义。世纪之交的新课改以来,探究学习超越了既往死记硬背、重复操练的学习方式,在一定程度上强化了学习的情境性,然而也存在"虚假探究"的问题。[2]其实质就是忽略了情境的真实性与丰富性。新课程视域下的情境学习一方面继承了我国既往课程改革积累的成功经验,如以活动为标志的学习方式变革、自主合作探究学习等,另一方面更着重强调以学科实践为标志的学习变革,为学生学习创设符合学科特质的真实情境,突出学习情境创设的真实性、有效性与合理性。

其三,针对学习者社会性缺失问题,情境学习强调实践共同体对学习的促进作用。巴拉布(Barab, S. A.)和达菲(Duffy, T.)归纳了共同体的三个必备特点:共同的文化历史传统、相互依赖的系统、再生产循环。[3]学习不仅仅是为了获得一大堆事实性的知识,更是要求学习者参与真正的文化实践。情境学习强调学习者需要在与实践共同体的互动中实现社会性交往和身份建构,为学生提供多元的角色和视角,从而帮助学生在学习时处理来自不同用度的信息,或通过协作表达不同的观点,从不同于教材的视角来透视所获得知识的深度,将所学知识与社会生活和实践背景关联起来。

总体而言,作为理念的情境学习,主要是针对传统教育远离现实生活的弊端而提出的,这种价值理念强调知识与真实生活情境的联结,注重学以致用,

---

[1] 张琼,胡炳仙.知识的情境性与情境化课程设计[J].课程·教材·教法,2016,36(6):26-32.
[2] 崔允漷,张紫红,郭洪瑞.溯源与解读:学科实践即学习方式变革的新方向[J].教育研究,2021,42(12):55-63.
[3] Barab S A, Duffy T. From practice fields to communities of practice [M] //Jonassen D, Land S. Theoretical Foundations of Learning Environments. Oxon; New York: Routledge,2012: 29-65.

用以致学。具体来说，在知识观层面，强调知识是情境性的，是活动、背景和文化产品的一部分，知识正是在活动中、在丰富的情境中、在文化中不断被运用和发展[①]；在学习观层面，强调学生不是知识的被动接纳者而是学习的主体。

情境学习系统的焦点是学生在认知方面的成长，以期帮助学生经历从一个只具有单一观点的新手转变为能从多种观点出发探究环境的、相对老练的专家的历程，并在其中体验所经历的一切。在情境学习中教师从知识的传授者变为学生理解的指导者，强调教师必须重视问题的产生与复杂问题的解答，在复杂情境中调动学生的学习动机，最终引导学生自己解决问题。情境学习的基本目的是允许学生和教师通过实际体验去更好地理解与环境相关的感知和新知识，从而以更深入、更全面的方式掌握知识，使学习变得更加有趣和富有意义。换言之，情境学习这种价值理念的核心观点认为学习与知识都是具有情境性的，即思维过程依赖于具体的、有联系的甚至活生生的上下文关系，而非形式化的、孤立的、脱离具体内容的单纯抽象过程。

（二）情境学习是先进的学习方式

情境学习理论后续吸纳了心理学、人类学等学科的研究成果，从哲学抽象层面的理念构想发展到对具体学习方式的理论建构，丰富了情境学习的理论内涵，也为实践层面具体落实情境学习提供了专业化的依据。其中主要包括心理学的认知情境取向和人类学的社会情境取向两大脉络。

其一，心理学视角下的情境学习。心理学视角下的情境学习这一概念可以追溯到20世纪60年代，此时的西方学习理论的发展呈现出从行为主义向建构主义的转向。建构主义强调知识的情境性，认为知识是个体与环境在相互作用的过程中建构起来的。建构主义的学习观认为文化和情境对学习具有重要价值，"情境学习"的概念正是在这个阶段开始得到心理学家们的重视。在心理学视角下，情境既是问题的物理结构与概念结构，也是活动的意向与问题嵌入其中的社会环境，是对人有直接刺激作用、有一定生物学意义和社会学意义的具体环境。

---

① 王文静．情境认识与学习理论研究评述[J]．全球教育展望，2002，31（1）：51-55．

心理学取向的情境学习旨在批判夸大知识的整全性、自足性以及学习过程中将知识与活动、理解与实践相分离的做法,[①]其关注的核心概念是"情境认知"（situated cognition）,认为人类的认知活动只有在特定的情境中才得以可能,代表人物有布朗（Brown, J. S.）、柯林斯（Collins, A.）、杜吉德（Duguid, P.）等。这一脉络下的情境学习要求为学生学习和认知提供真实的场景和活动,强调学习环境应该保持真实生活场景的复杂性,促使学习的真实发生。

其二,人类学视角下的情境学习。20世纪80年代,情境学习理论开始进入社会情境阶段,其关注焦点实现从个体内部的认知情境到社会、历史、文化等外部因素之间动态互动的转变,主要由教育人类学家莱夫和温格（Wenger, E.）等人推动。莱夫和温格在其著作中提出了"学习是实践共同体中合法的边缘性参与"这一著名论断,"合法的边缘性参与"也成为人类学视角的情境学习理论的中心概念和基本特征。

人类学视角下的情境学习理论的核心观点认为,学习需要在社会情境、与实践共同体的互动中得以发生。[②]作为一个完整的人,学习者在学习中不仅参与特定的活动,而且还参与特定的社会共同体。实践共同体文化并不意味着简单地与其他成员聚集在一起,"它实际意味着在一个活动系统中的参与,参与者共享他们对于该活动系统的理解"[③],强调通过真实的活动来实现知识情境性、社会交往性和学习者的身份建构。这对"人类是如何学习的"做了新的诠释和解读,主要包括以下四个要素:社会生活与社会实践、合法的边缘性参与、实践共同体、学习课程。人类学视角的情境学习理论超越了经典认知信息加工理论对人类学习的理解。

综上所述,心理学与人类学视角验证了基于理念的情境学习的正当性与适切性,有助于发掘学习者面临的认知与社会处境,以及拓展学习方式创设的诸多可能,为课程的有效实施打下基础。

---

① Vincini P. The nature of situated learning [J]. Innovations in Learning, 2003（15）: 1—4.
② Lave J, Wenger E. Situated learning: legitimate peripheral participation [M]. Cambridge, the United Kingdom: Cambridge University Press, 1991.
③ 莱夫,等.情景学习:合法的边缘性参与 [M].王文静,译.上海:华东师范大学出版社, 2004: 45.

> 有效的教学过程要经历"情境化—去情境化—再情境化"的历程。

三、新课程背景下情境学习如何实施？

新课程所建构的情境学习是对学校学习"去情境"状况的改革，既秉持了"学习需要基于特定情境"这一价值理念，又吸纳了心理学、人类学的相关研究成果，对学什么、怎么学、谁在学的分离状态提出了挑战，具有丰富的理论内涵和实践指导意义。我们需要在梳理新课程视域下情境学习的内涵特征的基础上，指明情境学习的实施策略。

情境学习的实施可以从以下三个方面着手。

第一，注重将学习内容情境化、任务化、问题化。情境学习是一种注重将学习置于实际情境中的方法，可以提升学生的参与度、理解力和应用能力。去情境化的学习容易形成惰性知识，学习者没有真正理解这些知识因而也无法进行迁移。其原因可以归结为未能激发和保持学生解决问题的动机、没有让学生经历完整的问题解决过程和没有建立基于理解的位置记忆。[1] 情境学习在实施过程中的关键点之一就在于将抽象的学习内容情境化，以真实的问题情境将知识内容定位到具体的运用条件中，从而激发学习者的动机，帮助学习者真正理解所学知识。

诸多学者阐释了良好的问题情境应当具备的特征，如罗日叶（Roegiers, X.）指出，一个好的问题情境应当具备以下特征：它是整合性的，它是能够促进学习的，它是能够激发学生动机的，以及它是能够实现的。[2] 威金斯也提出了真实性问题情境的三个特点，即现实性、复杂性和开放性。[3] 因此，教师需要开展专业的教学内容设计，明确学习的目标和预期结果，选择与学习内容密切相关的情境。这些情境应当有助于达到这些目标，并且能够突出所要求的知识、技能和态度，促进学生对知识的理解和实际运用，且与学生的背景和兴趣相符。要选取大观念、大任务、大问题等统摄中心，通过引入真实世界的复杂问题、创设学习任务、引入真实案例等方式，将学生要学习的抽

---

① 刘徽.真实性问题情境的设计研究[J].全球教育展望, 2021, 50 (11): 26-44.
② 罗日叶.为了整合学业获得：情景的设计和开发：第二版[M].汪凌, 译.上海：华东师范大学出版社, 2010: 174-184.
③ 威金斯, 麦克泰格.追求理解的教学设计：第二版[M].闫寒冰, 等译.上海：华东师范大学出版社, 2017: 19-20.

象内容问题化、具体化、情境化。其实质就在于将学生所学的知识内容与其实际应用情境建立起一种关联，让学生看见所学与所用之间的关系，看见所学的价值，从而能够主动建构所学的个人意义。

例如，教师在设计情境化课程时，可以根据教学设计过程和呈现形式的不同，将情境化课程划分为以下多种类型：符号类情境化课程、模拟社会生活场景类情境化课程、操作类情境化课程和基于技术支持的情境化课程等。这些不同类型的情境化课程在设计和呈现时都有不同的方法和策略。教师需要根据学习目标、学生特点以及教材内容，选择适合的情境化类型，帮助学生提升学习效果和参与度。[①]

在模拟社会生活场景类情境化课程中，教师要为学生创造社会生活的典型场景，让学生在参与的过程中充分运用与之有关的知识解决问题。教师设计的问题、挑战和情境要能够引起学生的兴趣和好奇心，激发学生的情感参与和投入，使他们愿意参与其中，促使他们主动寻找解决方案。可以通过生动的故事、真实的案例、有趣的角色扮演等方式来实现，模拟法庭、模拟课堂、辩论、分角色朗读等都是常见的形式。

在操作类情境化课程中，教师要提供必要的实验设备、学具和工具，为情境学习提供多种资源，如文字、图像、视频、模拟器等，以满足不同学生的学习风格和需求，引导学生参与实验、演示、种植等活动。这种实践性的学习方式能够帮助学生通过亲身经历来掌握知识，并培养他们的实践能力、主动探索、发现问题、解决问题的能力和创新思维。此外，学生也可以通过朗诵、吟唱等口头表达的方式将所学知识进行巩固和展示。学生可以从中获得相关的知识和体验指向问题解决的学习情境。同时，在情境学习过程中，教师要提供及时的反馈，帮助学生了解自己的表现，纠正错误。教师要为学生设置适当的激励和奖励机制，鼓励他们积极参与情境学习，如成就徽章、奖励积分等。情境学习结束后，要有评估和总结环节。例如，学生可以分享他们的观点、发现和体验，教师可以评价学生在情境学习中的表现。

第二，推动以学科实践为标志的学习方式变革。当前，我国中小学生的学习方式已经实现了由传统的知识授受的学习到自主合作探究学习，再由探究

---

① 张琼，胡炳仙.知识的情境性与情境化课程设计［J］.课程·教材·教法，2016，36（6）：26-32.

> 有效的教学过程要经历"情境化—去情境化—再情境化"的历程。

学习到学科实践的两次迭代。在此过程中，由"去情境"的死记硬背、重复记忆的学习，到强调探究和协作的学习，再到指向真实情境下问题解决的学习，学习方式的情境性、实践性不断得到重视和强调。学科实践不仅具有学科典型性，也具有实践深刻性，是对"虚假探究"的超越。这意味着实施情境学习必须要重视情境的真实性、丰富性、典型性，从而真正实现育人方式的变革。

学科实践强调在真实情境下的问题解决。它涉及个体的实践，即学生通过实际操作与实践来掌握学科知识和技能。通过亲自动手解决问题，学生能够更深入地理解学科概念和原理，并将其应用到实际情境中。同时，学科实践也涉及共同体的实践。在学科实践中，学生与学科共同体、实践共同体进行互动，通过参与真实的实践活动，与专家和其他实践者合作，培养解决问题的能力。由此可见，通过学科实践，学生不仅能够在个体层面通过实践掌握学科知识，还能够在共同体的实践中培养合作能力、沟通能力和创新能力。学科实践可以将学生置于真实的问题情境中，让他们面对挑战，通过合作和专家的指导解决问题。这种综合性的学习方式有助于学生将学科知识与实际问题相结合，培养他们解决问题和应对挑战的能力。

第三，倡导学习者基于学习共同体展开社会性互动。人类学视角下的情境学习理论带给我们的重要启示就在于，社会、历史、文化等外部情境要素对学习者的意义学习是至关重要的，也就是说，实施情境学习必须要关注学习者与他人、集体、社会的互动。学生本质上是社会的一员，学习本质上是一种社会性实践。需要学生之间、学生与教师之间，乃至学生与社会成员之间相互作用、协作和学习，以达到共同成长的目标。这种学习共同体以成员内部的共同信念和愿景为前提，倡导学习者与同伴展开协商、合作和探究，从而深化对学习内容的理解。因此，实施情境学习意味着教师要在班级内部营造平等、民主的氛围，建造共同体文化与合作文化，明确共同体成员共同的学习愿景和使命，从而为学习者开展自我身份建构和社会性互动提供良好的教育场域。

综合来看，情境学习能够激发学生的主动性和参与度，提高学习的实际效果。在实施过程中，要关注学生的需求，创造有趣和具有挑战性的学习情境，使他们能够在实际情境中积极地学习、探索和应用知识。

▶ **拓展阅读……**

1. 罗日叶.为了整合学业获得：情景的设计和开发：第二版［M］.汪凌，译.上海：华东师范大学出版社，2010.

2. 莱夫，等.情景学习：合法的边缘性参与［M］.王文静，译.上海：华东师范大学出版社，2004.

3. 戴维.学习环境的理论基础［M］.郑太年，任友群，译.上海：华东师范大学出版社，2002.

4. 于泽元，那明明.情境化学习：内涵、价值及实施[J].华东师范大学学报（教育科学版），2023，41（1）：89-97.

5. 张琼，胡炳仙.知识的情境性与情境化课程设计[J].课程·教材·教法，2016，36（6）：26-32.

10. 学科实践

学科育人方式变革的新方向,学习"像学科专家一样"思考与行动,强调基于学科与实践、知与行的辩证关系,是自主、合作、探究学习的迭代升级。

《义务教育课程方案（2022年版）》在第二部分"基本原则"的第五条原则中提出要"变革育人方式，突出实践"，并在第五部分"深化教学改革"中明确提出："强化学科实践。注重'做中学'，引导学生参与学科探究活动，经历发现问题、解决问题、建构知识、运用知识的过程，体会学科思想方法。加强知识学习与学生经验、现实生活、社会实践之间的联系，注重真实情境的创设，增强学生认识真实世界、解决真实问题的能力。"那么，学科实践从哪里来？学科实践的内涵是什么？新课程是如何建构学科实践的？本章尝试对这些问题进行回答。

一、学科实践从哪里来？

　　学科实践作为一个学术概念得以产生与发展，主要存在两个学术源流：一是从理论上看，学科与实践的辩证关系奠定了学科实践的理论基础；二是从现实层面看，学科实践是在美国课程领域中不断建构与发展起来的。

（一）理论溯源：学科源于实践、通过实践、为了实践

　　学科实践作为新的课程方案中的重要概念，解读其内涵首先需要从源头即学科与实践的关系说起。早在古希腊时期，亚里士多德（Aristotle）就有关于学术学科的研究，他把人类知识分为三类：理论知识，如数学、物理学、形而上学；实践知识，如伦理学、政治学；制作知识，如诗学、修辞学和各类实用技艺。[1] 在亚里士多德眼中，理论知识和理论学科处于金字塔的顶端，追求确定的、本质的理性，而拒斥变化的、现象的实践。

　　课程学家古德森（Goodson, I.F.）指出学校学科发展呈现出三种传统，

---

[1] 亚里士多德. 尼各马可伦理学 [M]. 廖申白, 译. 北京: 商务印书馆, 2003: 185.

> 学科源于专业实践，学科通过实践得以发展，学科致力于人类实践的改善。

分别是学术性传统、实用性传统、陶冶性传统（又译教育性传统）。[①] 学术性学科偏重可考的理论性的抽象知识；实用性学科直接与社会的、日常的、技能性的知识相连，大部分人以此谋生；陶冶性学科强调儿童中心，培养儿童积极主动、探索未知的发展性能力，从而摆脱消极的受体角色。古德森也发现，在学校学科发展史中，学术性传统一直处于较高地位，而实用性和陶冶性传统则处于相对较低的地位。不论是哲学理念上的追求，还是对学科史发展的现实描述，这些表述在某种程度上也证实了长期以来存在的一个误区——将学校设置的科目等同于学科，等同于学科中的知识，而不再论及该知识产生背后的人类实践活动和经验。

对于学科与实践的关系，杜威提出了不同的看法。他指出："从表面上看，各门不同的科目，算术、地理、语言、植物等，它们本身就是经验。它们是种族的经验。它们体现了人类一代一代的努力、斗争和成就积累起来的结果。"[②] 学校科目本质上是人类经验或实践的结果，只是其呈现方式不同于原始经验的混沌、无序性，而是以反省思维构成的东西呈现出来，从而表现出较强的学术性和逻辑性。正如杜威所说：教育是在经验中、由于经验和为着经验的。教育的发生就在经验当中，而不是远离经验的，经验是教育的来源，教育的目的就是经验的不断生长。因此，学科与实践的关系并非对立而是相互作用的：学科源于专业实践，学科通过实践得以发展，学科致力于人类实践的改善。所谓学科源于专业实践，是指学科是因为人类不断解决实践中的问题的需要，且通过越来越专业的持续实践才逐步确立起来的。学科在实践中得以发展，意指随着人类实践的不断深入与丰富，已经确立的学科会不断地向纵横发展，纵向发展使学科越来越分化，横向发展则使得学科之间不断发生关联，新兴的交叉学科不断地产生。同时，学科的发展还要经历实践的检验，只有经过实践检验的学科知识才能得以保存与传承。学科致力于人类实践的改善，强调的是具有普遍性特征的学科原理可以用来指导实践的发展，以服务人类的生产实践、社会实践和科学实验。

---

① 古德森.环境教育的诞生：英国学校课程社会史的个案研究：第一版[M].贺晓星，钟鑫，译.上海：华东师范大学出版社，2001：29.
② 杜威.学校与社会·明日之学校[M].赵祥麟，等译.北京：人民教育出版社，2005：116.

（二）学科实践在美国课程领域的源起与发展

学科实践的思想源自 20 世纪五六十年代美国学科结构运动所遵循的过程哲学。布鲁纳针对当时进步主义教育观念太过笼统、教育过程不重视认知而导致学科教育质量低下的现象，主张以学科作为课程开发的基点，强调学科基本结构（基本概念、基本原理及其相互之间的联系和规律）的重要性；倡导发现学习，让学生参与获得知识的过程，注重学会如何学习，而不是学会什么；他主张"任何学科的任何知识，都可以用智力上诚实的方式，教给任何阶段的任何儿童"[1]。施瓦布（Schwab, J.J.）进一步发展了布鲁纳的学科结构思想，认为学科结构是"实质结构"与"句法结构"的统一。"实质结构"指的是学科的一般原理，"句法结构"指的是学科典型的探究方法和探究态度[2]。可以看出，"学科结构"已经初步蕴含了学科实践的基本意涵。

学科结构运动不仅重视学什么的内容变革，而且十分重视与学什么相匹配的怎么学（过程）的学习方式的变革。尽管该运动没有达到预期的效果，但它所推崇的"过程"思想深刻影响了后来美国数学、科学课程标准的研制。以数学为例，1989 年，全美数学教师理事会颁布了美国第一个全国性的标准《学校数学课程与评价标准》。该标准将学科结构运动的"过程"思想数学化，建构了 10 条标准，其中 5 条指向数学内容，另外 5 条则是关于数学过程的，包括问题解决、推理与证明、交流、联系和表述[3]。这 5 条过程标准一直影响着后续的数学课程标准。2010 年，《数学课程州际共同核心标准》将上述 5 条过程标准发展成为 8 种典型的数学实践[4]。从"数学过程"到"数学实践"，这标志着数学课程学习不仅要关注心理过程，还要整合操控技能，换言之，数学学习不仅要思考，更要行动，需要知行合一。

科学实践也经历了类似的迭代过程。19 世纪末，科学方法以经验哲学为

---

[1] 布鲁纳. 教育过程 [M]. 邵瑞珍, 译. 北京: 文化教育出版社, 1982: 49.
[2] 施瓦布. 学科结构的概念 [C] // 瞿葆奎. 教育学文集·课程与教材（上册）. 北京: 人民教育出版社, 1988: 210.
[3] 全美数学教师理事会. 美国学校数学课程与评价标准 [S]. 人民教育出版社数学室, 译. 北京: 人民教育出版社, 1994.
[4] Common Core State Standards Initiative. Common core state standards for mathematics [EB/OL]. (2010-06) [2023-08-17]. http://learning.ccsso.org/wp-content/uploads/2022/11/ADA-Compliant-Math-Standards.pdf.

> 学科源于专业实践，学科通过实践得以发展，学科致力于人类实践的改善。

蓝本，走进了中小学课堂。到了20世纪60年代，施瓦布提出"科学即探究"的概念，其中包括稳态的探究和动态的探究两种类型。前者指的是在现有学科知识指导下进行的探究，后者强调的是对稳态的探究无法解决的问题进行的再定义、再创造的实践活动。[①]1996年，美国颁布了《国家科学教育标准》，作为核心理念的"科学探究"迅速受到人们的追捧。强调科学探究的本意是想要打造一种布鲁纳式的理想课堂：教室即实验室。然而，由于该科学教育标准将探究划分为一套程序，即提出问题、设计并执行探究方案、搜集证据、建构解释、交流讨论等，[②]而且在具体的课堂实践中这些探究模式或步骤被机械化、程序化，所谓的"探究式课堂"逐渐沦为方法和步骤的机械套用，科学探究活动真正的核心被简化乃至抹去，从而严重影响了美国科学教育和人才培养的质量。也正是在这样的背景下，美国颁布了《K—12科学教育框架：实践、跨学科概念和核心观念》（*A Framework for K-12 Science Education: Practices, Crosscutting Concepts and Core Ideas*）（以下简称《K—12科学教育框架》），首次提出了科学学习的三个维度：科学与工程实践（science and engineering practices）、跨学科概念（crosscutting concepts）、学科核心观念（disciplinary core ideas）。位列其首的便是"科学与工程实践"，包括八个部分：提出和定义问题；发展和使用模型；计划和执行调查；分析和阐述数据；使用数学和计算思维；构建解释和设计解决方案；参与基于证据的论争；获取、评估和沟通信息。[③]从科学探究的"五步法"到科学与工程实践的"八部分"，标志着美国科学教育从科学方法（知识）、科学探究（过程）到科学实践（实践）的迭代发展。

二、学科实践究竟是什么？

何为学科实践？简单来说，学科实践是指具有学科意蕴的典型实践，即学

---

① Schwab J J. Inquiry, the science teacher, and the educator [J]. The School Review, 1960, 68（2）: 176-195.
② National Research Council. National science education standards [S]. Washington, D. C.: National Academy Press, 1996: 105.
③ National Research Council. A framework for K-12 science education: Practices, crosscutting concepts and, core ideas [M]. Washington, D. C.: The National Academies Press, 2012: 3.

科专业共同体怀着共享的愿景与价值观，运用该学科的概念、思想与工具，整合心理过程与操控技能，解决真实情境中的问题的一套典型做法。学科实践作为一种学习方式，至少要回答四个问题："学习是什么""学习为了什么""学什么"以及"如何学"。因此，至少需要围绕学习本质、学习目的、学习内容和学习历程四个维度来解读学科实践的内涵。

（一）从学习本质看，学科实践是理论与实践的统一

回答学习是什么，就要在哲学的高度揭示人类认识过程的本质。关于这一问题，哲学史上存在两大派别：唯理论强调天赋理性，以追求普遍必然的可靠知识，蔑视实践活动的不确定性；经验论坚持认识始于经验材料，但忽视了科学抽象的意义。这两个学派都没有正确揭示理论与实践之间的关系。学科实践并不是传统二元论视域下作为理性活动对立面的实践，而是站在马克思主义实践哲学的立场上诠释学科实践的内涵，所要强调的就是"实践、认识、再实践、再认识"循环往复、螺旋上升的认识形式：一方面，只有通过亲自参与实践，在实践中亲身经历知识产生的过程，"学了"才能变成"学会了"，书本上的命题、理论才能变成真正被理解的、属于自己的知识；另一方面，学习知识又是为了更好地参与实践，通过参与实践又可以进一步反思、重构学科知识。究其本质，学科实践是知行合一的学习。

（二）从学习目的看，学科实践是真理性与价值性的统一

所谓真理性，主要特征就是合乎客观规律；所谓价值性，主要特征就是合乎特定目的。在核心素养时代，课程改革最重要的目的就是全面育人。如今学习方式存在的困境之一是求知与育人之间的分裂，"高分低能""有成绩无素养"的现象比比皆是，如食品造假、滥用添加剂等社会现象，就反映了一部分人虽然掌握了一些科学知识，却没有科学素养，将正确的知识用于错误的目的。学科实践的真理性体现在求知的维度，要求学生通过学科实践掌握必要的学科知识，并自觉地运用学科思维探索世界，求索真理。学科实践的价值性在于：可以在真实性实践中培养解决问题的能力，可以在社会性互动中回应人生、幸福、道德等价值关切。任何成功的学科实践必然是以真理和价值的统一为前提的，学科实践既"求真"，更"求善、求美"，既是追

学科源于专业实践，学科通过实践得以发展，学科致力于人类实践的改善。

求真理的有效手段，又是实现育人的价值诉求。

（三）从学习内容看，学科实践是特殊性与普遍性的统一

实践不能盲目地展开，而必须要体现出学科性——既包括该学科独有的部分，如学科内容、学科核心观念、学科思想方法等，也包括在实践推进的过程中必定会突破本学科的边界所涉及的与其他学科的关联、跨学科共通的范式和概念等，由此展开的学习，其主要特征就是综合性。例如，美国《K—12科学教育框架》指出，科学与工程实践、学科核心观念、跨学科概念三个维度构成了科学学习的全过程（如图10-1所示），三者的关系是有机统一的。其中，涉及四个领域的学科，即："物质科学""生命科学""地球和空间科学""工程、技术和科学应用"。还有七个跨学科概念：模式，因果关系，尺度、比例和数量，系统和系统模型，能量与物质，结构和功能，稳定与变化。这些跨学科概念在各个学科领域都有所渗透，使得不同学科之间的边界得以打通。因此，围绕学科展开的实践是特殊性（学科）与普遍性（跨学科）的统一。

图 10-1　美国《K—12科学教育框架》标志

（四）从学习历程看，学科实践是个体性与社会性的统一

杜威有一句名言：教之于学，犹如卖之于买。教了不等于学会了，只有学生真正学会了，教学才是有效的。在这个过程中，至关重要的环节就是如何将课本上的知识变成学生真正理解并知道如何运用的知识。只有将"实践"作为桥梁，教学才能实现"质的飞跃"。因此，停留于学习书面知识是不够的，要让学生亲身投入实践。从这个意义上讲，学科实践首先是个体的实践——

只有亲自投身实践，验证命题性知识，才能说一个人真正地掌握了知识。当然，学科实践绝非孤立的个体行为，真实情境中许多学科实践都需要多向互动和协作才能实现。正如马克思所说，人的本质是一切社会关系的总和，人类天然地具有社会属性。尤其在当今信息时代，知识更新速度越来越快，知识内容及结构越来越复杂，学科实践势必要在学科共同体中展开，乃至超越学科范畴延伸到社会大环境中，学科实践与生活实践将会进一步融合。

三、学科实践：指向育人的学习方式变革

将学科与实践合二为一，作为学习方式领域的一个专业术语，也许是我国课程学者的一种贡献，它既吸收了美国数学实践、科学与工程实践的学理成就，也延续了我国 21 世纪基础教育课程改革所强调的实践取向，具有强烈的问题导向和引领意义，代表着指向育人的学习方式变革的新方向。

（一）学科实践让"自主、合作、探究"迭代升级

2001 年，在"过程与方法"目标的引领下，"自主、合作、探究"的改革理念在一线教师中得到广泛的认同，打破了过去"一言堂""满堂灌"的课堂形态，极大地推动了课堂实践的转型。[①] 但是，一些热热闹闹的课堂表象背后普遍存在的问题是，学习方式缺乏探究的严谨性与学科的典型性，"虚""假"探究现象十分普遍。所谓"虚探究"，就是只有形式没有实质的探究，这主要表现为无关目标导向的"为探究而探究"，在短短的一节课中，有时会安排四五个探究活动，最极端的就是那种"快闪探究"，教师刚布置好探究任务，一分钟不到就要学生汇报展示成果。所谓"假探究"，即用不太恰当甚至错误的方法开展探究，这主要表现为无关学科本质的"程式化探究"，用一种"包治百病"的固定的探究程式应对所有学科，忽视了探究的学科属性。上述探究，无论是"虚"还是"假"，只是在形式上改变了学习方式，并没有达到实质的育人效果。

反思起来，出现上述问题至少有两个原因：一是没有澄清这些先进理念的

---

① 崔允漷. 新课程改变了中小学课型了吗？：基于证据的初中课堂教学形态分析 [J]. 全球教育展望，2015，44（1）：15-24.

> 学科源于专业实践，学科通过实践得以发展，学科致力于人类实践的改善。

"来源"和"去向"问题，导致实践中的机械套用与盲目滥用，如新课程启动时没有很好地给教师解释清楚为何要把"过程与方法"作为目标，"过程"从哪里来、是什么、到哪里去等问题；二是没有告诉学科教师将先进理念和具体学科合二为一的策略与做法，如没有让语文教师知道"过程与方法＋语文是什么"，也没有让历史教师知道"自主合作探究＋历史到底怎么做"……导致多数教师认为这些是"新课程"理念，与我所教的学科无关，与我平时的教学实践无关。他们更多的是将这些先进理念用作公开课的"装饰"与"点缀"，缺少进一步的反思与实践。

针对这样的问题，新课程明确指出要"强化学科实践"以变革教学方式，实现对"自主、合作、探究"的迭代升级。学科实践既注重学科性，也注重实践性，因此强调学科实践并不是抛弃知识，而是要以一定的知识储备为基础。学科实践更强调通过实践获取、理解与运用知识，倡导学生在实践中建构、巩固、创新自己的学科知识。学科实践不仅要求学生具有强烈的自主性，而且强调真实的社会性。探究学习的本意是模拟学科专家进行科研的过程，虽然不要求学生通过探究获得全新的创见，但希望能够通过探究的过程使得学生理解、运用和应用知识，感受知识创生、验证、传播与分享的过程。从这个意义上来说，探究学习本质上也是一种实践形式。但作为一种普适性的学习模式，探究学习的学科性不强，没有很好地与学科融合，也就是说没有"学科味"，成了解决学习方式问题的"万灵药"。正因为探究学习没有很好地与学科结合起来，而且呈现给教师的探究学习大多是以"探究五步法""科学探究七要素或程序"这样的形式出现的，因此教师在实施探究学习时往往关注更多的是上述的步骤与程式有没有完成，而不是探究本身的目的与意义。值得一提的是，学科实践并非对探究学习的否定或取代，而是体现了人们对学科教育理解的进一步深化，呼唤"源于实践、在实践中、为了实践"的真正的学科探究。

（二）强化学科实践的策略

新课程所建构的学科实践超越了传统知识授受的学习方式和探究学习，代表学习方式变革的新方向，为落实立德树人根本任务、真正实现学科育人与实践育人提供了现实突破口。那么该如何强化学科实践呢？至少需要从以下三个方面入手。

第一，结合课程标准的要求，凸显学科实践的学科典型性。学科实践强调探究理念与学科深度融合，探索指向学科/课程核心素养的学科典型学习方式（见表10-1）。例如，语文学科以语文实践为主线，依据"语言文字积累与梳理""实用性阅读与交流"等六个语文学习任务群，倡导任务驱动的语文学习。因此，强化学科实践要结合各门学科课程标准的要求，从学科本质出发，用学科自己的语言诠释实践的意蕴，凸显学科实践的学科典型性。

表10-1　2022年版义务教育课程标准中学科典型学习方式的建构

科目	学习方式	科目	学习方式
语文	以语文实践活动为主线，以学习主题为引领，以学习任务为载体……设计语文学习任务群（p.2）	地理	组织学生开展地理实践活动，如地理实验、社会调查和野外考察等（p.36）
数学	利用观察、猜测、实验、计算、推理、验证、数据分析、直观想象等方法分析问题和解决问题（p.3）	科学	科学探究包括提出问题、作出假设、制订计划、搜集证据、处理信息、得出结论、表达交流和反思评价等要素，技术与工程实践包括明确问题、设计方案、实施计划、检验作品、改进完善、发布成果等要素（p.119）
英语	设计多感官参与的语言实践活动……通过感知、模仿、观察、思考、交流和展示等活动……（p.51）	艺术	在欣赏、表现、创造、联系/融合的过程中，形成丰富、健康的审美情趣……在以艺术体验为核心的多样化实践中，提高艺术素养和创造能力（p.2）
道德与法治	探索议题式、体验式、项目式等多种教学方法……采取热点分析、角色扮演、情境体验、模拟活动等方式……通过参观访问、现场观摩、志愿服务、生产劳动、研学旅行等方式走向社会（p.49）	劳动	围绕日常生活劳动、生产劳动和服务性劳动……以劳动项目为载体，以劳动任务群为基本单元……引导学生通过设计、制作、试验、淬炼、探究等方式获得丰富的劳动体验（p.2—3）
历史	编演历史剧……进行历史方面的社会调查……考察历史遗址和遗迹……制作历史文物模型……编写家庭简史、社区简史和历史人物小传（p.60）	信息科技	以真实问题或项目驱动，引导学生经历原理运用过程、计算思维过程和数字化工具应用过程（p.3）运用线上实验、模拟、仿真等方式，引导学生自主学习、合作学习（p.48）

学科源于专业实践，学科通过实践得以发展，学科致力于人类实践的改善。

第二，开展系统的学科实践教学设计，凸显学科实践的实践深刻性。为何探究学习往往会被模式化、程序化？其中的一个重要原因在于，教师过多地关注探究学习的步骤或程序是否达成，而缺乏专业的教学设计。这主要表现在：缺乏统摄中心的提炼，使得探究活动表现为教学与学习过程中的零散性的嵌入，没有系统性；目标叙写无关素养，有教师在叙写相关目标时并未将其与核心素养建立关联，容易使其成为无目标的探究；缺乏评价环节，教师改进教学与学生反思都需要相关的评价信息，缺乏评价则易导致学习结果的"一英里宽，一英寸深"。学科实践是一套做法或一系列实践（a set of practices），以"复数"的形式而不是以"单个"的形式出现，这意味着不存在一种普适、永恒的模式或方法，而是应当根据具体的目标要求和情境设计相应的实践活动，回归学生的主体性与学习方式的丰富性。因此，强化学科实践需要专业系统的教学设计，如结合特定学科的素养培育要求，确立教学组织者或统摄中心，即用大问题、大任务、大观念等组织学生学习经验，以使课堂内容结构化；目标设计应明晰与之对应的学业质量要求，采用三维叙写，使其成为整个学科实践过程的指引和依托；评价设计应采用与目标相匹配的表现性评价、综合评价，整合教学、学习与评价，实现"教—学—评"一致等。[1]

第三，重视学科实践后的反思，真正实现学科实践的育人功能。强化学科实践的本质是以学习方式的变革为驱动，最终指向核心素养的培育。一方面，新课程所建构的学科实践本身蕴含了传统中国哲学知行合一的思想，强调在知中行，在行中知，倡导学思结合，以反思不断深化对实践的理解，以实践不断促进学习者主体经验的改造。另一方面，学后反思充当了实践通达素养的桥梁，学科实践后的反思是化行动为知识、化实践为素养的重要路径。如果没有学习者的反思与"悟"，教下去的知识是无法变成核心素养的。因此，要想真正实现学习方式的变革和学科实践的育人意义，就必须强调学后反思。教师需要根据与目标对应的复述、关联和转化的进阶水平，设计好反思的支架或路径等，引导学生学思结合，实现由行到知的升华，进而建立自我发展与所学知识之间的"联结"，避免造成"有知识无文化"的后果。

---

[1] 崔允漷. 素养导向的学科实践：引导学生实现由行到知的升华[N]. 光明日报，2022-11-22（13）.

> **拓展阅读……**

1. 崔允漷,张紫红,郭洪瑞.溯源与解读:学科实践即学习方式变革的新方向[J].教育研究,2021,42(12):55-63.
2. 杜威.我们怎样思维·经验与教育[M].姜文闵,译.北京:人民教育出版社,2005.
3. 布鲁纳.布鲁纳教育论著选[M].邵瑞珍,等译.北京:人民教育出版社,2018.

11. 因材施教

古老的教育智慧,但历久弥新。既是教育公平的必然要求,也是有效教学的"铁律";既是新课程实施的基本原则,也是未来更"新"课程实施的基本原则。

《义务教育课程方案（2022年版）》在第五部分"课程实施"的"深化教学改革"中明确提出"坚持素养导向""强化学科实践""推进综合学习""落实因材施教"。作为一个古老的教育观念，"因材施教"体现了教育的底层逻辑，反映了新的历史时期建构"适合每个人的教育"的要求。新课程的落地需要我们深入贯彻因材施教的基本原则。那么，新课程背景下因材施教的内涵有何变化？新课程实施中如何落实因材施教？本章尝试回答这些问题。

一、因材施教是怎么来的？

　　因材施教这一观念在东西方都有着悠久的历史。自古代至近代再到现当代，因材施教理论经历了从经验性概括到精细化分化，再到科学化发展的历程，显示出由侧重社会需要到逐渐考量个人需求，再到立足个性发展的价值取向，关注点产生从"重教"到"识才"的转变。探究"因材施教"是怎么来的，进而明晰其实质，将有助于其在当下的顺利实施。

（一）因材施教的源头：经验性施教侧重社会需要

　　古典时期的因材施教多为教育者的理念构想与经验性概括。以我国为例，因材施教的传统源头要追溯到春秋时期的孔子，他以"言志""静观"了解学生，进而以"循循然善诱人，博我以文，约我以礼"[1]的方法进行施教，以自身实践形成宝贵经验。到东汉，徐干以水喻人，提出"导人必因其性，治水必因其势"的施教原则。北宋教育家胡瑗通过思辨确定分斋教学和主副科制度，以适应学生兴趣特长。西方古典教育家提出的因材施教亦是经验性总结。譬如，古希腊苏格拉底（Socrates）的助产术主张根据学生的提问进行有针对性的引导，

---

[1] 四书五经[M]. 陈成国, 点校. 长沙：岳麓书社, 2003：33.

> 从识才到施教再到成才，是因材施教的过程逻辑，在课程视域中这一逻辑体现为从确定目标到课程实施到展开评价的环节。

古罗马昆体良（Quintilianus, M.F.）指出施教的方法要根据学生的特性进行选择，"有些学生是懒惰的，除非你加紧督促；有的学生不能忍受管束"[①]。

最初的因材施教更侧重于社会需要。孔子提出因材施教，就是针对当时的社会动荡而构想出来的着眼于人性的对策。孔子认为，人的本性是"爱人"，有主动"知人"的前提，主动"知人"便于全面把握学生，因材施教，从而能培养君子以拯救社会，达成理想。在传统教育中，因材施教为特定阶层培养人才，化育民众，形成统治基础，具有明显的政治功能。不唯东方，苏格拉底的人才观亦是以培养有智慧、有德行的治国人才为底色，昆体良以培养雄辩家作为教育目标，同样反映出因材施教是具有单一指向性的，即为国家培养所需要的人才。古代的因材施教，既然其逻辑起点是社会需求与实践，目标是建立理想社会或巩固统治，那么对于"材"的标准就较为固定，即成长为君子或国家需要的其他人才，树立典范。因材施教的重心便置于施教。当然，"材"虽固定，却不单一，可以是专才，也可以是通才，均是从不同角度服务社会。

（二）因材施教的发展：精细化施教逐渐考量个人需求

随着文艺复兴及商业的发展，人的思想逐渐解放，社会充满活力，社会发展需要更多丰富多样的人才，教育的经济功能凸显，因材施教也相应地为精细化的经济发展服务。从原先的经验性概括逐步发展为精细化施教，既是理论的进步，也是社会需要与价值取向的反映。因材施教的精细化倾向可以体现在对于儿童的逐步系统的研究以及基于此的教学实践。如夸美纽斯依据儿童性格对儿童进行分类，卢梭依据儿童不同年龄时期的身心特点划分儿童发展阶段，这些不断建立起来的分期与分类理念，为针对儿童特点的施教提供了充分依据。因材施教的精细化倾向还体现在实践范围的分化。在大工业生产对劳动力提出新要求的资本主义发展期，斯宾塞倡导实施的实科教育和文法学校，分别按照工人、文员两种标准培养人才。当然，社会需求不仅塑造不同的人才，同样回馈特殊群体，残障、超常儿童成为扩大了的教育对象。针对残障儿童的特殊教育弥补儿童缺憾，针对超常儿童的教育激发儿童特长，

---

① 昆体良. 昆体良教育论著选[M]. 任钟印, 选译. 北京：人民教育出版社，1989: 26.

显示出施教原则对个人的关注。

与此同时，越来越多的人意识到，光是以社会需要为目的的施教，可能会埋没人才，无法对社会产生最佳效能。而且培养出的人才并不见得能发挥个人全部价值，此时的因材施教在社会需要的基础上便逐渐开始关注个人需求。一个典型的现象是随着国家学校教育的普及，传统的班级授课制受到挑战，人们对自由平等且适应个人需要的教育的向往，促使了个性化教学的产生。譬如19世纪英国的贝尔·兰卡斯特制，选取聪明的学生做导生，发挥其优势，让他们辅助教师开展教学、考勤、评价等，在一定程度上既缓解了教师不够的社会问题，又关注了学生个体的特长。20世纪美国的道尔顿制，以各科作业室取代班级，学生按照能力自由决定完成作业的速度与时间。其本意是通过教学分化优化师生教与学的效率，但部分学生成绩下降，追赶不上进度快的学生。20世纪诸多个性化教学的实验，均旨在实现每个学生能力与个性的最大化发展，但多初时热闹，鲜有持之以恒并被国家政策采纳而大规模推广的。

在对儿童进行深入研究和社会需求扩大的背景下，因材施教得以展开为更精细化的施教。教育的发展又进一步促进社会革新，逐渐关注个体需要。

（三）现代因材施教：科学化识才满足个性发展

到了现代，科学化和主体性成为显著特征，脱胎于经验概括，发展于精细化分化，因材施教理论走入科学化阶段。这个阶段因材施教观念的重心在于基于科学识才的"施教"，体现了从教师中心转向学生中心，从内容立场转向学习立场。无论是社会需要还是个人需求，因材施教始终需要立足于个性发展才能实现，这是现代因材施教的价值取向。科学识才能够为因材施教赋能。

当代因材施教侧重科学识才，即帮助学生找到自身的个性并给予充分、能动、和谐的发展机会，以此满足个性需要。美国教育学家霍华德·加德纳（Gardner, H.）提出的多元智力理论可以说是这种转向的一种例证。其将智力分为言语语言智力、逻辑数理智力、视觉空间关系智力、音乐节奏智力、身体运动智力、人际交往智力、自我反省智力、自然观察智力和存在智力九种，揭示智力并非少数人拥有，相反每个人都不同程度地拥有生活的各个方面的能力。该理论使得智力的衡量不再限于语言能力和抽象逻辑思维能力，拓宽了人们对人本身特质"材"评估的视野，使得人才不局限于少数领域，肯定了每个人都能利用各自拥有的智力获得发展的可能性。

学情分析亦是实践中运用较广的一种科学识才策略。学情分析是中国本土化表达，指的是对影响学生有效学习的因素进行分析，为教学设计和教学实践提供行动的基础和策略指南，[①]从而实现"以学定教"。学情指影响课堂学习的学生自身特征和学生学习过程中的因素，也指日常教育中学生成长的特征和影响学生价值观形成的因素。学情是动态的、持续性的，而非静态的。学情分析常用的方法有经验分析法、观察法、资料分析法、问卷调查法、访谈法、理论分析法等。[②]利用不同的方法展开学情分析可以帮助教师准确理解和把握学生的不同情况，其背后反映出的是因材施教重心的转变，从教授到学习，从重教到识才，内含着对于个体需要的重视。

二、如何理解新课程中的因材施教？

自新课程改革以来，诸多政策表述中沿用了"因材施教"这一概念，足见概念之精当。因材施教，是指教师针对学生的个体差异，进行适应学生需求、使学生获得最佳发展的教学和教育理念。"因"是根据，"施"多指实施，而"材"和"教"则随时代变化增添新的意义，是扩充内涵外延的关键字。从识才到施教再到成才，是因材施教的过程逻辑，在课程视域中这一逻辑体现为从确定目标到课程实施到展开评价的环节。

（一）因材施教的关键：明确"材"的实质是差异与多元

学生与学生之间，差异不可避免。正确认识"材"的实质，就需要厘清"差"和"异"。"差"表示用同一标准比较出"材"的差距。比如，班级中有学生学业水平测试成绩低于平均分，这是用成绩的高低衡量了学生的差距。学生的"差"，可以理解为在某个领域或方面，学生具有短处与弱点，相应的就需要"抓差补缺"。用标准区分出人在某一学习领域的高下，或让学生执着

[①] 邵燕楠，黄燕宁. 学情分析：教学研究的重要生长点[J]. 中国教育学刊，2013（2）：60-63.
[②] 马文杰，鲍建生. "学情分析"：功能、内容和方法[J]. 教育科学研究，2013（9）：52-57.

于补足差距达到标准，或提供社会资源以帮助弱势群体达到标准，是社会发展以及教育公平观念的要求。但是，光认识"材"之"差"可能不够，更重要的是关注"异"。

"异"可当"殊异"解。"异"是宝贵的资源禀赋。"材"本身就存在区别，无须改变也难以改变。比如有的学生更擅长抽象思维，对概念的推演很有天赋；有的学生更擅长形象思维，对图像叙事更敏感。这些不同可以通过后期锻炼发生变化，但就这一优势本身，需要做的是根据学生擅长的不同，有针对性地施教。譬如，指导作文时，可以辅助文字材料指导，可以给予图像材料帮助，还可以利用思维导图引导。在清楚"材"之"异"后，聚焦的便是如何利用这种不同，而不是改变这种不同。因材施教的关键就是明确"材"的实质是其多元性，"差异"是天然且可贵的。"材"的多元必须得到教育的回应，受教育者的个体差异必须得到可以匹配的适切教育。

总而言之，因材施教，是要避免把学生统一化，让学生能够在个性自由的基础上变成更好的自己，而不是削足适履，让学生成长成一种模子。因材施教，应当回归孔子所说的"爱人"，尊重人之不同。

（二）因材施教的方式：理解"教"要以学生的"学"为基础

因材施教概念本身，已经内含教师的"教"以学生的"学"为基础。每个学生原有的准备水平、兴趣爱好、智力状况和学习风格不同，那么学生学习的需求和方式必然也有所不同。教师就需要安排适应学生学习的教学目标、内容和方法。认识到教师的"教"要适应学生的"学"还不够，还需要认识到这种"适应"背后是以学生为主位的必然要求。

当教师将学生作为客体与对象展开施教时，教师确实能够准确观测和知晓学生特质，但教师基于固有经验认知做出的对学生之材的判断，容易让学生陷入被动状态，教师也容易限于旧有学科范式，弱化对学生创新才能的挖掘。反之，教师将学生置于主体地位，发挥其主动性，让学生主动了解自身、了解教师、了解学习，虽然这个过程可能较为曲折，但却用学生探索的欲望引发其成长的原动力。这时候再辅之教师对学生特质的观测把握，鼓励指导，

> 从识才到施教再到成才,是因材施教的过程逻辑,在课程视域中这一逻辑体现为从确定目标到课程实施到展开评价的环节。

就能使学生更自动自觉地获得知识与智慧,习得持续发展的能力。[①] 表面上仍是教师教,但其实"教"服务于"学",突出的是学生的主体价值。

由此,从施教的目标来看,因材施教使教育从局限于智育,变为适应学生优点长处培养复合型人才,以适应学习需要。从施教的对象范围看,为兼顾每一位学生"上好学"的需求,要利用海量优质数字资源的供给和技术为教师群体赋能,促进个性化施教。从施教的过程看,为启发引导挖掘学生潜能,要对学生展开全程全维教育教学数据的采集分析。[②]

"教"当以学生的"学"为基础而展开。施教的目标、对象、过程等不断更新拓展,但不变的是以学生为中心,为学生的学而教。

(三)因材施教的准则:人的个性发展与教育公平

识才—施教—成才,因材施教进入"成才"阶段,需要从是否满足个体的个性发展,以及是否促进社会的教育公平两方面进行评价。在义务教育课程方案中,因材施教被表述为其中的基本原则之一:面向全体学生,因材施教。这一原则聚焦于育人本质和义务教育的特征,揭示出义务教育必须是全纳的,教育追求学生的发展,包括人的个性发展,但前提是"全体学生",准则是教育公平。

就课程而言,因材施教的个性发展要求体现以下三个方面:首先每个学生都能获得适合的学习机会。如果部分学生尚未获得课程机会,那么将无法在施教者面前展现个性,有针对性的课程实施就无法展开,个性发展也就无从谈起。其次是根据学生的发展阶段性、学段连续性和层次性设置与组织课程内容。随着身心的发展、学段的上升,学生会展现出一些不同的特性,也有一些普遍共性。对此,课程内容的组织就需要安排合适的梯度,做好衔接以适应学生的发展变化。最后是关注地区、学校、班级的差异以增加课程的选择性。地区教育有资源丰富和稀缺之别,不同学校不同学生起点和不同需求,课程选择性多则学生个性发展更为可能。

因材施教满足了个体的个性发展,会逐渐导向对全社会每个学生发展需求

---

① 张广君,张琼. 当代"因材施教":生成论教学哲学的审视[J]. 课程·教材·教法,2015,35(4):37-43.
② 杨现民,张瑶. 教育规模化与个性化矛盾何以破解?:数据驱动规模化因材施教的逻辑框架与实践路径[J]. 中国远程教育,2022(8):42-52,79.

的满足，充分促进社会层面的教育公平。同时，教育公平这一准则也将保证因材施教得以实施。入学的机会公平、学生获得课程机会的公平为"有教无类"提供了基础，使得因材施教最大限度囊括了各种"材"，让每个学生都能发展其个性。教育过程公平正视个体的差异，为个体创造特色化的教育提供了正当性。教育结果公平并非机械追求学生最后获得同样的发展水平，而是基于学生主体禀赋，让学生达到其应该、可以、可能达到的水平。教育公平理念促使每个人追求可以最大限度发挥其潜能的个性事业。因材施教所要趋近的教育公平，同样包含了对于个性发展的要求。

三、怎样实施因材施教的理念？

因材施教是一种教学理念与实践。当下，开展因材施教需要首先确立的观念是：每个学生均是不同的"材"。针对于此，根据丰富的理论基础和实践经验，我们从学校、课堂两个层面提出实施要点。

（一）学校层面：利用技术优势辅助规模化因材施教

规模化是时代发展的必然产物，无法避免，体现在教育领域则是千篇一律的培养困境。如何才能破解这种困境？《中国教育现代化2035》提出的路径是"利用现代技术"。技术不断发展，使得人机协同的思维方式、强大的算力保障、算法支持以及智能型师资的供给成为可能，也使得规模化因材施教在技术层面上获得全面赋能。学校外接社会，内连课堂，有足够且适宜的条件来调动、使用技术资源以促进因材施教。因材施教这一古老的观念在新技术条件下将展现出更蓬勃的魅力。

首先，运用大数据识才。如今，数据成为重要的教学资源，学习者的背景、学习风格、学习过程中的事件及学习的结果都能够转化为学习者的数据，学校需要搭建平台提供识才的智能技术服务，让学习者的数据为学校所用。如学生数字画像技术基于智能摄像头等各类数据采集设备和课堂实录系统等数据采集平台，实现对学生成长的全过程信息掌握；大数据学情分析技术借助大数据，分析学生的学业行为、心理生理数据并生成可视化分析报告，为教学预设提供数据支持；智能评测诊断技术综合利用人工智能测量学及学科知

> 从识才到施教再到成才，是因材施教的过程逻辑，在课程视域中这一逻辑体现为从确定目标到课程实施到展开评价的环节。

识，实现测量评分与诊断。[①] 学校需做好技术支撑，通过大数据识才，让教师在开展教学时根据学生不同的学习风格、兴趣、特长定制个性化学习方案成为可能，让依据学生的学习反馈及时评估能力增长点，为学生提供发展意见成为可能。

其次，加强教师信息素养培养。学校在因材施教中的角色是向外寻找资源，向内加强培养。信息技术时代对教师素养提出了新的要求，其中包括人工智能素养、数据素养、测评素养等。这些素养都影响着教师能否有效利用新型的技术资源，能否妥善处理收集到的庞大数据进而甄别出有质量的供使用，能否及时了解学生的学习情况。相应的教学也需要在此基础上进行迭代。比如循证教学，就有了秉承开放、系统、关联性的思维，运用技术从学生发展的全过程获取教学证据，展开复杂而多重的分析，并基于教学证据优化教学设计的新内涵。再比如ChatGPT的出现，为教师的课程设计、教学资源获取、教育教学评价提供了新的途径，避免了机械性的重复性的施教，能够让教师精力集中于更具有创造性和匹配学生特质的教学。学校应当辅助教师提升相应的信息素养。

最后，要警惕技术的工具性背离人本初衷。智能教育的当下，借助大数据、人工智能等先进分析能力，似乎看到了因材施教理想得以实现的曙光。但是，我们当切记，因材施教之所以可贵，就在于其背后厚植的人本主义思想以及对人的多元理解，也就是说，这一教学经典原则之可贵，恰恰在于它并非某种特定工具。教育所展现的不是工具的价值，而是其自身的价值。当智能教育下的教育教学违背人的个性发展而成为功利的工具，使人走向异化而非发扬人的"殊异"时，其就背离了因材施教的初衷。

（二）课堂层面：推进"异学习"

因材施教的实现，最终要落实到班级教学中。推进"异"学习，是因材施教内涵本身的要求，也与实现学生个性化发展的教育价值取向相一致。

首先，要明确课堂的同中之异。在班级中，环境、教师、教材基本固定，有差异的是作为主体的学生。长期以来，教师往往只关注学生的"差"而忘

[①] 刘邦奇. 智能技术支持的"因材施教"教学模式构建与应用：以智慧课堂为例[J]. 中国电化教育，2020（9）：30-39.

记了"异"的问题，总想着弥补差距，忽略学生的不同是固有而难以改变的，学生学习差很可能是教师未重视学生的异。因材施教需要关注"材"之"异"，需要了解、适应并真正尊重这种不同，尊重个体学习基础、认知方式，尊重个体认知结构、客观规律，主动了解学生的社会阶层、经济地位、父母受教育程度等。在明确课堂的相同之处，关注到学生之异时，"异学习"才成为可能。

其次，以学历案促进个性化施教。学历案，是指教师在班级教学的背景下，为了便于儿童自主或社会建构经验，围绕某一相对独立的学习单位，对学生学习过程进行专业化预设的方案。[①] 它是对学习者中心的落实，借助学历案，教师所有的行为基于学情分析，服务于学生的学习，是为"异学习"而发展出来的专业方案。以语文学科《红楼梦》整本书阅读为例，通过学历案设计关注学生的学习进度和学习能力。在教学组织上，可以采用2+38或者4+36的学生分组形式，2个或4个《红楼梦》阅读基础好的学生作为助教，其余学生可以随时询问助教问题，让已有梯度成为学习进度和能力的互助。在教学任务上，可以围绕同一主题设计多元的学习任务，针对同一任务设计不同的检测形式，如针对《红楼梦》的阅读可以设计情节、人物、环境、诗词等不同内容的概括、阐释、鉴赏等不同层级的学习任务。再比如，针对环境的学习任务，既可以设计画大观园图景的检测形式，也可以设计章回表演的检测形式，还可以设计针对环境要素撰写文学短评的检测形式。不同的学历案设计均要基于学生的实际，通过实施基于学历案的教学，达到学生个人的真学习，而非游离学习或疑似学习。

最后，善于使用各类评价。教育评价是对教育相关数据与信息进行系统、科学与全面的价值判断，[②] 综合使用各类评价方法能够及时反馈学生的学习情况，帮助学生匹配更合适的"异学习"。比如，作为一种评价手段的作业不仅可以在难度水平、作业数量上进行差异化设计，还可以在完成时间、方式上对学生提出差异化要求。除此之外，在智能技术赋能教育评价下，教育评价可以通过建模、选取适当算法，匹配相应模型。既可以是在学习过程中对

---

① 崔允漷. 指向深度学习的学历案［J］. 人民教育，2017（20）：43-48.
② 张琪，王丹. 智能时代教育评价的意蕴、作用点与实现路径［J］. 中国远程教育，2021（2）：9-16，76.

从识才到施教再到成才,是因材施教的过程逻辑,在课程视域中这一逻辑体现为从确定目标到课程实施到展开评价的环节。

学习投入测评,也可以是对学生的基本特质及效果进行测评,如人格特质识别、创新能力测评、表达能力评估。未来的课堂教学应当利用先进的评价理念与技术来识才,从而精准发现个体存在的基本区别,深度把握学生信息,促进因材施教,使每个学生都得到更好的发展。

拓展阅读……

1. 周德青,杨现民. 我国推进因材施教的政策分析、发展脉络及问题:以2001~2021年间提及因材施教的72份国家政策文件为研究样本[J]. 现代教育技术,2022,32(6):15-24.

2. 刘邦奇. 智能技术支持的"因材施教"教学模式构建与应用:以智慧课堂为例[J]. 中国电化教育,2020(9):30-39.

3. 崔允漷. 指向深度学习的学历案[J]. 人民教育,2017(20):43-48.

4. 邵燕楠,黄燕宁. 学情分析:教学研究的重要生长点[J]. 中国教育学刊,2013(2):60-63.

12. 基于课程标准的教学

新课程落地的必然路径，涉及课标分解、目标叙写、"教—学—评"一致的关键技能，将素养导向的"目标一族"具体化为学期目标、单元目标与课时目标，以便于开展教学。

《义务教育课程方案（2022年版）》第四部分"课程标准编制与教材编写"明确指出："国家课程标准规定课程性质、课程理念、课程目标、课程内容、学业质量和课程实施等，是教材编写、教学、考试评价以及课程实施管理的直接依据。"这意味着教师的教学必须依据并落实国家课程标准，必须熟悉并遵循基于课程标准的教学规范。那么，课程标准在教学中如何定位？基于课程标准的教学有何属性？实践中如何开展基于课程标准的教学？本章尝试回答这些问题。

一、课程标准是怎样演变而来和定位的？

　　自20世纪80年代起，世界各国的基础教育课程改革进入了课程标准时代。尽管"课程标准"在不同的国家所对应的措辞并不统一，如内容标准、教学大纲、课程指南、成就标准、表现标准等，但透析其内在的逻辑，课程视域中的标准其实着重关注两个要素，即"学什么"和"学会什么"，而这两个不同的关注点也反映了广义的课程标准范畴中内容标准与质量（成就/表现）标准的重要分野。

（一）规范"学什么"：内容为纲的取向

　　对学生"学什么"的规范，折射出的是内容为纲的取向，往往倾向于从输入端厘定教师应教授及学生应学习的内容。1956年，教育部颁布了第一套比较齐全的教学大纲——中小学各科教学大纲（修订草案），这一名称本身便蕴涵了内容为纲的取向。之后直至21世纪初，我国历经的七次基础教育课程改革基本上是围绕教学大纲的颁定与统编教材的编写展开。我国第一套义务教育课程标准（2001年）、普通高中课程标准（2003年）依然留有从教学大纲中发展过来的印记，即依据所教的内容来定义学业要求，核心是内容标准。

　　内容为纲的取向有利于帮助学生掌握系统的学科知识与技能，但总体来看

> 基于课程标准的教学应该是千姿百态的，而不应是像工厂产品似的标准化、模式化，广大教师要如八仙过海一样各显神通。

其是偏预设性的。重预设而不重生成使得教师实际的课程实施往往是基于国家统编教科书的，于是"教学大纲—教科书—教案"就成为教师备课、教学的思维路径。由于基于教科书的课程实施窄化了课程资源的丰富性，教师易沦为教教材的"教书匠"，学生也易成为被灌输的容器而弱化了批判、反思和意义建构等能力的发展。

（二）规范"学会什么"：质量驱动的取向

对"学会什么"进行规范，折射出的是质量驱动的取向，倾向于从输出端厘定学生的学习结果及应具备的成就水平，以反映人才培养的质量要求。事实上，从博比特在"学习活动设计"中将"学生学会了什么"的问题凸显出来，再到泰勒主张用科学的评价方法解决"学会什么"的问题，整个西方课程的发展过程一直伴随着对学生"学会什么"的追寻。不同于教育依赖于"理想的思辨"，课程视角本身源自"科学的方法"，涉及以"学会什么"为统领的目标、内容、实施与评价的一致性问题。

规范"学会什么"这一取向在标准中体现为对学业质量或学业成就标准的设定，各国近年来基于课程标准的课程实施大都反映了这种质量驱动的取向。这一取向将课程实施的重点导向学生一端，关注学生的学习结果和学习质量。但是，质量标准往往不能独立存在，换句话说，单纯将质量标准作为课程标准易导致课程内容选择的茫然，从而使课程标准失去内容指引的作用。

（三）课程标准研制的新方向：统整两种取向

内容为纲取向的教学大纲在我国的实践经验表明，该取向易导致单一学科知识教学的囹圄，从而背离学科育人的课程改革愿景；而着眼于课程标准内容指引的出发点，质量标准又往往不能独立存在。若要增强课程标准的完整性及其实践指导作用，课程标准需要实现关注"学什么"与规范"学会什么"这两种取向的统整。其实，内容为纲的取向与质量驱动的取向并不构成逻辑上的对立，二者一个关注"学什么"，聚焦于"输入"，一个用以规范"学会什么"，聚焦于"输出"。从常识来看，之所以设定这样的"输入"，是期望有那样的"产出"，而特定的"输出"一定依赖于特定的"输入"。而且，只有当对"输入"和"输出"进行一致性的设计时，二者才能在实践中形成合力。

换句话来讲，内容标准与质量标准是可以互补而成为相辅相成的合力的。

从世界范围内的改革经验看，标准驱动成为各国推进与深化基础教育课程改革的一个重要亮点，而现代课程标准已经将传统意义上的内容标准和学业质量标准融为一体了，这也体现了课程标准的应然发展趋势。自新课程实施以来，我国学科课程标准的形成与发展经历的两个阶段——过渡期（2001—2014年）和初创期（2014年至今）——也正体现了这样的趋势：前一阶段实现了从学科教学大纲到学科内容标准的逐渐过渡，后一阶段实现了从学科内容标准到由核心素养统领的"内容标准+学业质量"的初步发展。

（四）我国新修订的国家课程标准的定位

基于上述对课程标准的认识，我国正式颁布了新修订的普通高中课程标准（2017年版2020年修订）和义务教育课程标准（2022年版），并对国家课程标准做出了明确的定位，这样的定位包含了如下三层意思。

一是强调课程标准的属性。课程标准体现的是国家意志，不是参与研制和修订的专家的个人学术见解和主张。这是课程标准权威性的根据，具有一定的强制性。各行各业都有国家标准，课程标准就是国家教育标准的重要组成部分。

二是提示课程标准的文本构成。国家课程标准主要由课程性质、课程理念、课程目标、课程内容、学业质量和课程实施等部分组成，其中课程性质是对一门课程的"定性"，课程理念是对本次课程改革的"定位"，课程目标反映的是该课程所要培育的核心素养的要求，课程内容是这门课程所规定的学习范围、对象和学业要求，学业质量是用学科知识内容整体刻画核心素养的落实程度，课程实施是根据课程标准进行的教材编写、教学、评价考试等活动。这六个板块相对完整地阐述了一门课程的主要教育教学问题。

三是规定课程标准的作用。所有标准都具有"准绳""尺子"的规范和依据作用，课程标准"是教材编写、教学、考试评价以及课程实施管理的直接依据"。所谓直接依据，也就是刚性的要求，国家和学校组织的一切有关课程的活动都必须基于课程标准，教科书必须依据课程标准编写，教学必须依据课程标准展开，考试评价必须依据课程标准命制试题。课程标准是带有法的性质的课程活动纲领、准则，或者说是一门具有法律法规性质的实践性的"教

> 基于课程标准的教学应该是千姿百态的，而不应是像工厂产品似的标准化、模式化，广大教师要如八仙过海一样各显神通。

育学"。

二、基于课程标准的教学有何本质属性？

（一）传统的课程教学方法及其弊端

基于课程标准已成为当下教学的刚性要求，那么基于课程标准的教学的本质属性究竟体现在哪里，这是教师在教学活动开展之前需要明确的一个问题。为了更好地理解其本质属性，我们有必要先对新课程改革前传统的课程教学方法及其存在的弊端做一个回顾和剖析。

众所周知，我国中小学教学长期存在两种类型，即基于经验的教学和基于教科书的教学，即便新课改强调基于课程标准的教学，上述这两种教学其实依然有不同程度的存在。

第一种类型是基于经验的教学。在课堂教学中，"教什么"和"怎么教"主要依赖于教师自身的经验，至于"为什么教"和"教到什么程度"还没有真正进入教师关注的领域。虽然教学经验是教育教学中不可或缺的一部分，但传统的经验教学也有其不足之处，主要表现在以下两个方面：一是教师的教育理念及其拥有的经验主宰着学生的发展方向和学习结果，导致学生的成长和发展具有很大的偶然性。跟着名师读书，更有可能做到"强将手下无弱兵"；而学识素养、教学水平均一般的教师则很难教出杰出的学生，这也是客观事实。二是随着社会的发展，教育需求逐渐扩大，基于教师经验的教学失去了它的现实性，造成教学随意性很强，更不要说优化教学内容了。也正是从这个意义上说，有学者认为，教师教给学生的还是小集团内流行的或个人现行生产的"知识"，而那些阐释、变异、生产，往往是不自觉的、即兴的、无理据或者仅以"我以为"的个人性反应为理据的，从来没有被要求做学理的审查。僵化和随意性过强并存是基于经验的教学的严重问题。

第二种类型是基于教科书的教学。很长时间以来，教师的课堂教学主要有三大依据，即教学大纲、教科书和考试，其中重点是教科书，因为教科书是代表国家意志的教学文本，也是直接用来教学的操作手册。随着教科书的不断完善和推广使用，教学的面貌也得到了极大的改善。教科书越来越成为教学的主要依据，对"教什么"和"怎么教"起着决定作用。由于基于教科书的课程实施中的"课程"几乎等于教科书，因此大家把教科书视为唯一的课程资源，把教科书看作学科知识体系的浓缩和再现，以及学科知识的载体和教学内容的组织与呈现，而教师在基于教科书的课程实施中也就顺理成章地成为照本宣科的"教书匠"。再从学生方面来看，他们往往视教科书的内容为定论的知识，学生的学也只是围绕着感知、理解和记诵教科书中的内容而展开。长此以往，学生形成了死记硬背的习惯，批判、反思和意义建构等探索精神和能力在这种教学模式中很难得到创造性的发展，更谈不上核心素养的培育。

综上所述，无论是基于经验的教学还是基于教科书的教学，都是教育在不同历史发展阶段的时代产物，具有一定的合理性，但也存在局限性。基于经验的教学的最大问题在于国家意志的落实无法得到保障，在于作为一种专业的教学实践无法获得社会认证；而基于教科书的教学从某种程度上说保证了把要教的内容都教给学生，但无法保证不出现"书已被教完，然有无育人却无从可知"的情况，从课程的视角来看，基于教科书的教学关注到了教什么、怎么教的问题，而没有一致性地关注到为什么教、学生学会了什么的问题。因此，随着我国基础教育课程改革进入课程标准时代，教师的教学必须要依据课程标准。

（二）基于课程标准的教学需要澄清的三个问题

如何正确理解"基于课程标准的教学"？在日常使用中，我们通常会见到各种不同的理解，有的甚至是典型的"望文生义"。因此，我们有必要首先澄清一些模糊的认识。

第一，基于课程标准的教学不是要求教学标准化。经常有人用所谓"好课"的标准直接来作为衡量教学优劣的标准，从而使大部分教师置教学实际于不顾，只注重一些外化的形式，一味追求"好课"的标准，盲目效仿别人的"优质课"，过于重视教师抑扬顿挫的讲课和学生的整齐划一，致使公开课变成千篇一律的模式，如此课堂教学实际上变成了课堂表演，而真正需要体现的课程标准反而靠边站了。基于课程标准的教学不是以上级或专家规定的"好课"标准进行课堂教学，而是按照课程标准所倡导的理念与目标来展开教学；

> 基于课程标准的教学应该是千姿百态的，而不应是像工厂产品似的标准化、模式化，广大教师要如八仙过海一样各显神通。

不是模仿别人的"优质课"开展教学活动，而是基于课程标准创造自己的"优质课"。基于课程标准的教学应以学生为主体，充分考虑学生的差异性以及接受能力和需求。因此，基于课程标准的教学应该是千姿百态的，而不应是像工厂产品似的标准化、模式化，广大教师要如八仙过海一样各显神通。

第二，基于课程标准的教学不是一种教学方法。基于课程标准的教学是一种理念，而不是某一种或一类教学方法。课程标准的制定要求教师不仅以课程标准为依据确定教学目标、设定教学内容，还需要引领学生经历由相应内容转化成素养目标的必经过程。如前所述，新课程标准实现了内容标准和学业标准的整合，并以教学理念、教学提示、教学建议、教学案例等提供了过程标准，这些过程标准反映了内容转化为素养的必由之路，不同的内容和素养要求也规定了不同的具体方法。基于课程标准的教学，本身就要求运用特定素养目标达成所需要的具体的不同的方法。

第三，基于课程标准的教学不是教学内容和课程标准的简单对应。教学内容和课程标准不是简单的一一对应，"课程标准涉及的内容我就教，课程标准没有涉及的内容我就不教"，这显然是错误的。基于课程标准的教学要求教师根据教学目标适当地处理教学内容，选择适合学生接受水平和需要的教学内容，或者基于课程标准和教学实际改进教学内容，该增的增，该删的删，该换的换，该合的合，该立的立。要充分依赖教师创造性的发挥，做出正确的课程决定，而不是死抱着课程标准所涉及的教学内容不放，缺乏教学的灵活性。况且，由于学科的性质不同，各学科课程标准对内容规定的方式、数量也不同，有些学科如语言类课程标准是不规定具体内容的。课程标准的主要功能体现在规定该门课程学习的结果标准，而不是规定所有教学内容的标准，这也是课程标准比教学大纲先进之所在。

（三）基于课程标准的教学的本质属性

那么，究竟什么是"基于课程标准的教学"呢？简言之，基于课程标准的教学就是教师教学不能直接依据教科书、经验，而是立足教科书内容、课程标准的要求开展的一系列教学设计、实施与评价的活动。具体来说，基于课程标准的教学的本质属性体现在以下三个方面。

第一，教学必须遵循课程标准所倡导的课程理念。理念是行为的先导，教师要真正实施基于课程标准的教学，就必须学习、认同并落实课程标准所倡导的课程理念，并依此引领和规范自己的所有教学行为。譬如，语文教师开展教学时就必须要遵循语文课程标准（2022年版）中提出的五条基本理念：立足学生核心素养发展，充分发挥语文课程育人功能；构建语文学习任务群，注重课程的阶段性与发展性；突出课程内容的时代性和典范性，加强课程内容整合；增强课程实施的情境性和实践性，促进学习方式变革；倡导课程评价的过程性和整体性，重视评价的导向作用。

第二，课程标准是确定教学目标的直接依据。教学目标来源于课程标准。教师需要深刻理解课程标准，把握对学生的总体期望，将课程标准具体化为每个学期、单元、课时的教学目标。新颁布的课程标准是素养导向的"目标一族"，课程/学段目标是核心素养的目标化表述，学业质量是课程阶段性学习后在学生身上可测可评到的核心素养落实情况，内容/学业要求是具体课程内容的目标要求。教师要在学期、单元、课时三个层面来对应课程标准中的不同目标，如，依据课程/学段目标和学业质量确定学期目标；依据学期目标，对照学段目标、学业质量、内容/学业要求，决定单元目标；最后，将单元目标进一步具体化为课时目标。

第三，用课程标准中的教学要求规范教学过程。当教学目标确定后，教师需要参照课程标准中相应的教学要求，如教学提示、教学建议、评价建议、教学与评价案例等，规划与设计具体的教学过程，以落实课程标准的教学活动要求。当然，在这一过程中，教师也一定要研读教材、研判学情、参照教参、评估可利用的资源等。

三、基于课程标准的教学实施需要注意什么？

毫无疑问，随着2022年版义务教育课程方案和课程标准的颁布，教学必须要依据课程标准来执行，这已经是不以教师意愿为转移的客观趋势了。然而，无论是教学设计，还是教学的实施与评估，基于课程标准的教学和传统的基于教师经验或教科书的教学还是有区别的。

传统教学的一般程序通常是教师根据经验或教科书来处理或确定教学内容，根据教学内容设计教学活动，实施教学、评价，得出学习质量的结论，

> 基于课程标准的教学应该是千姿百态的，而不应该像工厂产品似的标准化、模式化，广大教师要如八仙过海一样各显神通。

然后进入下一主题。基于课程标准的教学也需要一套专业的程序。综合国内外基础教育阶段的教学经验，以及我国二十多年来的课程改革实践经验，考虑到新修订的课程标准在内容呈现上的变化，基于课程标准的教学程序主要有以下三个步骤。

第一步，从课程标准到学期课程纲要，以替代原先的教学进度表。传统上，教学进度表是教学计划时代的产物，教师的主要任务是教教材，因此，教师在新学期开始常常将制订教学进度表作为首要任务。有了国家课程标准后，新学期开学前，教师拿到教材后，就要研究教材目录，了解本学期甚至一个学段各个学期的主要内容，然后根据这些内容所涉及的大主题，研读课程标准中相关学段的目标、学业质量，研究学情、资源等，以确定每个学期的课程目标，并根据教材内容安排、知识地位、学情、资源等，规划本学期的单元及其课时数，设计本学期的教学与评价，形成学期课程纲要。学期课程纲要就是教师依据课程标准、教材、学情、课时、资源等要素科学规划一个学期的课程，并用纲要的形式呈现该学科课程的校本化文本。它的内容主要涉及某课程一个学期的课程目标、内容安排（相当于教学进度）、教学实施与学业评价四个方面。它是学校、教师落实国家课程标准的重要标志，也是教师"用教材教"、参与课程开发、将国家课程校本化的关键表现。

第二步，依据学期课程纲要，设计大单元教学。学期课程纲要代表一个学期课程教学的总体安排，包括结合相关教材的内容，规划好本学期的单元教学安排。接下来，教师要对标课程标准中的学段目标、学业质量、内容要求或学业要求，并综合考虑学情分析、教材分析、资源评估、课时情况等因素，确定每个单元的目标、评价任务和教学过程，即把单元作为一个教学实施单位进行整体设计。单元目标一般要求3—5条，每条要明确落实素养的要求，要有"目的地"的形象，但不一定要具体，因为下面还有分课时的目标。目标确定后，要紧跟形成性评价任务的设计，而不是以往教学设计中的重难点。形成性评价任务的实质是检测目标是否达成的过程性学习任务，将其置于目标与教学过程之间，这是逆向设计的标志，也是有效教学的关键。评价任务的设计既要匹配目标（不一定是一对一的关系），又要清晰、可行，且要便于嵌入后续的教学过程中，以体现"教—学—评"一体化设计。当目标明确了，与之匹配的形成性评价任务设计好了，接下来的任务就是设计如何开展教与学的活动，以实现至少有三分之二的学生达成目标。大单元教学过程设计的难点在于教师如何超越以前的"一课时"教学实施的局限，而认同并熟练把多课时作为一个教学实施单位的做法。也就是说，教师首先要把多课时（最多的如小学一年级语文一个单元的教学可能需要16课时）集中在一起作为一个教学单位来处理，教师直接处理的对象已经不是过去的知识点、课文、提问或小活动，而是在明确本单元的核心素养培养要求是什么、形成性评价任务有哪些等内容之后，进一步思考教材中相关的内容或课文如何整体安排、用哪一种组织者（大任务、大问题或大观念）更加适合上述素养要求，课时如何整体布局和安排有利于学生学习，形成性评价任务如何嵌入、嵌在哪里，创设什么样的情境，设计什么样的任务或问题，建构什么样的问题链、任务串或观念层来组织整个单元的内容……这样的大单元教学设计就是一种基于课程标准的整体性的设计，不然，单元设计只是一种噱头，课程标准"高高挂起，但没有落地"，单元不是整体，不是"各个课时的相加"。

　　第三步，实施、评估与改进大单元教学方案。方案是蓝图，实施更关键。教师设计好大单元教学方案后，还需要研读课程标准中的相关内容，如课程理念、教学提示、教学建议、评价建议、教学与评价案例等，处理好预设与生成、低阶目标与高阶目标的关系，落实"教—学—评"一致的教学，不断获取并分析目标达成的评价信息，并据此做出教学决策。在实施过程中，还需要落实育人导向的教学方式的变革，以单元为一个独立的教学单位，整体布局学习活动或任务的分配，真正实现课堂教学的转型，如单元第一课时必须安排单元导学或概览，最后的几节课时需要安排与目标匹配的学习总结、作品汇报或成果展示等。单元教学结束后，需要获取多方面的评价信息，以改进原先的设计，并作为后续教师教学准备的起点。

▶ 拓展阅读……

1. 崔允漷，雷浩.中国基础教育课程改革的70年历程：从规范为先的教学体系到育人为本的课程制度［J］.人民教育，2019（22）：50-52.
2. 崔允漷.课程实施的新取向：基于课程标准的教学［J］.教育研究，2009（1）：74-

> 基于课程标准的教学应该是千姿百态的，而不应是像工厂产品似的标准化、模式化，广大教师要如八仙过海一样各显神通。

79，110.

3. 崔允漷，郭洪瑞. 试论我国学科课程标准在新课程时期的发展［J］. 全球教育展望，2021，50（9）：3-14.

4. 崔允漷. 追问"学生学会了什么"：兼论三维目标［J］. 教育研究，2013，34（7）：98-104.

5. 余文森，龙安邦. 论义务教育新课程标准的教育学意义［J］. 课程·教材·教法，2022，42（6）：4-13.

13. 大单元教学

新教学的重要表征，其实质是帮助学生建构有组织的学习经验，涉及高阶位的素养目标、多课时合一、有明确的组织者（大问题、大任务或大观念），是一种微型课程计划。

《义务教育课程方案（2022年版）》在第五部分"课程实施"中提出了"深化教学改革"的四条路径，进一步提出要"探索大单元教学，积极开展主体化、项目式学习等综合性教学活动，促进学生举一反三、融会贯通，加强知识间的内在关联，促进知识结构化"。大单元教学是综合性学习的前提条件，也是学科实践的重要载体，因而是新课程落地的必然选择，是核心素养导向的教学表征。那么，大单元教学从何而来？大单元教学到底是什么？在实施大单元教学中需要着重关注哪些方面？本章将尝试回答上述问题。

一、大单元教学从何而来？

厘清大单元教学的思想源流与核心内涵是开展大单元教学的前提。历史地看，大单元教学来自单元整体教学，而单元整体教学源于对分科教学的反思。

（一）分科教学的局限：被分割的学习

分科教学的思想由来已久。早在古希腊时期，亚里士多德就曾提出初等教育的分科应有四种，包括阅读、书写、体育锻炼、音乐和绘画，但并未明确提出分科教学的概念。直到1632年夸美纽斯发表了《大教学论》，才第一次正式地提到了分科教学的思想，并在其著作中专门论述了科学教学法、艺术教学法和语言教学法的具体方法。[1] 分科教学具有逻辑性和独立性的突出特点，注重基础知识和基本技能的学习。[2] 然而，由于分科教学过分注重学科内容自身的逻辑体系，不恰当地强调各学科之间的区别，在不同学科之间制造了界限严明的学科壁垒，破坏了知识之间的整体图景，导致学生不能掌握不同学科知识之间的相互关系。可以说，传统的分科教学很容易武断地将学生的学

---

[1] 夸美纽斯. 大教学论 [M]. 傅任敢, 译. 北京：教育科学出版社, 2014：124-145.
[2] 李泽林. 分科教学的历史演进与现实反思 [D]. 兰州：西北师范大学, 2005：13.

> 大单元教学中的单元是一种学习单位，一个单元就是一个教育事件，也是一个完整的学习故事。

习分割为互不联系的、不切实际的片段，使学生无法将所学知识联系起来。

（二）走向知识间的相互联系：单元教学的演变

19世纪末，随着欧洲"新教育运动"的兴起，单元教学逐渐进入人们的视野，认为教学应依据"整体化"和"兴趣中心"的原则进行，主张通过单元教学来进行教育和教学。随后，美国进步主义教育家克伯屈秉承其师杜威"做中学"的教育思想，提出了"设计教学法"，又称"单元教学法"[1]。其一大亮点就是选用"学习单元"的模式，不再以学科内容为课程设置的唯一依据，而是强调根据学生兴趣重新组织安排全部的教学内容，进而打破传统的学科界限，重视不同知识之间的相互联系，并在这样的单元活动中使学生获得知识和解决实际问题的能力。[2] 美国学者莫里森（Morrison, H.C.）也认为，学生的学习不是记忆背诵零碎的学习材料，而是获得某个方面完整的经验，并提出了"单元教学法（unit teaching method）"，将学习内容划分为完整单元再进行教学，目的在于改变偏重零碎知识和记忆文字符号的教学。[3] 虽然单元教学的出现弥补了分科教学的不足，强调了知识之间的关联性，但这一时期的单元教学对单元的划分和设计、学生的学习过程的指导较为粗糙，与学生的实际生活缺乏联系，无法为学习提供真实情境；同时，这样的单元教学在实施过程中也缺乏对学生个体情感、态度和价值观的关注。

（三）指向核心素养的目标：大单元教学的提出

随着核心素养时代的到来，我国近年来新修订的普通高中课程标准和义务教育课程标准都提出了从过去"以内容标准为核心"转变为"以核心素养为导向"的"目标一族"（课程/学段目标＋内容/学业要求＋学业质量）的新要求，明确落实立德树人根本任务。素养目标的提出对我国原有的教学设计和实践带来了巨大的冲击。在强调基础知识和基本技能的时期，教学设计的重心在于对"教"的设计，多以"课时""知识点"为设计单位，聚焦于

---

[1] Kilpatrick W H. The project method [J]. Teachers College Record, 1918, 19（4）：1–5.
[2] 李定仁. 教学思想发展史略 [M]. 兰州：甘肃教育出版社, 2004：175–176.
[3] Morrison H C. The practice of teaching in the secondary school [M]. Chicago: The University of Chicago Press, 1926：661.

教材中已经划分好的章节和零散的知识点。与之对应的教学注重学生习得知识点，却无法保证运用和迁移能力的发展。可以说，传统教学已经无法满足素养时代的新要求，亟须找到能够促进学生核心素养发展的内容组织方式。核心素养具有整体性、实践性和反思性，因此无法只通过学习单一知识点的方式培育，需要考虑知识与素养、教学设计与素养发展之间的联系，即如何通过教学设计在知识与素养之间搭建一座沟通的桥梁。在此背景下，指向素养目标的大单元教学应运而生。

二、大单元教学究竟是什么？

可以说，大单元教学既是一种历史选择，也是一种现实诉求。对于推进素养导向的课程教学改革而言，大单元教学有着举足轻重的理论与实践意义，我们有必要厘清其本质内涵。

（一）大单元教学的本质在于建构有组织的学习经验

从目前的研究来看，大单元教学还没有一个公认的、精确的学术定义，但不难看出，大单元教学的本质就是为学生建构可迁移的有组织的学习经验。大单元教学中的单元是一种学习单位，一个单元就是一个教育事件，也是一个完整的学习故事，因此一个单元就是一个微课程，即指向素养的、相对独立的、体现完整教学过程的课程细胞。可以看出，指向素养目标和有组织的学习经验是大单元教学的应有之义。大单元教学为何一定是指向素养目标？第一，核心素养的培育是新课程标准中为帮助学生应对复杂现实社会的变革挑战所提出的育人目标，具有强大的实践性和统整性，关注的是学生的整体发展，是为了赋予学生应对未来社会挑战的力量。核心素养是大单元教学的出发点，也是最终归宿。第二，以往"知识为本"的教学已经无法助力学生实现素养目标。传统教学总是关注零散知识点的学习，教学设计总是以"课时+知识点"为设计单位，实现的是知识点习得的目标，而不是掌握知识之间的联系以及运用和迁移所学知识的素养目标。因此，也只能证明学生对知识点的记忆程度，无法判断素养的形成。随着当前课程目标从碎片化知识点的习得到核心素养的生成，素养目标的出现呼唤着教学设计的革新。也就是说，

> 大单元教学中的单元是一种学习单位，一个单元就是一个教育事件，也是一个完整的学习故事。

大单元教学应是素养导向的，其实施过程就是落实素养目标的过程。

正是因为核心素养具有实践性、综合性的特点，是一种复杂高阶、人性化和社会化的综合表现，因此其发展是具有整体性的，也就不能仅仅依靠单一知识点或某节课来实现。[①] 为实现素养目标，学生的学习必须打破传统单元教学的壁垒，把教材单元转变为学习单元，对以往教学中知识的简单排列和专注技能训练进行纠偏，强化知识间的内在联系。要摒弃以课时或零散知识点为设计单位的碎片化设计，以"单元"为内容组织的最小单位，将以往零散的知识点学习变为有组织的学习。这就需要对课程内容进行结构化组织，即对学生学习经验的结构化组织。需要明确的是，课程内容是学习经验，而非知识点。知识点是学科的要素，是学科内容的组成部分，常以概念、主题等方式呈现。知识点是重要的学习内容，是"学什么"的代表，是学习经验的一个组成要素。但要与素养目标相匹配，课程内容就不能只涉及"学什么"，还涉及"怎么学"、"为什么学"以及"学了以后在什么情境下应用"等问题。同时，课程内容既受目标类型的制约，又要便于后续的教与学。因此，课程内容要经过专业化、专门化的选择与组织，即学习经验的结构化。可以说，指向素养目标的学习经验是需要经过专业的选择与组织的，大单元教学就是立足素养目标，围绕某个比较大的主题领域组织学习内容，实现化"学科知识"为"学习经验"。

（二）大单元教学的多重意蕴

统摄中心之"大"。关于大单元教学存在着一些常见的误解，其中之一是直接将教材中的单元等同于大单元，按部就班地按照教材中的单元划分方式设计教学方案并实施教学过程。这一误解会使大单元教学无异于传统的单元教学，仍无法走出单元即教材或内容单位的误区。另一种误解便是认为大单元中的"大"是指涵盖内容之多，习惯性地把与单元相关的知识和学习资源全部纳入教学设计中，企图面面俱到地呈现单元教学内容。[②] 大单元教学的目的是引导学生通过课程学习探索知识之间的内在联系，促进学生举一反三，

---

① 雷浩，李雪.素养本位的大单元教学设计与实施[J].全球教育展望，2022，51（5）：49-59.
② 徐鹏.核心素养语境下的大单元教学反思[J].中学语文教学，2021（4）：4-8.

将所学知识融会贯通。为此，大单元教学必须体现系统思维，强调学习内容之间的相互联系，再依据一定的内在联系进行"综合"。因此，大单元教学必然要求用指向素养目标的、更为上位的大观念、大问题或大任务来统摄学习内容，即找到能够统领学习内容的、具有提纲挈领作用的统摄中心或组织者。如果没有一个大的统摄中心或组织者，学生所学的知识还会是分散的，学习后很容易遗忘。但如果使用经过学习内容之间内在逻辑的分析后提取的统摄中心来组织学习内容，就可以帮助学生获得知识之间的内在联系，建立全新的知识结构，并将所学知识构建成一个具有意义的认知网络。

教师站位之"高"。只有对教学进行整体关照，才能实现促进学生核心素养发展的目标，也就意味着教师在进行大单元教学设计时的站位要"高"，要超越对单一的知识点和技能的习得要求，从培育学生核心素养出发，突破原有教学设计的站位，站在"学科育人"的高度思考教学。以往基于课时或知识点的教学设计总是更加关注学生通过学习能够习得什么样的知识或事实，并不太关注学生在习得知识后如何运用和迁移。然而，学校课程的目标是为了将学生培育成为拥有关键能力、必备品格和正确价值观的时代新人。因此，教学设计的出发点不再是让学生能够学会教材中规定的内容，而是让学生通过掌握这些学习内容促进其核心素养的发展。大单元教学设计的高站位就是需要教师系统思考"为什么教"、"教什么"、"怎么教"和"教到什么程度"等课程问题。

学习经历之"完整"。这里所谓的"完整"既包含学习时间的完整，也包含学习过程要素的完整。第一，学习时间维度上的完整性是指避免传统的"课时"逻辑对学生学习经历的分割，强调"以学习定时间"而不是"以时间定学习"。当按照课时进行单元教学时，会导致一节课上完了但相关的学习内容并没有学完；当进行下一课时的学习时，学生早就遗忘了上一课时所学的内容。学习时间的不衔接就会使得学生没有机会探索学习内容的内在联系，不利于学生形成有助于学习的认知网络。而大单元教学是多个课时的集合，教师在进行大单元教学时首先是依据素养目标，确定应包含的内容，再对内容进行合理的课时划分，以保证不同课时内容之间的联系和学习内容的连贯性与逻辑性。大单元教学从固定教学时长的模式中脱离出来，走向了学习历程灵活多样的时间模式。第二，学生学习经历的完整性还在于保证学习过程要素的完

> 大单元教学中的单元是一种学习单位，一个单元就是一个教育事件，也是一个完整的学习故事。

整。既然大单元教学中的"单元"是一个完整的学习故事，是一个微课程，就应包含课程目标、课程内容、课程实施与课程评价四个课程设计要素。[①] 课程目标的确立要依据课程标准、教材内容和学情；学习过程要体现学生学习环节和历程的完整性与进阶性；学习任务的设置要符合学生认知规律；学习活动的规划要超越简单的知识理解、陈述和记忆，旨在为学生提供运用所学知识解决真实问题的机会。"学为中心"的理念倡导教学要聚焦学生学习过程，关注学生"何以学会"。因此，大单元教学的教学设计要从"期望学生学会什么"出发，体现学生学习的完整过程。

三、如何在实践中系统设计大单元教学？

新课程所倡导的大单元教学既是新时代教学设计应遵循的一种教育理念，又是一种生动的教学实践。作为一种教育理念，大单元教学的提出实则是对教师的教学观提出了变革要求，教师应注重对学生的核心素养进行培育，提升学生面对复杂情境时的问题解决能力，并使学生在学习过程中逐步具备现代公民应有的素质与品格。作为一种教学实践，大单元教学是为顺应核心素养时代的育人要求而提出的，需要教师在实践中凸显学习立场，呈现学生何以学会的历程，不仅关注对知识的传授，而且更强调对学生能力、情感、态度、价值观的培育，使学生能够具备实践能力、创新精神、批判性思维和交往协作能力。大单元教学作为一种素养导向的、专业性强的新教学方式，要遵循科学的设计逻辑和规划严谨的实施步骤。在设计时，需要集中体现目标、内容、实施和评价以及保证其一致性。基于这一理解，经过十多年的实践经验总结，大单元教学设计要考虑以下六个核心要素：单元名称与课时、学习目标、评价任务、学习过程（进阶）、作业与检测、学后反思（见表13-1）。

---

① 雷浩，李雪. 素养本位的大单元教学设计与实施[J]. 全球教育展望，2022，51（5）：49-59.

表 13-1　大单元教学设计编制指南

编号	要素	理解与编制要点
1	单元名称与课时 在多长时间内学什么	（1）理解：单元必须有名称，通常是单元主题或课程内容的组织者（统摄中心）；必须有明确的课时数。 （2）编制：选择大观念、大问题或大任务作为单元的组织者；依据目标、知识地位、学情定课时。
2	学习目标 期望学生学会什么	（1）理解：学习目标是单元的灵魂、出发点或归宿；依据课程标准、教材、学情、资源定目标。 （2）编制：3—5条；要可观察、可测量、可评价；每条目标均需指向核心素养；目标相互之间要有关联；要符合句法结构；可分解成具体任务或指标；要保证至少三分之二的学生能完成。
3	评价任务 何以知道学生学会了没有	（1）理解：评价任务就是检测目标是否达成的学习任务，目标指向哪里，评价任务必须跟到哪里；以表现性评价为主。 （2）编制：与目标匹配，但无须——对应；要可操作。
4	学习过程（进阶） 学生需经历什么样的学习	（1）理解：对至少三分之二学生适用的进阶式学习过程；符合学生认知发展过程，为学生提供助学支架。 （2）编制：体现学习的进阶（递进或拓展）；落实学生自主建构或社会建构；评价任务的嵌入，体现"教—学—评"一致；提供学习支持，如资源、路径、前备知识提示等建议。
5	作业与检测 学生需怎样练习或巩固	（1）理解：作业是学生学习的必要组成部分，即"学需要习"；整体、校本化设计作业以及单元测验。 （2）编制：包括课前、课中与课后作业，巩固题、检测题与提高题（供选做），体现差异；论述或综合题要包括情境、知识点（可多个）与任务。
6	学后反思 学生需怎样管理学习	（1）理解：所学知识、技能与能力是通往素养的必要路径；素养是反思或"悟"出来的。 （2）编制：对接素养目标，设计反思支架、路径；定位反思水平：复述（回忆、陈述），关联（知识间、所学与自我），转化（解决问题或具有自知之明、形成正确的观点或观念）。

为进一步说明大单元教学在教学实践中的应用，下文将结合案例呈现如何在实践中系统设计大单元教学的六个核心要素。

（一）如何规划一个学期的单元、课时与组织者？

当教师拿到教材后，翻开目录页，首先研究本学期的内容涉及哪些大主

> 大单元教学中的单元是一种学习单位，一个单元就是一个教育事件，也是一个完整的学习故事。

题，以及教材是否已经按单元或篇章呈现了；然后研读课程标准的内容要求、学业质量标准等部分的内容，结合对学情的把握，确定本学期的课程划分成几个单元，每个单元的素养要求及课时量，以及与之匹配的单元组织者。单元名称既可以直接用教材中的大主题，也可以采用大任务、大问题或大观念来命名；课时应在规定的课时范围内根据知识地位来确定；什么样的组织者更合适？这取决于单元的目标、课时与教师自身的能力或勇气。以语文为例，统编教材的语文是以单元的方式来呈现的，但单元没有名称，内容也没有完全结构化，且没有规定每个单元包含多少课时。语文老师在学期开始前，需要依据课程标准、教材、学情、资源等，规划单元名称、课时分配以及每个单元的课文与习作如何结构化，如果一个大任务统整不了原单元的所有课文，比如由三篇现代文和一篇文言文组成的四篇课文，在进行大单元设计时，可以将三篇现代文与习作结构化，还有一篇文言文单独处理，将原先的单元设计成"大单元+"。而数学教材通常以章节的方式呈现，教师可以以某一章的知识为基础进行大单元设计。

（二）如何确定并叙写单元学习目标？

规划好一个学期的单元之后，接下来就要用设计大单元教学的要求处理教材内容了。清晰、恰当的学习目标是大单元教学的前提，只有为学生明确单元学习的目标才能保证学习过程和学习评价有据可依。可以说，学习目标是单元教学的灵魂和指路明灯，具有统领的作用。学习目标的确定与叙写可以采用"五步三问法"：一看教材目录主题，二对标学业质量和内容要求，三定本单元素养要求，四搭叙写句法结构（即三问：此主题需要获得什么学习结果？此结果需要经历什么过程？最终达成什么样的素养表现？），五查可测可评。以统编语文教材四年级下册第五单元为例，该单元的目标确定如下：

（1）借助字理、语境等识字方法【过程】，认识至少10个生字，会写至少24个字，读准1个多音字【结果】，归类整理描写景物的词语，感受语言的优美【表现】。

（2）熟读四篇游记【过程】，理清作者按游览顺序、移步换景、抓住重点、写出变化等描写景物的方法，丰富阅读经验【结果】，感受祖国的奇美景观和大好河山，表现出对祖国江河山川的热爱之情【表现】。

（3）选择一处自己游览过的印象最深的风景【过程】，运用积累的词语和写作方法，写出自己心中的美景【结果】，表达真情实感，并乐于与同学们交流【表现】。

（三）如何确定单元评价任务？

评价任务的意义是检测学生在大单元学习中是否达到了预期的结果，是用来判断学生学习目标达成程度的证据。评价任务置于学习目标之后、学习过程之前，这叫"逆向设计"。其意义有三：一是让目标发挥应有的功能，有目标必须有评价，否则课堂教学就有可能失去方向，即通常所说的"开无轨电车"；二是可以校正目标的叙写是否过于笼统，目标确定后马上确定评价任务，如果评价任务无法确定，那就要修改目标，因为有可能所写的目标出现"假大空"的情况；三是便于落实"教—学—评"一体化设计，后续设计学习过程时，可以将分解后的评价任务对应地嵌入教学过程中。

评价任务的确定首先需要与目标匹配，即目标是目的地，目的地在哪儿，就要评价学生是否到达那里；其次，要考虑条件及情境因素，如时间、空间、资源等；最后，倡导真实情境中的问题解决，即强调学以致用。以普通高中语文必修下册第七单元《红楼梦》整本书阅读的评价任务为例，如下所示：

（1）运用所学的人物分析方法对自己感兴趣的其他人物角色进行评析，并与大家分享。（指向目标1）

（2）完成制订《红楼梦》整本书阅读计划和周阅读单。（指向目标2）

（3）进行小组活动，交流和展示以情节、人物环境、诗词、主题为探究内容的各小组的成果。（指向目标3）

（4）通过研讨会学习吸收或评论他人的观点，能够清楚地陈述自己的收获和观点。（指向目标4）

（四）如何设计进阶性的学习过程？

学习过程的重心在于体现学生如何学会。大单元教学中学习过程的设计是在学习目标和评价任务的基础上，找出何种学习活动能够促进学习目标的达成。学习过程的设计包含了学习活动和经验形成的设计，即设计教学活动、支架、策略、流程，促使学生形成有效的课程经验。进阶性则是指学习活动或任务在学习过程中是如何组织和嵌入以实现进阶的。进阶一般是指学生在不同阶段思维能力或素养的发展，一般体现为这几个方面：保证不同阶段学习内容之间的连贯性；每个阶段的学习要为更高阶的学习打好基础；遵循学生知能发展的规律，循序渐进地开展学习活动。以普通高中语文必修下册第七单元《红楼梦》整本书阅读的学习过程为例，如下所示：

第一阶段（导读）：

任务一：简单交流阅读情况和体验，完成教师提供的学习单上的学习活动。

任务二：阅读原著或查阅资料，和同学交流阅读时的"趣点"。

第二阶段（自主阅读）：

任务：深入阅读，完成周阅读单的制订，并交由教师进行评价。

第三阶段（专题探究）：

任务一：梳理主线情节，整体把握情节梗概。

任务二：合作探究，领略情节安排的特点。

任务三：聚焦重点情节，反思情节发展规律。

……

第四阶段（阅读交流）：

任务：准备好交流的文本、材料，进行小组汇报，并进行师评与同伴互评。

（五）如何设计作业与检测？

作业与检测在大单元教学中的存在价值是验证学生是否真的学会了，也就是检测原定的学习目标是否达成了，因此要保证其与学习目标的适配度。作业与检测的整体性体现在能够对大单元内各课时的作业内容、类型、难度进行整体规划，保证不同课时、类型作业之间的关联性和进阶性。作业设计还要体现分层，让学有余力的学生做更有挑战性的作业，体现作业的选择性。要尽可能减少机械的、重复操作性的作业训练，多设计帮助学生实现思维进阶的作业与检测。例如，在普通高中语文必修下册第七单元《红楼梦》整本书阅读的大单元教学设计中，教师设计了完成学生自己设计的周阅读单的记录、完成最后的小组汇报等具有一定创新性、实践性的作业和检测，为做好最后的小组汇报，学生需要在课后准备相关的文本、材料或展示用的PPT。

（六）如何设计学后反思？

反思是保证学习活动能够在深层次发生的基本条件。[①] 学生只有经历反思才能对自己的学习产生新的认识和理解，内化成为自己的学习经验，最后更新和完善自己的认知结构和知识体系。只有当学生通过反思生成了具有意义的学习经验，重构了经验体系，才能促进核心素养的生成。大单元教学中的学后反思不只是对学习经历的简单回顾，更是为学生提供对自身学习经历和结果再认识的路径。反思性支架帮助学生对学习历程中使用的学习方法、策略和学习过程中的行为进行回顾和思考，从而厘清在学习历程中的优势和劣势，对学习进行调节。引导学生借助反思性支架进行学后反思，实现教下去的是知识，留下来的是素养。因此，在进行学后反思的设计时，可以遵循"三阶六级"的原则（见表13-2）。单元学习之后反思的设计需要不断提高阶位，不能总是停留在复述水平，要保证学生在能够复述的基础上，将所学知识建立关联，最终实现转化。

表13-2 学后反思的三阶六级水平

阶	级	特征描述
一阶：复述	一级	回忆刚学过的知识中一些有价值的信息
	二级	复述所学的内容并能根据一定的规则将其组织起来
二阶：关联	三级	将所学的知识与已知的知识建立联系
	四级	将所学的知识应用于真实场景
三阶：转化	五级	运用所学知识解决真实情境中的问题
	六级	能在知识运用中形成自己的观点或信念

以人教版地理七年级上册第三章第三节"降水的变化与分布"为例，有位教师设计的学后反思如下所示。当然，每个单元的学后反思并不一定都会涉及三阶水平，这要视目标及学生的认知发展水平而定。

（1）通过本课的学习，你知道了关于降水的哪些知识？【复述水平】

（2）在绘制降水量柱状图时，你有哪些经验跟同学分享？你能根据降水

[①] 朱立明，冯用军，马云鹏. 论深度学习的教学逻辑[J]. 教育科学，2019，35（3）：14-20.

量柱状图分析降水的季节变化规律吗?【关联水平】

(3)你能说说你家乡的水利工程是如何根据降水的季节变化来调节水量分配的吗?【转化水平】

▶ 拓展阅读……

1. 崔允漷. 学科核心素养呼唤大单元教学设计[J]. 上海教育科研, 2019(4): 1.

2. 崔允漷. 素养本位的单元设计, 助力各国进入"素养时代"[J]. 上海教育, 2021(32): 22-25.

3. 卢明. 教案的革命 2.0: 普通高中大单元学历案设计[M]. 上海: 华东师范大学出版社, 2021.

4. 鄢亮, 曾宏, 王毓舜. 基于课程标准的学历案: 温江经验[M]. 上海: 华东师范大学出版社, 2020.

5. 威金斯, 麦克泰. 理解为先模式: 单元教学设计指南(一)[M]. 盛群力, 沈祖芸, 柳丰, 等译. 福州: 福建教育出版社, 2018.

14. "教—学—评"一致性

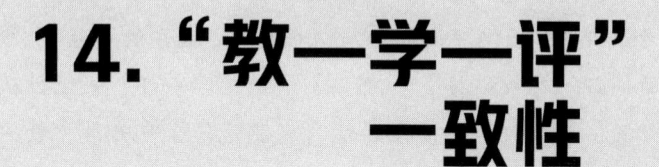

基于课程标准教学的实践要义，明确了目标与教、学、评之间的应有关系。既是有效教学的核心观念，也是教师教学的关键技术。

《义务教育课程方案（2022年版）》在第五部分"课程实施"的"改进教育评价"中明确提出："全面推进基于核心素养的考试评价，强化考试评价与课程标准、教学的一致性，促进'教—学—评'有机衔接。"那么，"教—学—评"一致性从何而来？"教—学—评"一致性的核心内涵是什么？开展"教—学—评"一致性又有哪些关键点？本章尝试回答上述问题。

一、"教—学—评"从何而来？

作为本轮课程改革政策文本提出的重要概念，"教—学—评"一致性其实有着比较漫长的发展历程。

（一）聚焦标准落地的一致性研究

自20世纪80年代以来，教育研究领域中的一致性问题经历了近四十年的探索积淀，借着"基于标准的教育改革"东风，逐渐成为一个热点话题，并不断作为"头条"出现在课程、教学与评价的专业书籍与期刊中。究其原因，主要是两股力量在推动：一是对"课程何以专业化"的理论探索，二是世界各国都在追求质量旗帜下做"好课程如何得到好结果"的实践努力。

由于美国学生在国际性大规模测试（如PISA、TIMMS等）中的糟糕表现，民众对现行教育体系普遍存在不满。为了缓解民众的情绪，并从根本上改善中小学的教学质量，美国在20世纪80年代发起了"由标准驱动并基于标准"的基础教育课程改革，并把课程与教学的一致性作为检测州、学校是否有效落实课程标准的一项关键性指标。"基于标准的教育改革"是一场以编制课程标准为起点，依据课程标准开展课程、教学、评价和教师专业发展等方面改革的国际性运动。[①] 美国教育专家波特（Porter, A. C.）和斯密森（Smithson,

---

① 汪贤泽. 基于课程标准的学业成就评价程序研究［D］. 上海：华东师范大学，2008.

J. L.）曾精辟地指出，"一致性是教育系统中基于课程标准的，并由之波及评价活动、课程资源及教师专业发展等各个方面的教育改革的核心概念"[①]。也就是说，一致性包括了课程、教学与评价的一致性。

最早提出"教学一致性"（Instructional Alignment）概念的是美国的教育心理学家科恩（Cohen，S. A.）。他用一致性概念来替代教学中的某些设计条件与预期的教学过程、教学结果之间的匹配程度，并通过研究发现，如果教学目标与评价的一致性越高，无论是普通学生还是天才学生都能取得好的成绩。据此，科恩提出"美国学校教育的平庸……更多的归因于教师的教学目标、教学实践以及评价三者之间的不一致"[②]。

（二）指向课程、教学、评价相吻合的一致性研究

虽然科恩等人提出了"教学一致性"的概念，但是他们并没有对一致性的内涵和外延做过多的阐述，而对一致性概念进行全面深入分析的要数美国教育评价专家韦伯（Webb，N. L.），并且就目前的研究状况来看，可以毫不夸张地说，韦伯关于一致性的界定已基本上成为其他研究者进一步研究的基础。在韦伯看来，一致性是指"两种或更多事物之间的吻合程度，即事物各个部分或要素融合成一个和谐的整体，并指向对同一概念的理解"[③]。韦伯的这些论述被阿南达（Ananda，S.）等人采纳，成为他们界定一致性的基础。除此之外，以美国州立学校主管理事会（The Council of Chief State School Officers）的《州标准与评价系统：一致性指南》为代表的绝大多数政府及大型研究文件也均采纳了韦伯的定义。

我国于2022年4月颁布了新修订的义务教育课程方案和课程标准，这标志着新时代国家育人蓝图的形成，也预示着新一轮义务教育课程改革进入实施阶段。新课标的实施在很大程度上是一个将正式课程转化为学生体验课程

---

① Porter A C, Smithson J L.Chapter Ⅳ: are content standards being implemented in the classroom? A methodology and some tentative answers [J]. Teachers College Record, 2001, 103（8）: 60-80.

② Cohen S A. Instructional alignment: searching for a magic bullet [J]. Educational Researcher, 1987, 16（8）: 16-20.

③ Webb N L. Alignment of science and mathematics standards and assessments in four states [R]. Madison, WI: National Institute for Science Education（NISE）, 1999.

的过程，而"教—学—评"一致性是课程转化的关键技术，强调学习目标、学习过程和评价之间的相互回应。正因如此，新修订的课程方案和课程标准均将其作为新课程实施的重要举措。

二、如何理解"教—学—评"一致性？

"教—学—评"一致性具有双重内涵：其一，从课程视角来看，涉及"课程标准—教学—评价"之间的一致性；其二，从教学视角来看，是指围绕学习目标来实现"教学—学习—评价"之间的一致性。这里主要从教学视角来分析其内涵和定位。

（一）课堂教学中的"教—学—评"一致性

尽管对一致性的关注肇起于教育质量监测时代自上而下的政策驱动，且重点是在总结性评价即考试如何与课程标准匹配上，而不是发源于对课堂教学本身的研究，但自上而下政策驱动的一致性研究却能够为课堂教学层面的一致性研究提供知识基础和研究思路，尤其是韦伯等人关于一致性概念的理解为课堂教学层面的一致性研究提供了重要的借鉴。本书结合韦伯等人对一致性的理解，将"教—学—评"一致性定义为在整个课堂教学系统中教师的教、学生的学和对学生学习的评价三个因素的协调配合的程度。

在课堂教学实践中，作为灵魂的"目标"，既是出发点，又是归宿，而"教—学—评"是基于目标展开的专业实践。没有清晰的目标，就无所谓"教—学—评"的专业实践；没有清晰的目标，也就无所谓一致性，因为判断"教—学—评"是否一致的依据就是教学、学习与评价是否都围绕共享的目标展开。也正因如此，有研究者把"教—学—评"一致性称作"目标—教—学—评"的一致性[①]，这是对已有研究思想——"教了，不等于学了；学了，不等于学会了"[②]的进一步操作化阐述。对课堂教学而言，"目标—教—学—评"一致性中的"目标"是指学生的学习目标，"教"是指教师帮助学生实现目标的指

---

① 崔允漷，夏雪梅."教—学—评一致性"：意义与含义[J]．中小学管理，2013（1）：4-6.
② 崔允漷．追问"学生学会了什么"：兼论三维目标[J]．教育研究，2013，34（7）：98-104.

> 素养导向的"教—学—评"一致性呈现出"学习中心"的特质，回应了核心素养目标对良性教学关系的期待。

导活动，"学"是指学生为实现目标而付出的种种努力，"评"是指教师和学生对学生学习表现的评价，以监测学生的目标达成。可见，"教—学—评"一致性包括在目标指引下的三种含义：一是"学—教"一致性；二是"教—评"一致性；三是"评—学"一致性。如图14-1所示。

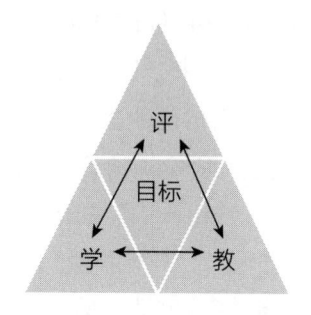

图14-1 "教—学—评"一致性理论模型

"学—教"一致性，或者说所学即所教，是指在目标的指引下学生的学习与教师的教学之间的匹配程度。德伊斯（Duis, J.M.）等人认为，通过学习目标能够较好地理解课程改革、教学和评价实践，然而，复杂的实验性课程情景又显示出了这种学习目标的局限性，因此要提高学生的学习与教学之间的一致性以改善这种局限。[1] 学生的学和教师的教的一致性是"教—学—评"一致性的重要内涵。[2] 在学校情景中，学生所学的内容一定是教师根据目标而确定要教的内容，学生通过此内容的学习，使目标更好地达成。因此，"学—教"一致性一定是"教—学—评"一致性的组成部分，它意味着学生的学习内容与教师所教的内容保持一致，学生的学习策略与教师的指导策略保持一致，学生对学习内容的理解、运用与教师预设的目标保持一致。

"教—评"一致性，或者说所教即所评，是指教师的教学与对学生学习评价的匹配程度。波帕姆（Popham, W. J.）曾指出，教学与评价的一致性是实现教育专门化的重要方面。[3] 教的内容就应该是评的内容，有教必须有评。

---

[1] Duis J M, Schafer L L, Nussbaum S, et al. A process for developing introductory science laboratory learning goals to enhance student learning and instructional alignment [J]. Journal of Chemical Education, 2013, 90（9）: 1144-1150.

[2] 崔允漷，夏雪梅."教—学—评一致性"：意义与含义 [J]. 中小学管理, 2013（1）: 4-6.

[3] Popham W J. Curriculum, instruction, and assessment: amiable allies or phony friends? [J]. Teachers College Record, 2004, 106（3）: 417-428.

如果教而不评，那就无法回答教师为什么要教、是否教得有效，也无法回答学生是否已经学会、学会了多少等问题；如果教与评不一致，则会导致通常所说的"两张皮"，教师的教学也会迷失方向，评价就会失去导航功能。因此，教师的教与对学生学习的评价保持一致也必然是"教—学—评"一致性的应有之义。它意味着教师在讲解教学目标时要展示评价的要求，教师在设计教学内容时要注意把评价内容考虑进来，以及教师在教学过程中要持续获取学生关于目标达成的信息，从而做出自己的教学决策。

"评—学"一致性，也就是说所学即所评，是指学生的学习与对学生学习的评价之间的匹配程度。霍尔（Hall, R.）的研究表明，评价与学习的一致性是衡量教师教学的重要指标之一。[①] "学生学了，不等于学会了"，目标的达成是以学生学会为标志的，要回答学生是否学会必须采用评价的手段来检验。如果学而不评，那只能是个体的自由学习，而不是目标导向的学校教育；如果学与评不一致，那可能会导致教师无所适从，学生也会丧失兴趣，学校教育的质量也就无法得到保证。评价学习的方式一般有课堂上的口语类评价（如口头回答、口头汇报等）、纸笔类评价（如随堂练习、书面作业、小测验等）、操作表演类评价（如做实验、小制作、角色扮演等）等形成性评价，以及期中、期末考试的总结性评价。"评—学"一致性就意味着所有课堂上的形成性评价和阶段性的总结性评价与学生所学的内容都是一致的，所获得的学情信息都应参照预设的目标进行分析、做出判断、形成反馈，以促进学生更好地开展后续学习。

综上所述，"教—学—评"一致性是由目标导向的"学—教"一致性、"教—评"一致性和"评—学"一致性三个因素组成的，它们两两之间存在着一致性的关系，然后组合成一个整体，构成"教—学—评"一致性的所有含义。

（二）新课标理念下"教—学—评"一致性的新定位

上述分析表明，课堂教学中的"教—学—评"一致性主要是围绕学生的学习目标展开的，然而，随着新课程改革的推进，学生的学习目标也在不断地

---

① Hall R. Aligning learning, teaching and assessment using the web: an evaluation of pedagogic approaches [J]. British Journal of Educational Technology, 2002, 33（2）: 149-158.

> 素养导向的"教—学—评"一致性呈现出"学习中心"的特质，回应了核心素养目标对良性教学关系的期待。

深化，即由"双基目标"走向"三维目标"，再由"三维目标"走向"核心素养目标"。在学生学习目标迭代发展的过程中，"教—学—评"一致性的定位也在不断发展中。具体而言，新课标背景下的"教—学—评"一致性定位可以从以下三个方面进行理解。

第一，为落实立德树人根本任务提供路径支持。在学科教学中普遍存在的一种现象是：受高利害考试评价的影响，课堂主要集中于学科知识的碎片化、片面化教学，弱化了学生学习过程和体验，忽视了学科教学的育人功能。这种取向下的"教—学—评"一致性往往容易走向机械的知识点之间的一一对应关系。这种理解降低了"教—学—评"一致性的站位，容易走向完全技术取向的"教—学—评"一致性实践。在新时代，立德树人成为教育的根本任务，课程改革各种举措也是围绕其展开的，"教—学—评"一致性则成为落实这一根本任务的核心抓手。一方面，"教—学—评"一致性的核心是在课堂中细化立德树人根本任务。具体而言，核心素养是对立德树人根本任务的教育化和学科化的表述，而学习目标是基于核心素养形成的，在"教—学—评"一致性中，学习目标是灵魂，也就是说，学习目标是立德树人课程化后的核心素养在课堂中的描述。另一方面，"教—学—评"一致性的本质是在学习或者教学、评价中落实学习目标。在课堂教学中，学生的学习过程是将课程化的立德树人根本任务更好地落实的过程，评价则持续地给教师和学生提供立德树人根本任务的落实信息，为更好实现这一目标提供及时性反馈。

第二，为新时代的课程改革创新实践提供专业规范。既往经验提示，如果课程改革缺乏可供操作的专业规范，往往容易导致课程改革政策与实践的"两张皮"现象。课程改革过程是一个将政策理念不断落实为学生体验课程的过程，这一过程并不是个体自由发挥、毫无规范的实施过程，要避免出现大家都在谈新课程改革，但是每个人说的新课程改革都不一样的局面。若课程改革实践出现混乱局面，各实践主体之间也就无法进行专业对话。正因如此，本轮新课程修订工作在总结既往经验的基础上，将"教—学—评"一致性作为切入口，为新时代的课程改革创新实践提供专业规范。课程创新实施是决定课程意志落地的关键。需要指出的是，课程创新实施并不意味着漫无边际的即兴表演。世界各国的课程实施研究中均存在"如何基于课程标准进行创造性课程实施"的困惑，甚至不少地方出现了"一管就死，一放就乱"的顽疾。

造成上述现象的重要原因是课程改革实践缺少专业规范，最终导致一线学校和教师在落实新课程时无从下手。正因如此，新修订的课程标准特别强调了"教—学—评"一致性的重要作用，从课程目标到课堂学习目标、从学习目标到学生体验的落实，"教—学—评"一致性均为其提供了路径支持。这为学校和教师创造性地课程实施提供了专业规范。

第三，将学习中心理念转化为学习实践。新修订的《义务教育课程方案（2022年版）》中强调："凸显学生主体地位，关注学生个性化、多样化的学习和发展需求。"在教育教学实践中如何落实这一要求成为当前的重大关切。另外，本次课程修订是以核心素养为依据展开的，核心素养本身是学生的核心素养，这也要求在教育教学实践中更加彰显学生的学习主体地位。从课程逻辑来看，课程设计的出发点就是学生经验的发展，课程内容的确定是选择教育经验，课程实施是组织教育经验，课程评价是确定学生经验的发展情况。由此可见，课程逻辑以学生经验贯穿课程各要素的设计，从而更好地契合新课程的要求。

素养导向的"教—学—评"一致性从学生素养目标出发，强调学生体验学的过程和学会，即在真实情境下用知识解决问题，不仅强调真实情境下的学会，而且鼓励学生能动地、自主地学会，强化了学生的主体地位。以此为基础，"教—学—评"一致性不再局限于简单的知识传递，而是存在于学生能动地参与学习活动、独立完成学习任务、亲身体验学习经历的全过程之中。教师承认、培养并依靠学生对学习的最终责任和自主发展的意识。教师的教重在为学生自主的学习实践和经验转化创造条件，引导学生在真实情境中利用知识技能解决问题，进一步讲，是帮助学生建构发展性的学习过程，实现深度学习。可以说，素养导向的"教—学—评"一致性规避了以往"教为中心"的教学所暴露的师生主体立场错位、教学逻辑不匹配、学习内容与生活实践相分离以及学生发展不平衡等弊端，围绕学生的学习历程展开，为学生的主体性学习创造条件，呈现出"学习中心"的特质，回应了核心素养目标对良性教学关系的期待。

> 素养导向的"教—学—评"一致性呈现出"学习中心"的特质，回应了核心素养目标对良性教学关系的期待。

三、新课程实施中如何落实"教—学—评"一致性？

新课程的育人理念、新课标的质量要求在教学实践中如何才能不打折？关键是在课堂实践中坚持"教—学—评"一致性。"教—学—评"之所以能够"一致"，是因为教学、学习与评价共享了学习目标，而新课程的育人理念、新课标的质量要求就体现在课堂教学的目标中。也就是说，只有教、学、评与新课标引领下的课堂学习目标相一致，新课程理念才能得以落实，我们最担心的"理念是好的，就是不能落地"的难题才能得以破解。

具体来说，要做好两件事：一是课堂教学设计要遵循"教—学—评"一致性原理，二是课堂教学过程要遵循"教—学—评"一致性原理。

（一）课堂教学设计如何遵循"教—学—评"一致性？

遵循"教—学—评"一致性的教学设计，关键技术是"逆向设计"，具体来说是"三步走"：一是设计指向核心素养的学习目标；二是开发匹配学习目标的评价任务；三是安排嵌入评价任务的教学活动。

设计指向核心素养的学习目标。学习目标的设计要综合课程标准、教材资源与真实学情。对一节课而言，要为一节课的目标建立一个"坐标"，即把课放在单元里（单元学习目标），把单元放在学期中（学期课程纲要明确了通过一学期某学科的学习学生将有什么变化）。具体到课时，更关注具体知识与技能，但是一定要指向体现核心素养的单元学习目标。比如人教版语文教材二年级上册有一个单元，由《坐井观天》《寒号鸟》《我要的是葫芦》三篇课文组成，设计单元时可以"事情背后总是有道理的"为大观念，"学生能理解'事情背后总是有道理的'"就是学习目标之一，指向未来不确定情境的问题解决能力的培养，体现核心素养的追求。而在《寒号鸟》一课的教学中，则把能讲述《寒号鸟》的故事、说出《寒号鸟》的道理并用此道理解释生活中的事作为学习目标，这样的具体目标可评、可测、可见，又指向核心素养。正确而清晰的目标叙写是"教—学—评"一致性的前提，如果目标错了（不符合新课标要求），或者目标含糊不明白，"教—学—评"何以实现一致？

开发匹配学习目标的评价任务。要为教学、学习与评价建立关键载体与质量指标。在"教—学—评"一致性的框架中，我们把"学习任务"称为"评价任务"，是因为这样的学习任务匹配学习目标，具有评价功能。评价任务即附着了评价标准的学习任务，评价标准是学习目标、质量指标的具体化，评价标准的专业化体现了教学设计的专业化。评价任务的表达要明确"做什么"（学习任务）与"做到怎样"（评价标准）两个维度。例如，有的老师在设计《蜘蛛开店》时，在匹配"学生能讲好故事"目标中，设计了关于"如何才算讲好故事"的评价标准，老师称为三条"锦囊妙计"：记故事、有语气、配动作。但是这样的评价标准显得比较"业余"，囊中装的还不是"锦"。后来老师将之改为"抓住关键记故事、随着感情用语气、适度夸张配动作"，此三条评价标准，就体现了学习目标的质量要求。评价任务清晰，教、学、评才可能清晰，新课标落地才不是空话。

安排嵌入评价任务的教学活动。将评价与教学相整合。评价任务先于教学活动设计，是逆向设计的基本要求，是为了将评价嵌入教学活动之中。这种"附着评分标准的学习任务"，在教学活动中能发挥导教、导学、导评的功能。例如，在小学数学学习中，要掌握怎样正确地用"数对"表示位置，有两个要点：一是必须先确立观察者，二是根据约定俗成的顺序（先列后行、从前到后、从左到右）。这两个要点既是知识要点，也是评价标准。在教学活动的设计中，切忌把标准直接告知学生——这样的知识学习就不可能成为素养形成的过程了。我们要通过设计让知识在教学活动中"走个来回"：提供材料与活动，组织学生讨论，引导学生得出相关结论（要点），如得出"用数对表示位置"的要点；再引导学生用这样的结论（要点）去解释与创造新的现象，如用"用数对表示位置"的要点去解释与创造新的现象。如此把评价与教学相整合，切实推进新课标落地。

（二）课堂教学过程如何遵循"教—学—评"一致性？

课堂教学过程如何遵循"教—学—评"一致性？关键技术是评价信息的处理。课堂是一个信息的世界，学习信息丰富而复杂。从专业化的角度来看，一名成熟教师与一名新手教师的分水岭并不是教龄长短，而在于他是不是能够催生、发现、研判、处理学习信息。新手教师常常更多关注自己的教案，

> 素养导向的"教—学—评"一致性呈现出"学习中心"的特质，回应了核心素养目标对良性教学关系的期待。

关注自己的教；成熟教师则往往更关注学生的学，关注学生的学习信息与目标之间的吻合度。"教—学—评"一致性在课堂教学中是一种动态的遵循，是在"教—学—评"一致性的过程中实现学习目标，而不是一个简单结果或结论，这是一个复杂的过程，简要地说，要在"教—学—评"一致性框架中经历催生信息、收集信息、处理信息与整理信息这四个过程。

催生信息。教师是课堂信息的催生者，学生是课堂信息的创造者。教学不是剧本的演出，但是教师对于学生的学习信息应该有预期，预期与学习目标相一致的学习信息，这与学生产生出不合预期或者超越预期的信息并不矛盾。催生学习信息，教师要清晰明白地"呈现评价任务"，以帮助学生在理解评价任务的前提下去完成任务，在完成任务的过程中"生产"信息。怎样呈现评价任务？要根据评价任务的特点采用合理的方法，主要的方法有：直接呈现（包括用语言指令或用课件、表格等媒体手段直接呈现）、进行示范（说不清楚就做给学生看）、提供范例（举个例子、提供个样子）、通过讨论形成评分规则（学生参与评分规则制订）等。

收集信息。主要关于"如何收集"与"收集何信息"，这都与我们"要怎样的信息"（目标信息）以及如何理解学生的学习信息的意义有关。收集信息的渠道与工具是多样的，我们可以通过提问、交流、讨论、作业、作品等来收集学生的学习信息。具体怎样收集，需要我们灵活进行。比如复习课"平面图形的面积"，首先收集学生对已经学过的平面图形面积公式的掌握情况，有的教师通过提问一个一个学生，收集完长方形、正方形等六种平面图形面积公式；而有的教师则是要求学生将公式与图例整理在一张表格中，最后呈现整张表格。两种不同的收集方法，收集的信息是不相同的：一种是通过提问收集零碎的信息，另一种是以表格为工具收集完整的信息。收集怎样的信息，至关重要，关系到我们如何理解学生生成的信息，我们要在课堂中即时地研判信息的课程价值。要特别关注三类学习信息：错信息、异信息与碎信息，通过错信息、异信息、碎信息构建正确、本质与结构化信息，让素养的形成看得见。

处理信息。要考虑谁来处理与如何处理。教师可以"处理给学生看"，但更要帮助学生自己处理信息，引导学生通过处理信息达成信息的吸收与加工，将外在的信息内化。教师"处理给学生看"，也是为了让学生自己处理信息，学习无法替代，因为深度学习即信息的加工内化。如何处理信息，则要根据信息的类型来确定，如表面信息的深刻化、围绕错误信息的辩论、在"异信息"中寻找"本质相同"、在碎片化信息中寻找核心并建立关联，通过"教—学—评"一致性实现目标，此为中心环节。

整理信息。在经历从催生信息到处理信息的全过程之后，教师要组织学生进行信息整理，要组织对两个问题的反思与讨论：如何走过与有何收获。"如何走过"是关于学习过程的反思与评价；"有何收获"是关于完整学习结果的反思与评价。这是一种元认知学习，帮助学生转识成智。

只有"教—学—评"一致性在课堂实践中落实了，新课标的要求才能转化为学生的实际素养。但是，需要指出的是，以上讲述的是"教—学—评"一致性设计与实践的基本路径，而课堂实践是灵活的、生动的，不可能也不需要、不应该刻板执行，成熟的教师会做出符合"教—学—评"一致性要求的丰富演绎。

▶ 拓展阅读……

1. 杨玉琴，王祖浩，张新宇. 美国课程一致性研究的演进与启示［J］. 外国教育研究，2012，39（1）：113-121.
2. 崔允漷，王少非，夏雪梅. 基于标准的学生学业成就评价［M］. 上海：华东师范大学出版社，2008.
3. Ananda S. Rethinking issues of alignment under "No Child Left Behind"［R］. San Francisco, CA：WestEd, 2003.

15. 过程评价

核心素养评价的新路径，针对结果评价的弊端，强调关注价值观、必备品格与关键能力形成的过程性证据，为促进学习的行动提供科学的决策依据。

2020年10月，中共中央、国务院印发《深化新时代教育评价改革总体方案》，明确提出了"改进结果评价，强化过程评价，探索增值评价，健全综合评价"的总体改革方向。《义务教育课程方案（2022年版）》在第五部分"课程实施"的"改进教育评价"中明确提出"全面落实新时代教育评价改革要求"，"强化过程评价"。那么，过程评价的价值追求是什么？过程评价的实质是什么？实施过程评价的路径要点有哪些？本章将回答上述几大核心问题。

一、为何新课程要强化过程评价？

　　随着课程改革的不断深化，课程内容的更新与教学方式的变革在一定程度上缓解了学生知识学习的负担，尤其是2021年"双减"政策的落地，学生的学业负担得到了进一步的缓解。但无论是社会还是学校，以考试分数为代表的结果评价仍然主导着教育发展方向，造成学习竞争异常激烈，"分分计较""分分必争"的问题层出不穷。正是此现象，让结果评价中的"唯分数"成为"五唯"[①]中最为普遍且影响最为突出的教育问题，对分数的执念导致全社会过于关注学生最终的学业分数，并以分数为主要权重问责学校和教师。这种漠视过程的评价观导致"唯分主义"横行，学校和教师"为考而教"。这些问题进而严重影响了教育过程质量，教学内容的确定以考试为主要依据，学校过于重视"育分"而不重视"育人"，忽视教师的教学过程质量和学生的学习过程品质……种种现象都深刻表明强化过程评价已到了刻不容缓的时候。

（一）过程评价是对结果评价的重要补充

　　教育界长期以来对结果评价的过度重视一定程度上折射出对过程评价的过

---

① 五唯，即唯分数、唯升学、唯文凭、唯论文、唯帽子。

> 完整的评价必须要将过程评价与结果评价相结合，形成对个体学习发展的完整描述和解释。

于轻视，学校和教师并未将过程学习作为学习本身，更未能将其与学习结果建立关联。作为结果评价的重要补充，以关注学习过程、重视学习体验为特点的过程评价应该成为破解"唯分数"结果评价的关键。这是因为只有学习结果的数据，没有学习的过程性证据，没有对结果是由何种过程所导致的解释，难以说明此学习结果就是由所实施的课程内容或者所开展的教学实践所产生的。显然，完整的评价必须要将过程评价与结果评价相结合，形成对个体学习发展的完整描述和解释。比格斯认为个体的学习模式涵盖学习准备、学习过程和学习结果三个要素。[①] 有意义的学习过程既能影响学习结果，更是有价值的学习结果的重要组成部分。因此，对学生学习的评价不只是对学生学习结果的评价，更应理所当然地关注和评价学生的学习过程，为具体学习结果的产生提供过程性证据的支持。

（二）指向必备品格和价值观的评价需要学习过程的证据

尽管设计得当的纸笔测试的确能反映出学生的知识能力水平，但很难对学生的必备品格和价值观进行有效评价，这意味着以纸笔测试为主的结果评价无法全面评价学生的核心素养。借助能够产生和采集丰富数据的过程评价，可以将传统"不可评"的必备品格和价值观变得"可评"。例如，在机动车驾驶证考试情境中，我们无法通过纸笔测试评价个体是否真正具备"礼貌行车"的驾驶观念；而借助过程评价，将个体的一系列驾驶行为（如超车、行经人行道等）进行记录与分析，则可实现对个体文明驾驶观念的全面衡量。[②] 同理，我们也无法简单地通过让学生完成一份自陈量表来评测出学生真实的学习品格。这既无法真正客观地获知学生的学习品格，也难以借此解释学生学习品格的异同。借助过程评价，将学生在学习过程中的动机表现（如主动承担学习任务情况）、兴趣指向（如自主规划学习情况）、学习习惯（如学后反思情况）等行为证据系统汇总，则可以实现对学生真实学习品格表现的动态监测和全面评估。因此，指向学生核心素养的评价，需要将学生一系列的学习过程证

---

① Biggs J B. Student approaches to learning and studying [M]. Melbourne: Australian Council for Educational Research, 1987: 18.
② 崔允漷. 试论新课标对学习评价目标与路径的建构 [J]. 中国教育学刊, 2022（7）: 65-70, 78.

据进行收集和分析，将必备品格和价值观变得真实可评，从而真正促进学生的素养发展。

（三）运用过程评价所产生的信息能够优化教学和学习

过程评价的主要目的是明确如何帮助被评价者在过程中实现更好地学习。首先，强化过程评价有利于精准诊断个体的学习状态。从本质上讲，过程评价是对学生学习过程的各种体验及其影响因素进行评价。过程评价在聚焦学习过程的同时，关注教育的非预期内容。凡是和学生成长相关的、反映学生学习过程特点和认知能力的内容，都应纳入评价。因此，过程评价通过精准记录学生的动态发展轨迹，全过程地展现学生的学习特质。其次，强化过程评价有利于明确改进教学和学习的方向。以分数、升学和选拔为导向的静态结果评价，只关注个体之间的横向比较，缺少质性的过程学习信息。只有运用过程评价，收集个体纵向动态的过程信息，明确学生学会了什么以及没有学会什么，并指出能够在多大程度上改进，进而采用合适的教学策略，才能不断优化和提升学生的学习过程表现，为结果评价提供丰富、全面的信息，最终为有价值的结果评价提供证据支持。这充分体现了重视过程评价能够明确学生学习改进的具体路径，弥补结果评价无法提供学生学习过程信息的先天缺陷。[1]

二、过程评价究竟是什么？

过程评价不仅由课程学习的过程属性决定，更是体现了促进学习的评价理念。过程评价的产生和发展从过往只关注群体学生的学习结果，转向关注个体学生的学习过程表现，从注重评价的选拔功能到重视评价的诊断功能。因此，过程评价以学习过程为场域，以形成性为导向，以素养发展为目的，蕴含了促进学习的评价观，是当前教育评价改革的重要突破口。

---

[1] 高凌飚.关于过程性评价的思考［J］.课程·教材·教法，2004，24（10）：15-19.

> 完整的评价必须要将过程评价与结果评价相结合，形成对个体学习发展的完整描述和解释。

（一）以学习过程为场域，汇集丰富的评价信息

20世纪初，学习评价通常与结果选拔保持着紧密关联。在以桑代克和斯金纳为代表的行为主义学习理论主导下，学习被认为是环境刺激与行为反应之间的联结。对学习的评价以关注学生学习的最终成果为主，评价只注重学生是否达到预期的学习目标。一旦学生没有实现理想的学习结果，评价者不断给予刺激和干预，推动学生朝着预设的学习结果前进。此时，评价等同于测量，常以测验的形式出现并尤为关注学生的学习结果与课程目标之间的差距。评价被理解为是对群体学生学习结果的测验评价，对个体学生的过程学习信息并不关注。建构主义学习理论的兴起和发展促使课堂教学开始提倡让学生通过主动建构知识实现学习。这种新的学习理念为评价打开了新的局面。谢帕德（Shepard, L. A.）指出评价不应独立于教学，必须与课程和教学统整，强调评价是与教学相整合的持续过程，通过评价既能促进学生学习又能改进教学。[①] 这意味着课堂日常教学过程应与评价相融合，评价和教学往往是同时产生又相互联系的。学生在参与评价互动的过程中，依据反馈信息了解学习历程，不再是以分数简单衡量对课程内容的掌握程度。从脱离教与学的结果评价到融于教与学的促进学习的评价，通过这一思想转向，过程评价不再像测量那样必须要有一套严格规范的纸笔评价程序，且完全由教师主导，它可以产生于日常的师生教学互动中，并与教学过程相互融合。

（二）以形成性为导向，体现"以评促学"理念

杜威的"教育即生长"观点强调学生的发展产生于教育过程，学生所体验的一系列生活经验就是教育的目的。可见，过程不是教育的手段，而是个体发展的应有之义。这体现了个体学习过程对于学生成长的重要价值。斯塔弗尔比姆（Stufflebeam, D. L.）提出了决策改进导向的"背景—输入—过程—结果"（CIPP）评价模式。其中，过程评价的目的在于"识别或预测工作方

---

① Shepard L A. The role of assessment in a learning culture [J]. Educational Researcher, 2000, 29（7）: 4-14.

案或其实施进程中的可能缺陷，为管理过程提供反馈"[1]。斯塔弗尔比姆所提出的过程评价强调评价并不是为了证明与目标之间的差距，而是通过收集证据、不断反馈实现学习优化，突出了评价应贯穿教育全过程的理念。迈耶斯（Meyers, J.）等人指出过程评价是关注儿童学习过程的评价，是"儿童""任务""环境"三者不断交互的评价模型。[2] 这一界定表明，过程评价是在特定环境中对学生学习表现的个性化评价方式。上述理解凸显了过程评价是一种在学生学习过程情境中收集和分析学习信息，运用证据以做出针对学生后续学习的教学决策，不断帮助学生实现阶段性学习目标，个性化地持续促进学生更好地学习的评价方式。可见，过程评价以形成性为导向，重点在于改进，体现了"以评促学"的理念。

（三）以发展素养为旨归，兼顾认知与非认知表现

作为一种促进学习的评价方式，过程评价的内容应以素养为核心，不仅包括学生的认知表现，还包括学生的非认知表现。过程评价通过反映学生在过程阶段中的认知水平，帮助教师采取相应的教学策略改进学生的认知表现。非认知因素对学生的认知学习过程同样具有重要影响，并且，对非认知因素的过程评价往往需要借助认知表现进行推论，主要体现在必备品格和价值观。学生在学习中所表现出的动机、情感态度具有动态性的发展特点，这就需要不断在过程中考查和获取非认知因素，分析其对学生认知能力的影响机制，以形成有效的干预和反馈，推动学生反思和改进。可见，过程评价是在过程中全面关注和把握学生的动态学习情况，及时发现认知和非认知发展过程中存在的问题或不足，改进学生的认知水平，激励学生非认知能力的发展。因此，教师可以通过过程评价获取学生学习过程的认知和非认知信息，解释这些信息并诊断学生的具体学习需求，选择和调整教学策略，从而更好地发展学生素养。

---

[1] Stufflebeam D L. The CIPP model for evaluation [C] //Kellaghan T, Stufflebeam D L. International Handbook of Educational Evaluation. Dordrecht: Kluwer Academic Publishers, 2003: 279-318.
[2] Meyers J, Pfeffer J, Erlbaum V. Process assessment: a model for broadening assessment [J]. The Journal of Special Education, 1985, 19 (1): 73-89.

> 完整的评价必须要将过程评价与结果评价相结合，形成对个体学习发展的完整描述和解释。

三、如何在教学实践中强化过程评价？

在以核心素养为纲的课程改革背景下，强化过程评价应从评什么、谁来评以及如何评等方面开展以评促学的实践。具体而言，评价目标要坚持素养导向，聚焦深度学习方式，关注素养内容；要发挥学生的评价主体作用，倡导学生自我评价和同伴评价；要综合采用多种评价工具，充分探索智能技术，高效赋能过程评价。

（一）目标素养化：关注深度学习，注重素养内容

素养导向的学习不应局限于基本知识和技能，更需要通过深度学习发展高阶思维能力。深度学习是在课程学习的情境下，为了达成素养目标，学生进行的有目的、有计划的全身心（认知、情感与行为）、全学程（知识的习得、应用与反思）的学习，是学生素养习得的核心路径，也是能有效预测学生未来能否取得成功的重要指标。这意味着过程评价的目标应从对浅层学习方式的关注转向对深度学习方式的关注，从对简单的知识记忆的考查转向对学生关键能力的关注。同时，诸多社会现象表明，学生学业成绩好并不意味着一定能取得人生的成功。这是因为除了智商以外，以社会与情感能力为代表的非认知能力同样是决定学生未来能否成功的关键因素。任务能力、情绪调节能力、协作能力、开放能力和交往能力等社会与情感能力并不是先天具备的，很大程度上依赖于后天的培养，需要在学习过程中习得。因此，过程评价的目标应重视学生的社会与情感能力，尤其是学生在实践过程中解决问题、交流协作和自我调节等能力。例如，在开展初中科学"制作太阳能小车"跨学科项目时，采用以下方式设计过程评价目标，并针对每一阶段的学习目标形成具体可操作的实现指标，以确保学习目标可达成，让深度学习发生，让核心素养可见（见表15-1）。

表 15-1　"制作太阳能小车"的过程评价目标

阶段	评价目标	实现指标
第一阶段：明确项目实践问题（1—2课时）	能够运用科学知识论证太阳能小车的可行性。	（1）通过分析生活中的能量转化案例，描述太阳能、电能和机械能之间的能量转化关系； （2）通过电路图设计和实物探究，得出导体中电流和电压的关系； （3）通过实验探究，得出物体运动的条件； （4）通过列举生活中的能源问题，意识到地球能源危机并提出解决能源危机的可能路径； （5）通过分析案例，明确制作太阳能小车所要解决的问题。
第二阶段：设计项目方案（1—2课时）	能够基于小组合作设计太阳能小车的可行方案。	（1）能够基于能源转化效率，计算太阳能板的规模大小； （2）通过概念学习，知道速度和路程的基本含义； （3）能够根据具体路面情况，设计小车的基本形状； （4）善于小组合作，愿意表达自己的观点。
第三阶段：制作太阳能小车（1—2课时）	能够选择合适的材料并制作具有一定可行性的太阳能小车。	（1）基于试测路面条件，在给定的材料中选择合适的材料制作太阳能小车； （2）运用速度与路程的关系，计算太阳能小车的平均速度和续航里程； （3）基于观察和数据分析，提出太阳能小车的优化建议； （4）善于小组合作，并能够对其他小组的太阳能小车进行准确、科学的评价。

（二）主体多元化：扩展评价的参与主体，发展学生的评价能力

学生既是学习的主体，也是评价的主体。过程评价应重视学生的评价主体意识，提升其学习评价能力，拓展评价主体，将学生评价和教师评价进行有机整合。开展高质量的过程评价，学校和教师应主动将评价权交还给学生，让学生成为评价的主人，重视学生的评价意识，发展学生的评价能力。在学校课堂中，教师应创设包容、开放的评价情境，主动分享评价目标和评价标准，鼓励并提供给学生充足的时间开展自我评价和同伴评价。首先，教师应创造机会让学生基于任务要求和评价标准，对学习过程中的作业、测验和活动等表现进行评价，实现对自己学习过程的监控，不断发现自己的优势与劣势，及时调节并进一步建构、完善学习。其次，教师可以引导学生开展多种形式的同伴评价和小组评价，不再局限于课堂中对他人观点的主观评判，还应鼓

励学生自己设定或者结合评分规则，对他人的演讲汇报、项目成果、过程作品等进行客观评价，实现在评价他人的过程中反思自己的学习。因此，过程评价是实现学生对学习的自我监控的最好评价场景。例如，在"明确项目实践问题"环节，教师引导学生以小组为单位"探究导体中电流与电压的关系"，设计并结合量表对学习表现进行自评和互评（见表15-2）；同时，鼓励小组成员在遇到分歧时，以小组讨论、投票的方式或者邀请教师一同基于量表参与解决分歧。

表15-2 "探究导体中电流与电压的关系"的过程评价量表

项目	评价内容	自评	互评
实验方案的设计	能根据实验现象做出合理猜想	☆ ☆ ☆	☆ ☆ ☆
	正确画出实验电路图	☆ ☆ ☆	☆ ☆ ☆
	设计记录电流、电压的表格	☆ ☆ ☆	☆ ☆ ☆
	提出改变导体两端电压的方法	☆ ☆ ☆	☆ ☆ ☆
	在实验中使用控制变量法	☆ ☆ ☆	☆ ☆ ☆
	提出能形成普遍规律的方法	☆ ☆ ☆	☆ ☆ ☆

注：学生在完成本活动后，客观评价自己与小组同学的表现，给对应的内容评级，☆表示仍需努力，☆☆表示良好，☆☆☆表示非常棒。

在课堂讨论中，教师更应营造包容性的课堂评价氛围，给学生以平等的发言机会，引导学生相互提问、相互讨论，让学生充分表达自己的观点并对他人的观点做出评价。并且，教师应明确鼓励学生给予他人具体且可操作的反馈，尽量避免宽泛、模糊的反馈（见表15-3）。

表15-3 同伴评价的言语反馈示例

减少对同伴的模糊评价	鼓励对同伴的具体评价
设计得很好，但不是特别好看，设计结构有问题。	在设计的时候应该要考虑到小车行驶在哪种路面，并在这个基础上，选择合适的轮胎材质和太阳能电池板大小。
我觉得他表达得很好。	他表达的观点基本正确，但根据老师先前设定的评价标准，我觉得还有两个地方需要完善。

（三）方式多样化：采用定量与定性相结合的评价工具，积极探索技术赋能

指向学生核心素养的过程评价，不应再将以考核浅层知识为主的课时和单元测验作为唯一的方式，而应在更新和完善测验的基础上，运用多种指向深度学习的定量和定性的评价策略。无论是标准化还是非标准化的测验，在考查学生知识与能力的基础上，应注重指向学生高阶思维发展的试题开发。同时，提升试题开发与学生认知目标的匹配度，以便通过试题精准识别学生的认知情况。表15-4中采用与目标掌握程度相匹配的设计试题方式，教师分析学生对每道题的回答情况，揭示学生对学习目标的掌握情况，并及时做好诊断分析。这种以选择题为主的定量评价更多地通过纸笔方式考查学生的过程学习能力。

表15-4 试题与目标认知属性匹配样例

题目	知道电流和电压的定量关系式	理解控制变量法	运用电流和电压关系进行电阻的计算
1	1	1	0
2	0	1	1
3	1	0	1
……			

注：0表示不考查该认知属性；1表示考查该认知属性。

对于学生学习过程中的实践能力，教师可以设计较为复杂的表现任务和真实项目，评价学生对知识的理解以及跨学科知识的运用水平；在低利害基础上，提高质性过程考核方式的使用频率，通过多种评价工具，如课程论文、项目产品、设计作品、调查报告等收集学生的学习过程数据，关注学生的问题解决能力、合作能力、推理论证能力等高阶思维能力，描述学生的学习成长历程。例如，考查学生对测量电阻大小这一内容的掌握运用情况，除了采用前面的纸笔测试外，还可以设计以小组为单位计算单股铜线电阻大小的实践制作类

任务并进行评价（见表 15-5）[①]。具体任务要求：①以 2—3 人为小组单位，设计实验电路图并选择相应的器材，测出单股铜线的电阻大小。②与小组同学一起去实验室，利用实验室常用的器材测出长为 1 米的铜丝的电阻，设计表格并将测得的数据填入表格中。③查阅"不同材料电阻丝的电阻值"表，并上网查找相关信息，解释常用铜作为导线材料的主要原因。④基于评分规则客观评价活动中小组成员的表现，给对应的内容评级。

表 15-5　实践制作的过程评分规则

评价维度	非常棒☆☆☆	良好☆☆	仍需努力☆
科学解释	基于物理知识准确解释铜线作为导线材料的原因，并且表述符合逻辑。	能基于部分物理知识解释铜线作为导线的原因，但表述不太顺畅。	无法基于物理知识解释铜线作为导线的原因。
实验方案的设计	能正确设计多个方案，画出对应的电路图，方案的设计均符合实验目的；能与同学交流实验方案，比较不同实验电路的优缺点。	能设计一个方案，并画出对应的电路图；能对其他同学的方案做出评价，但只关注到部分内容。	无法设计一个完整方案，所画的电路图也不准确；无法与同学交流。
实验操作	选择合适的实验器材，根据选择的方案正确连接电路，正确进行实验操作。	基本能够选择合适的实验器材，但连接电路时遇到问题，实验操作有部分不准确。	无法选择合适的实验器材进行实验。
实验数据记录与处理	在表格中正确记录多组数据，用取平均值的方法计算出电阻值。	能够正确记录大部分数据，所得出的电阻值出现一定误差。	所记录的绝大部分数据存在明显错误。
交流与协作	能用清晰的语言表达观点，耐心倾听他人的观点；实验中出现问题时会尝试与他人协作，共同解决问题。	会表达观点，但逻辑并不是特别清晰，能够倾听他人的观点，但不够耐心和认真；试图和他人协作解决问题，但结果不是特别理想。	不会表达观点，不能够倾听他人的观点；只顾自己的任务。

该题为实践制作类任务，以实验室常见导线中铜线的电阻为研究对象进行情景引入，学生以小组合作的学习形式，在三个分级问题的引导下，体验完整的实验探究过程。首先，明确评价目的，确定评价涉及的核心素养。该实验涉及一系列的科学思维、科学探究能力，比如，学生能基于物理知识解释

---

① 本案例由上海市铜川学校初中物理教师陆思思提供。

铜线作为导线材料的原因；学生需要根据实际情况设计方案，并根据方案进行实验操作，也需要以小组合作的形式进行交流与协作。基于分析，选取比较重要的核心素养并将其作为评价的主要维度。其次，基于课程标准、教学基本要求、以往的实验操作评价要点，针对每个评分项目进行详细描述，说明具体的评价内容。在学生自评时，教师应当使用评价表引导学生更好地开展自评。学生根据评价标准逐条对自己的表现进行针对性的分级评价，以提高自主学习和反思能力。最后，学生使用教材与网络资源，结合实验结果解释铜线作为导线材料的原因，体会物理与生活的紧密联系。

当前，信息技术变革对教育领域产生了深刻影响，这种影响不断地拓展到学习评价中。信息技术加持的过程评价，能够持续、精准地收集和分析学生在真实情境中海量的学习路径表现，从而更加完整地描绘出学生是否在分析和解决现实问题的过程中具备必备品格、关键能力和正确价值观，助力素养评价变得真正"看得见摸得着"。例如，运用信息技术将学生过程学习信息进行全面记录，以实现对学生学习的画像。目前，这些软件已在中小学广泛使用，ClassDojo学习评价软件就是其中之一。教师运用手机端的ClassDojo软件，在课堂上及时记录学生学习和探究过程并做出评价，学生可以将作业等进行共享以便教师全面了解。同时，教师还可在课堂上借助软件及时记录并上传学生的学习表现，同步反馈给家长。可见，发挥信息技术优势，赋能过程评价，是未来实现过程评价功能迭代的重要方向之一。

拓展阅读……

1. 史密斯. 学习性评价行动建议200条（小学版）[M]. 剑桥教育（中国），译. 北京：教育科学出版社，2016.
2. 史密斯. 学习性评价行动建议200条（中学版）[M]. 剑桥教育（中国），译. 北京：教育科学出版社，2016.
3. 王少非，等. 促进学习的课堂评价[M]. 上海：华东师范大学出版社，2018.
4. Weber E. 怎样评价学生才有效：促进学习的多元化评价策略[M]. 陶志琼，译. 北京：中国轻工业出版社，2016.

16. 综合评价

新评价的必然要求，针对"单一片面"评价的弊端，聚焦核心素养的整体性、实践性本质，全面考查学生综合素养的发展，促进学生全面发展。

2013年6月，教育部颁布《关于推进中小学教育质量综合评价改革的意见》（以下简称《意见》），指出要"推进中小学教育质量综合评价改革"。2020年10月，中共中央、国务院出台《深化新时代教育评价改革总体方案》，要求"健全综合评价"。2021年3月，教育部等六部门印发《义务教育质量评价指南》，强调"注重综合评价与特色评价相结合"。2022年4月，教育部公布《义务教育课程方案（2022年版）》，再次强调要"健全综合评价"。可见，健全综合评价是新时代中国教育评价改革领域的重要话题之一。那么，新课程中应当如何实施综合评价？本章尝试在梳理综合评价实践指向的基础上，厘清综合评价的内涵，进而提出新课程背景下健全综合评价的实践要义。

一、为什么要健全综合评价？

　　国内对综合评价的讨论源于20世纪80年代初期，当时的中国经济统计学界就经济效益综合评价问题展开了广泛研究与热烈讨论。[1]之后，综合评价在教育领域得到了广泛关注与应用，主要用于教育复杂性问题的分析、论证及价值判断。[2]

（一）健全综合评价是破解素质教育难题的重要手段

　　教育评价的重要目的是推进素质教育深入发展。当前中小学教育评价"过度关注考试分数""过度依赖纸笔测验"成为惯性，"唯分数"造成了中小学教育评价内容的单一、片面，单纯以分数的高低评价学生发展的优劣扭曲

---

[1] 苏为华，陈骥，朱发仓. 综合评价技术的扩展与集成问题研究［M］. 北京：中国统计出版社，2007：1.
[2] 刘邦奇，刘碧莹，胡健，等. 智能技术赋能新时代综合评价：挑战、路径、场景及技术应用［J］. 中国考试，2022（6）：6-15.

了评价的本质。"唯分数"与素质教育背道而驰，造成应试教育大行其道。"分分分，学生的命根"，教学被分数所束缚，在教育过程中加重了学生的负担，也导致机械记忆、被动学习、高分低能、有知识无文化等学习痼疾难以根除。素质教育的内涵是丰富的、多维的，这决定了评价方式应是多元的、综合的，因此要坚决破除单一的教育评价方式。综合评价旨在引导评价实现从单一、片面到综合、全面的变革，改变单纯以纸笔测试成绩简单评定学生发展状况的倾向与做法，指引教育实现从"育分"到"育人"的转向。传统的纸笔测试的确可以考查学生对基础知识与基本技能的掌握情况，但在学生的社会责任感、创新精神和实践能力、高阶思维能力等复杂领域却无用武之地。综合评价的缺失也意味着教育评价机制的偏差。健全综合评价在很大程度上会减弱"唯分数"的强势发展，消解应试教育所带来的恶劣影响，促使教育重新回归素质教育发展的正确轨道上。

（二）健全综合评价是提高教育治理能力的重要体现

党的十八届三中全会提出，要推进国家治理体系和治理能力现代化。教育治理体系和治理能力是国家治理体系和治理能力的重要组成。然而，教育评价的"五唯"痼疾严重影响了教育治理体系和治理能力现代化的进程。健全综合评价成为破解"单维"评价的关键，它集评价指标的综合化、评价方式的综合化、评价方法的综合化、评价功能的综合化于一体，是教育治理现代化的重要体现。自2013年以来，各地综合评价工作取得了一定成果，正在进行从学习"怎么做"到探索"怎么才能做得更好"的转变。然而，不可否认的是，不少地方的综合评价实践走走停停，处于边缘化、形式化的状态，存在一些实践偏差。首先，评价内容常常以偏概全。各地的综合评价还是以学业成绩（这些学业成绩往往来自单一的纸笔测试）为主，本应更多元的评价内容被边缘化、虚化，成为一种摆设或被随意删减。其次，评价方法多流于形式。在综合评价实践中，对于学业成绩之外的考查，学校迫于行政指令的要求简单化操作的情况比较普遍。[1]比如，在某一时间段内集中填报学习过程性档案材料等。因此，促进综合评价工作健康而科学地发展，是健全综合评价的首

---

[1] 董秀华.综合素质评价实施过程中的共识、争议与隐忧[J].教育发展研究，2020，40（22）：28-41.

要之义，也是教育治理现代化的必然要求。

（三）健全综合评价是完善质量评价体系的重要基础

完善质量评价体系是国内外教育改革的重要领域。比如，欧盟制定的《欧盟学校教育质量报告——16项质量指标》是建构教育质量评价体系的一种尝试。又如，经济合作与发展组织倡导的PISA测试体系则是对学生阅读、数学、科学等综合素养的全面评价。健全综合评价是我国完善质量评价体系的重要举措。这是因为，学生是教育的对象，是一个正在发展中的人，具有复杂多样的特质，单一的评价方式不可能准确地了解学生的全面发展状况，所以综合评价也逐渐被应用于学生评价领域，是完善质量评价体系的重要基础。《意见》强调综合评价是对学生品德发展、学业发展、身心发展、兴趣特长和学业负担的多维度多层次评价。单一指向知识与技能的测试评价不能整体反映学生的全面发展。综合评价还应涵盖考查学生的价值观、情感态度、兴趣习惯、思维方法等方面的考查。综合评价的关键就是围绕学生的全面发展与健康成长健全指标评价体系，并使之具体化、科学化；在此基础上科学设计评价流程与方法，提高评价水平的综合性与公平性，为学生发展和教育决策提供重要参考。

二、综合评价究竟是什么？

在教育领域，综合评价至少有两层含义。一层是对某一地区或学校办学质量的整体评价，另一层是对学生发展状况的全面评价。本文侧重讨论综合评价的第二层含义。这也是因为，综合评价的根本目的还是在于促进人的全面发展，也符合《意见》的精神实质。

（一）学生发展的全面性：综合评价的目的追求

教育评价的根本目的是促进学生的全面发展。习近平总书记在2018年全国教育大会上强调"培养德智体美劳全面发展的社会主义建设者和接班人"。这五个基本面从根本上规定了我国中小学生发展的目标与内容，也呈现出我国中小学生整体发展、完全发展和个性发展的时代要求与本土化特点。这五个基本面是对学生发展的总体性概括，但绝不意味着学生的全面发展是一个分离的、平均的发展过程，而应是一个整合的、个性的发展过程。这决定了评价目标的复杂性，也造就了评价内容、方式、方法和功能的综合化。可以说，任何单一的评价方式都不能满足了解学生全面发展状况的目的。

综合评价本质上是围绕学生德智体美劳的发展状况对学校整体育人质量的系统评价，它必须把评价内容加以细化、具体化，并对评价方法进行整合与优化，实现以评促教、以评促学，最终促进学生全面而和谐的持续发展。

评价内容是引领综合评价改革的指挥棒。《意见》结合党的教育方针、相关教育法律法规和国家课程标准等方面的要求，围绕学生的"品德发展水平、学业发展水平、身心发展水平、兴趣特长养成、学业负担状况"五个核心要素确定了综合评价的主要内容与评价指标。该指标体系凸显了学生在学校教育中的主体地位，反映出教育评价对学生发展全面性的关注，刻画出了一个有理想、有本领、有担当的时代新人画像，也回应了"双减"政策对学业负担状况的迫切关注，引导学校落实"为党育人、为国育才"的历史使命。

综上所述，综合评价以"育人"为根本目的，关注学生德智体美劳的全面发展，关注学生的兴趣特长与学业负担状况，本质上是对学校育人目标、内容、方式与结果的全方位关照。它是对过度重视选拔功能的考试评价的纠正，避免评价被选拔性考试招生所绑架，引导评价成为促进学习的评价，成为对学生全面发展状况的评价。

（二）素养要求的综合性：综合评价的目标指向

核心素养是学生全面发展在课程中得以落实的重要载体。目前，核心素养已成为一个统率各国教育改革的概念，以学生核心素养发展推动教育和课程改革已成为当前的国际焦点。近年来，我国中小学教育领域迎来了核心素养时代。落实核心素养的要求是各种教育评价的共同追求。然而，综合评价更侧重于对学生在完成某一阶段课程学习时的核心素养发展程度的解释与说明。对综合评价的目标指向还可以从课程视域加以理解。这是因为，核心素养最终是通过课程实施加以实现的。学科之间存在共性，而核心素养在不同的学科中有不同的具体体现，反映的是学科的独特性。综合评价是对学生学完多门课程后的一种评价。多门课程的综合性也决定了评价方式的综合性，这意味着综合评价必不可缺。

在课程领域中，综合评价的目标是判断学生的核心素养是否得以发展，以及发展到什么程度。核心素养涵盖了知识、能力、情感、态度、价值观等诸多元素。由于核心素养具有整合性，传统的重视知识和技能分解的评价方法无法全面揭示核心素养的内涵。[①] 这在客观上要求更加综合、多元的评价方式与之适应。除了落实《意见》的内容评价指标要求，综合评价指标还要吸收核心素养研究成果，因地制宜细化指标体系。综合评价也要对影响学生成长的学习变量、学校教学和学校管理等因素进行深入分析与解释，要因地制宜加入个性化评价指标内容，关注学生发展的差异性，促进群体发展与个性发展的和谐、统一，促使综合评价更客观、准确地反映学生在不同学段的发展状况，不断提高指标体系的覆盖面、代表性、操作性。总的来说，综合评价本着深化核心素养要求、探索个性成长的思路，对学生发展的目的、内容与方法等做出规定性要求，体现出全面发展、发展素养的教育质量评价理念。

综上所述，综合评价具有全面性与综合性的特点，是通过收集大量的、可靠的数据与事实，用一把较为全面的量尺对学生的发展状况进行多维度、多层次的评价，从而促进学生的全面发展与健康成长。

三、如何有效实施综合评价？

尽管综合评价的理念已逐渐被理解与接受，但在实践中，部分地区的综合评价面临着评价指标体系不够完善、技术手段不够成熟、结果反馈不够及时、保障机制不够齐备等问题。本文尝试把综合评价下潜到学校层面去实施，从理念、内容与方法三个方面破解综合评价实施的难点问题，具体建议如下。

（一）推动综合评价校本化

更新实践思路是综合评价内涵发展的首要前提。部分地区的综合评价还停留在教育行政部门的推动阶段，未能充分调动学校或教师参与的主体性、积极性，加之对综合评价实施的难度预估不足，综合评价难以深入推进。什么

[①] 雷浩，崔允漷. 核心素养评价的质量标准：背景、内容与应用[J]. 中国教育学刊，2020（3）：87-92.

> 综合评价旨在指引教育实现从"育分"到"育人"的转向。

是综合评价？怎么实施综合评价？实施综合评价对学生发展有什么实质性的好处？教师又可以从中得到什么样的受益？对这些问题，教师还没有形成足够的认识，也没有达成共识。教师在综合评价中没有成为主力军，部分教师对综合评价的实施存在误解与抵触情绪。这是因为，教师大都习惯了简单易行的考试量化评价。一旦实施综合评价，这意味着教师要把大量的时间和精力投入这个陌生的领域。如果教师的投入与实施的效果不成正比，就会加剧教师观望、漠视、抗拒等消极状态的发生与持续。

因此，有效实施综合评价的重点是以学校为主导、以教师为主体，建构校本化的综合评价组织结构，充分发动和依靠学校与教师的主观能动性。学校要主动引导、统筹协调教师对学生实施综合评价，教师也要在具体的实践中找到综合评价对学生发展提升的生长点与关键点，更要让综合评价实操化、易操化，努力提高综合评价的公平性与可行性。在具体推进过程中，可由学校成立专门的综合评价工作领导小组，通过顶层设计，统筹安排学校各部门之间的工作目标（如图 16-1 所示）。学校领导班子扮演发动者、监督者等角色，从上至下推动综合评价的实施。相关职能部门担任具体评价计划的制订者与过程的组织者等角色，指导教师在规定的时间节点之前完成具体的工作任务。比如，学校领导班子可以集中精力对学生的学业负担进行评价；教导处、德育处等部门根据职能分工，分别对学生的学业发展、身心发展、品德发展、兴趣特长等进行具体评价；教师则在执行的过程中对综合评价的实施效果进行反馈。在整个过程中，各种角色在双向协商与多维互动中推动各项评价内容的有序开展。

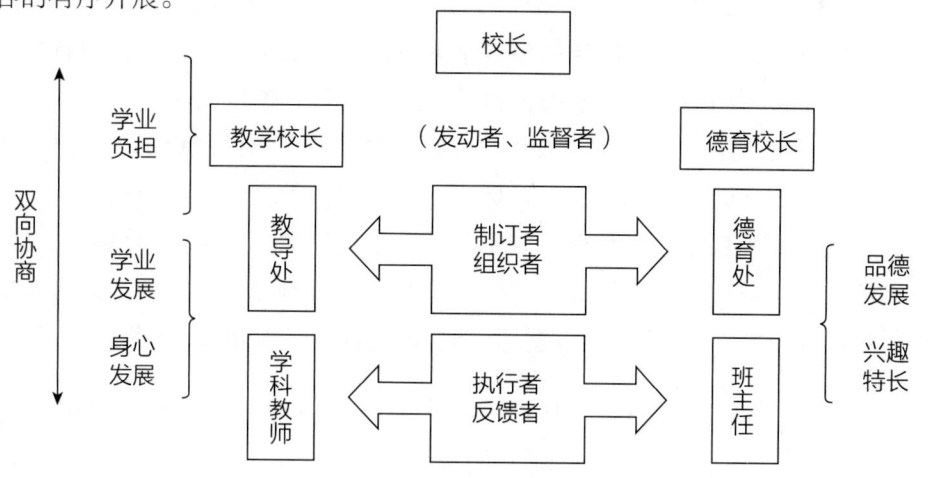

图 16-1　综合评价组织结构图

学校实施综合评价的难点在于能否克服教育评价单一的惯性，在于能否持之以恒地实施多元评价，在于在人员变动时是否有合适的人选进行替代，在于师生能否对此保持长久的热情与投入。同时，在设计综合评价指标内容时，要注意不同学科之间评价内容的等值互换，避免各学科之间的评价要求与赋分标准的不平衡。

（二）完善评价指标体系

完善评价指标体系是健全综合评价的关键。《意见》规定的五项内容是综合评价指标体系建构的主要依据，为综合评价指标体系的建构指明了方向。综合评价是一个因校制宜、循序渐进的过程，具备校本化、持续化的特点。为此，学校可以根据各自的实际情况对《意见》所提的评价维度与关键指标进行调整完善。具体来说，要妥善处理好如下内容。

一是要重视对品德发展的评价。立德树人是学校工作的根本任务。品德发展是综合评价的重点与难点。评价的重点可以选择可观察、可量化的道德认知和道德行为，其内容可以选择更贴近学生学校生活的日常行为进行评价，形成关键指标。如"是否存在抄袭作业的情况"，这一指标实际上是与诚信有关；"是否在校园随意丢垃圾""上课是否经常迟到"等指标与文明意识、规则意识有关，易于学生理解与表达，也便于进行评价，同时还能在一定程度上实现评价的育人功能。有研究表明，如果监测到的结果能够有60%左右反映学生的实际情况，就可以认为这是一次有效的品德监测。[①]

二是要优化对学业发展的评价。学业评价是综合评价的关键环节，要尝试抓住关键要素，建立富有特色的学科学业发展评价标准。每个学科都有各自的本质特点，总的来说，可从知识内容、思维层次、态度与策略三个维度对学生各个学科的学业发展进行综合分析。比如，语言学科的知识内容主要侧重于语言学习，即如何有效使用目标语言，可以分解为语言使用的准确性、流利性和得体性三个关键指标对其进行评价。又比如，数学等学科的思维层次可依据布卢姆的认知目标分类方法、比格斯的SOLO分类方法（以等级描述为基本特征的质性评价方法）等进行判定，也可从思维的敏捷性、灵活性、

---

① 王海涛，班建武.如何解读学生品德发展质量监测结果[J].教育科学研究，2017（8）：58-61，66.

创造性、批判性、深刻性等维度进行评价。态度与策略可主要从乐学与善学两个维度建构相关指标。上述指标的确定一定要基于课程标准的要求与学校的实际情况，表述要通俗易懂、有实效性且易于操作。

三是要对身心发展、兴趣特长和学业负担的评价内容进行整合。处理三者关系的关键在于围绕身心发展，把兴趣特长与学业负担的评价内容融入进来。对身心发展的评价要注重身体因素和心理因素相结合，认知因素和非认知因素相结合。对兴趣特长的评价要突出"健康"与"向上"，对学业负担的评价要强调"科学"与"合理"，要控制评价指标的数量，关注评价内容的质量，突出校本化、个性化指标。这是因为，过多的评价指标会加重工作负担，而整齐划一的评价指标体系可能会抹杀学校的办学特点，不利于学生的个性发展。

综上所述，综合评价可以从品德发展、学业发展、身心发展三个维度建构指标，明确具体要求。其中，身心发展包括兴趣特长和学业负担，它们是身心发展的必要条件，因此不可缺失。对评价指标的缩减，不代表着评价内容的减少，反而是要通过数量的减少，提高评价指标的代表性、适切性，在可操作的基础上提高综合评价对教学的正向反拨作用。

（三）运用多元评价方法

在确定好评价目标与内容之后，要选择适切的方法进行评价。《意见》提出"主要通过测试和问卷调查等方法进行评价，辅之以必要的现场观察、个别访谈、资料查阅等"。评价内容的综合性、实践性等特点决定了评价方法的多样性。

测试是综合评价的主要方法，为此，要提高教师的自主命题能力。可成立学科命题研究小组，探索基于课程标准的学科考试命题策略，试题中要减少记忆性试题，增加探究性、开放性、综合性试题，从能力标准、知识类型、背景范围和内容主题、认知需求水平、试题形式等维度加强试题分析技术的研究，[①]试题内容要体现对学生成长有价值的内容。结合学业发展的要求，可以采用"多类纸笔、动手展示"相结合的评价方式，在多时段灵活采用"1+X"

---

① 李川．PISA2015 科学素养测试公开试题分析及教学启示［J］．外国中小学教育，2017（9）：69-76．

的测评方式，即在不同时段由学校选择的1门测试科目和学生自选的1门测试科目构成。此外，可把学生学科阅读、短剧表演、知识图谱建构、项目化学习、实验操作与现场制作等纳入综合评价范畴，丰富综合评价的内容载体。比如，短剧表演能够锻炼学生的综合语言运用能力。短剧涉及选材、设计、组队、排练、表演、制定标准、教学与评价等诸多因素，学生在从准备到表演的整个过程中学会合作、创造，展示自信、才能。评价对象实现从个体到群体的转向，以捆绑式的组员集体评价为主体，在真实的自主学习、合作学习和探究学习中考查学生的个体表现。

问卷调查是综合评价的核心技术，也是现代调查研究过程中的重要方法。它们主要用于评价品德发展、身心发展等。可从测评方式、组卷、题型、反应选项、措辞等方面不断创新，提高效率，做到公平有效，[1]尽可能实现不同评价内容之间的等值转换。此外，还应该关注问卷的人工智能化走向与专业技术化程度。观察及过程记录可用于捕捉学生有价值的表现。课堂观察和成长档案是典型做法。课堂观察由不同阶段的不同行为构成，主要包括围绕观察目的选择观察对象、确定观察行为、记录观察情况、处理观察数据和呈现观察结果。[2]以英语学科为例，可围绕学生的应答水平情况进行观察，分别从什么学生（who）、在什么时候（when）、通过什么方式（how）、做出什么样的应答（what）（3W1H）等方面收集证据，具体包括教学环节、学生应答表现、学生应答水平等要素（见表16-1）。量表里还可涵盖教师理答表现与理答类型等，考量教师教的情况。

表16-1 3W1H课堂观察结果表（部分示例）

教学环节	教师提问	学生应答表现	学生应答水平	教师理答表现	教师理答类型
导入	Q1：Who is she?	群体："Lucy."	水平二	"Yeah, it's Lucy."	重复肯定
	Q2：Where is Lucy in the picture?	个人-女1："She is in the school."	水平三	"Yeah, thank you. Sit down please."（微笑）	简单肯定（+鼓掌）

[1] 王烨晖，秦可心，张楠，等.PISA问卷的最新发展趋势［J］.中国考试，2020（5）：16-18.
[2] 崔允漷，周文叶.课堂观察：为何与何为［J］.上海教育科研，2008（6）：51-53.

在上述例子中，依据学生回答所用的语言是否是目标语、语言单位的大小，将应答水平由低到高划分为五个水平：水平一是用汉语应答或应答错误；水平二是用单词或短语应答；水平三是用一个句子应答；水平四是用两个至四个句子应答，指向语段意识与能力；水平五是用五个以上句子应答，指向语篇意识与能力。可以用档案袋记录学生的关键行为、突出成就以及教师对他们的代表性评价等。

拓展阅读……

1. 辛涛，张彩.中小学教育质量综合评价改革的现状与前瞻[J].中国教育学刊，2018（8）：37-41.
2. 张珊珊.教育质量综合评价改革推进中的困难与建议[J].人民教育，2015（18）：53-56.
3. 赵雪晶.上海市基础教育质量综合评价的校本化实践探索[J].教师教育研究，2017，29（5）：75-80.

17. 增值评价

学生发展评价的一把新标尺，聚焦学生的进步，指向学生的进步，也能有效支撑综合评价、过程评价和结果评价的改进。

2020年10月，中共中央、国务院印发《深化新时代教育评价改革总体方案》（以下简称《总体方案》），明确提出了"改进结果评价，强化过程评价，探索增值评价，健全综合评价"的总体改革方向。《义务教育课程方案（2022年版）》（以下简称《课程方案》）体现了《总体方案》的精神，在"创新评价方式方法"中提出"关注学生真实发生的进步，积极探索增值评价"。增值评价源于何处？增值评价的内涵是什么？增值评价该如何开展？本章尝试回答上述问题。

一、增值评价的起源与发展

增值评价起源于1966年詹姆斯·科尔曼向美国国会提交的《关于教育机会平等性的报告》，简称《科尔曼报告》，[①]而后在20世纪七八十年代被运用到学校教育中。1984年，美国田纳西州的综合教育评价尝试运用教师评价来提高学生的成绩。1992年，田纳西州建立了增值评价系统（Tennessee Value-Added Assessment System），该系统是目前世界上最为完善、使用最为广泛的增值评价系统之一。[②]田纳西州增值评价系统对学生每年的学习进步进行测量，而不是学生是否在州评估中达到熟练程度。2002年，美国《不让一个孩子掉队》法案生效；而当2010年美国《争创一流》法案颁布后，各州被要求建立教师问责制度。课堂观察成为问责系统中教师评价的重要手段，增值评价则成为课堂观察的重要补充。

英国在增值评价的研究上同样具有丰富的经验。20世纪90年代，兰开夏郡首先开始增值评价的试点；随后，英国政府于2002年在英格兰与威尔

---

① 辛涛，张文静，李雪燕. 增值性评价的回顾与前瞻[J]. 中国教育学刊，2009（4）：40-43.
② 胡咏梅，施世珊. 相对评价、增值评价与课堂观察评价的融合：美国教师评价的新趋势[J]. 比较教育研究，2014（8）：44-50.

士推行增值评价法，并于2006年在全英推行增值评价法。[1] 英国增值评价主要应用在学校效能的评价，主要方式是关注情境化的增值（contextual value added）[2]，将学生个人信息，如性别、族裔和免费学校膳食的资格等纳入考虑。

在我国，"增值"的概念最早由香港教育统筹委员会在1996年提出，用于学校教育质量的评价，强调在评价教育质量时不能简单地对不同学校的教育成效进行比较，而要将学生入学时的学业水平纳入考虑，关注学生入学时与接受学校教育后成绩增进的幅度。在我国内地，尽管国家教育政策层面长期以来并没有直接提及"增值评价"，但类似的观念并不罕见，如发展性评价，相关的研究和实践也不少见。

然而，纵观国内外已有的增值评价研究和实践，我们不难发现，在教育领域中增值评价或用于评价学校的教育质量，比如英国和我国香港的做法，或用于评价教师的教学效能，如以田纳西州为代表的美国的做法，在学生评价中的运用并不多见；而且，从演进过程来说，增值评价的广泛应用源于"教育问责制"的驱动，因而增值评价的主要目的在于问责，而非促进教育的改进。

2020年10月，中共中央、国务院印发了《深化新时代教育评价改革总体方案》，提出了"改进结果评价，强化过程评价，探索增值评价，健全综合评价"的总体方向。这显然是对教育评价所有类别的要求，而《课程方案》将评价改革视为"课程实施"的一个关键，强调在"评价促进学习"的理念下创新评价方法方式，明确提出"关注学生真实发生的进步，积极探索增值评价"，进一步明确了增值评价在学生评价中的运用。同时，值得关注的是，新课程是在"促进学习的评价"的理念下倡导增值评价的，强调了增值评价促进学习的功能，而不是像以往那样主要用于奖惩问责。将增值评价用于学生评价，并将其功能定位于促进学习，这是新课程在增值评价上的重要创新。

二、如何理解新课程中的增值评价？

"增值"（value-added）原是经济领域的重要概念，是指产出与投入相

---

[1] 辛涛，张文静，李雪燕. 增值性评价的回顾与前瞻 [J]. 中国教育学刊，2009（4）：40-43.

[2] Bradbury A. Equity, ethnicity and the hidden dangers of "contextual" measures of school performance [J]. Race Ethnicity and Education, 2011, 14（3）: 277-291.

比增加的部分。① 在这一观念进入教育领域之后的很长一段时间内，其概念都是在学校评价和教师评价的语境中进行界定的，譬如"增值"最初就是指学生在学习过程中受到教师、学校等关键因素影响后，其成绩在特定时间段的增长幅度，反映了教师、学校等因素对学生成绩产出所贡献的价值增量。② 而增值评价是指通过追踪研究，收集学生在不同时间点上的学习成绩，基于成绩的纵向比较，并考虑其他不受学校或教师控制的因素（如学生家庭背景）对学生成绩的影响，使用统计分析方法考查学校或教师对学生学业成绩影响的净效应，进而实现对学校或教师效能较为科学、客观的评价。③ 不难看出，无论是用于学校评价还是教师评价，增值评价都需要以对在一定时间段内学生学习上的纵向变化的评价为基础。

在学生评价语境下，增值评价并非某种具体的评价方法，而主要是一种评价方式。增值评价甚至还是一种评价理念，它渗透于新课程所倡导的其他评价方式方法之中，为其他方式方法提供重要支撑，并为其他方式方法的有效性提供保障。增值评价也为新课程倡导的一些基本原则的落实提供了可靠的抓手。新课程强调"育人为本"，强调促进学生"健康、全面发展"，意味着包括评价在内的新课程实施的所有环节都必须落实"育人为本"。增值评价的本质就是看发展，相对于其他评价方式方法更能有效推动学生的发展。新课程强调"面向全体学生，因材施教"，若没有增值评价，单一地以某次评价的结果"论英雄"，必然导致课程实施中忽略甚至放弃一部分学生——"面向全体"难以落实。学生评价语境中的增值评价依据一段时间中的变化来对学生的学习做出价值判断，目的在于促进学生的学习。这种增值评价具有以下内涵。

（一）关注进步：增值评价的核心

《课程方案》在"创新评价方式方法"的语境中倡导增值评价，但严格来说，增值评价不是一种具体的评价方法，而是一类方法的总称，这类方法的

---

① 边玉芳，孙丽萍. 教师增值性评价的进展及在我国应用的建议[J]. 教师教育研究，2015，27（1）：88-95，112.
② 韩玉梅，严文蕃，蒋丹. 探索增值评价的中国路向：基于美国实践经验的批判性分析[J]. 华东师范大学学报（教育科学版），2023，41（2）：63-80.
③ 辛涛，张文静，李雪燕. 增值性评价的回顾与前瞻[J]. 中国教育学刊，2009（4）：40-43.

共同特点就是对学生在不同时间点上的表现进行比较，从而对学生的学习进步情况做出推论。因此，增值评价主要是一种评价方式——确切地说是评价结果的一种解释方式，是评价关注点的根本改变。

当前实践中常见的评价结果解释就是对学生的学习表现进行横向比较，如按成绩排名，通过排名来赋予分数之类的评价结果以意义。将学生表现与他人做比较，本质上是采用常模参照来解释结果。这种解释方式对于中高考之类的选拔性评价非常必要且很有价值。但若将其用于作为课程实施手段的评价，这种解释方式非但没有必要，反而会导致诸多问题，譬如学生的学习目标定位可能从真正的学习目标转向"成绩目标"，追求"超过他人"而不是真正的掌握；譬如降低部分学生的自我效能感，导致他们丧失学习的兴趣和信心，甚至逃避、放弃学习，人为地生产"失败者"……从某一角度来讲，对中高考这类外部评价的过度"模拟"是当前课程实施过程中的评价的最大问题之一。

课程实施过程中的评价是为了课程实施，也就是支持学生体验到正式课程中所蕴含的理想课程——从实践层面讲，就是要让学生达成课程所规定的目标。因此，解释这种评价的结果的合适方式应该是标准参照，即用学习目标来衡量学生的表现。这也是新课程所倡导的"教—学—评"一致的应有之义。

然而，即使仅仅从评价的常规理解——"价值判断"——视角看，仅借助常模参照或标准参照都不能反映学生学习的全貌，无法对学生学习做出准确的价值判断。常模参照能够反映学生在一个群体中所处的位置，标准参照有助于明确学生与学习目标之间的差距，但学习的本质是"变化"，没有变化，就没有学习。无论是常模参照还是标准参照都不能有效、全面地反映学生的进步状况。

关注进步，这个理念并不新鲜。一些教师可能认为，这已是实践中的常态，也是教师拥有的常识，无须特别倡导。的确，评价实践中有很多做法体现了对学生进步的关注。但是，什么是"进步"，仍然需要澄清。增值评价中用以确定"增"的依据至少会涉及学生在两个时间点上的表现，而这种"表现"是通过常模参照还是标准参照得出的，实际上反映了教师对"进步"的认识。比如，实践中常见的做法是拿学生表现在群体中排名的进退来衡量进步，增值评价所关注的是否应该是这种常模参照视角下的进步？这种所谓的"进步"

是学生不可控制的，可能付出很大的努力，排名反而下降了；或者实际上并没有学会，排名却可能上升了。增值评价中所关注的进步是学生在达成目标的旅程中的进步，必须是标准参照视角下的进步。在绝大多数情况下，对两次评价的成绩进行直接比较是没有意义的，除非两次评价所指向的目标是相同的。如果前后两次评价都包含了 A 目标，那么就要将学生在 A 目标上的表现分别从两次评价中"分离出来"，才能相互比较。这才是标准参照下的进步。

（二）促进进步：增值评价的指向

增值评价的提出为评价找到了传统的常模参照和标准参照之外的一个新的参照系，或者说为衡量学生的发展多了一把尺子。但是，找到这样一把尺子并非仅想"为表现不良者提供'安慰剂'"[①]。增值评价必须被置于"评价促进学习"的核心理念之下来理解，实施增值评价的目的在于促进学生的学习。如果说增值评价在学校或教师评价中的运用重点在于保证评价的公平，那么增值评价在学生评价中的运用重点则在于教育的公正，即面向全体学生，让不同的学生都在原有基础上有所进步。

增值评价对学习的促进作用是通过两条路径来实现的。首先，增值评价为学生的持续进步提供激励和支持。一方面，尽管标准参照是适合课程实施的评价结果解释方式，但标准、正式课程中的课程目标、某一班级某一堂特定的课的教学目标都是面向大多数学生确定的，而学生之间存在着巨大的差异，有些差异源于学生自身的自然禀赋或先前基础，有些则可能源于学生家庭的社会经济条件和教育资源。因此，很可能有一些学生可以轻而易举地达成目标，另一些学生即使做出了巨大的努力却依然离目标非常遥远。如果仅用标准参照，那么这两类学生很可能无法从评价中受益，而引入增值评价能够更好地支持这两类学生的发展。增值评价关注学生的学习进步，能够让学生看到真实发生的进步，从而体验到成功感，而成功感会成为个体继续努力的巨大动力，对表现优异者如此，对表现不良者作用更大。另一方面，增值评价关注学生在达成目标过程中的进步，有助于他们改变成功观念，将学习目标定位于真正的学习上，也有助于他们发现学习中的优势和不足，开展有针对性的学习。

[①] 崔允漷，王涛，雷浩. 义务教育课程方案（2022 年版）解读 [M]. 北京：北京师范大学出版社，2022：201.

▶ 关注进步是增值评价的核心，促进进步是增值评价的指向。

其次，增值评价为教师的持续改进提供支持。尽管学生评价语境中的增值评价聚焦于学生的进步，但要促进学生更大的进步，仅靠增值评价对学生学习的正面影响是不够的。我们期望的学生进步是通过学校、教师的努力而获得的，是学校、教师采用的干预措施的结果。增值评价具有潜在的诊断性功能，[①] 有助于让学习"可见"，有助于教师更好地"看见自己的影响力"，当然也有助于教师更好地发现"影响不足"的原因，根据详尽的数据描述识别出学生学习的成功与失败之处，并以此作为后续教学决策和自我提升的依据，从而采取更有针对性的教学干预措施。增值评价也可以在一定程度上将影响学生学业表现的自身、家庭、学校等因素以及学校依靠自身力量较难控制的一些因素分离出来，找到学校或教师引起的"净效应"[②]，帮助衡量教育实践、课堂课程、教学方法和专业发展等对学生学习影响的结果，在最需要的领域改善学校管理，调整教师专业发展，确定最佳做法，实施最能满足学生需求的方案。

除了在促进学生学习上的价值，增值评价在新课程实施上也具有重要意义。首先，增值评价为新课程所倡导的其他评价方式方法提供重要支撑。《课程方案》将增值评价作为评价方式方法创新的一个重要方向，与"基于证据的评价""协商式评价""表现性评价"等并列。然而，正如前面所述，增值评价并非某种具体的评价方法，而主要是一种评价方式。增值评价甚至还是一种评价理念，它渗透于新课程所倡导的其他评价方式方法之中，为其他方式方法提供重要支撑，并为其他方式方法的有效性提供保障。基于证据的评价需要将评价建基于可靠的证据之上，然而证据不能是某一特定时间点上关于学生学习情况的"快照"，而必须包括学生学习的进步证据；协商式评价需要就评价的内容领域、目标、方式、结果等与学生达成一致，至少在评价焦点领域的确定上一定需要学生进步状况的信息；表现性评价蕴含着学习进阶的理念，因此其本身就强调增值，且表现性评价同样不能局限于对学生在特定时间点上的表现的描述，而要关注学生表现的进步。如果从更高的层面来讲，增值评价也能为《总体方案》所倡导的其他三种评价提供支撑：增

---

① 辛涛，张文静，李雪燕. 增值性评价的回顾与前瞻[J]. 中国教育学刊，2009（4）：40-43.
② 王晓华. 基于PISA数据的学校增值评价研究[J]. 教育发展研究，2021，41（10）：8-17.

值评价为结果评价的改进提供了一种方向，至少为结果的呈现和解释提供了新的思路；增值评价关注学生在一段时间内或学习之后的进步，开展增值评价就是在强化过程评价；综合评价强调对学生学习或综合素养进行全面的评价，无论是学业成绩还是态度习惯、创新精神等都需要关注进步，需要增值评价的支撑。

三、如何落实增值评价的实施？

新课程倡导"探索增值评价"，目的在于推动新课程更好地实施，就此而言，要落实新课程，就必须实施好增值评价。那么，在课程实施中如何做好增值评价？以下三个方面非常重要。

（一）准确把握增值评价的关键

增值评价的关键之一是"增"，它关注当前的表现，但不是单纯以当前的表现来衡量学生，而是要看当前表现与以往表现相比较的"增长""进步""发展"，并让学生着眼于未来的增长、进步或发展。由于心理测量学的评价范式（其特征是心理学与统计学的混合）长期占据教育评价的主导地位，以致人们常产生一种误解，评价必须量化，因此"增"一定体现为增"量"。增量的确是增值评价中"增"的应有之义，增值评价的确也不排斥对学生所掌握的知识范围扩大或技能数量增加的关注，但仅以"量"的变化来体现"增"的传统做法必须扬弃——以学生在群体中的相对位置来表示增量实际上背离了增值评价的根本，而以不同考试中的原始成绩的不同来表示增量也是不科学的，课程实施现实中同样极少为了看增量而以相同效度的试卷考两次。事实上，当课程转向关注核心素养之后，"增"应该更多关注学习的"质"的提升，如认知结构和方式的改变、认知水平的提高等，而这些"质"的提升同样无法用数量来表示，用"述评"来描述更加适当。所谓述评，就是向学生提供关于其表现的描述性信息，如后面表 17-1 的案例中，本书作者针对标准 3"是否总结了原文的主旨大意"给一名学生的描述性信息是："上一次写作时，你的总结中有些只是对文章内容的复述，并没有真正的总结，还有些是文章内容中没有涉及的，其实是对文章内容的延伸拓展；这一次作业中，你的'总结'完全聚焦文章内容,且对具体内容做了概括、提炼。进步很明显。"

增值评价的另一个关键是"值"。课程是特定社会文化历史背景下价值选择的结果,反映特定时期的课程理想。"双基"时代的课程实际上反映了人们对"什么知识最有价值"的回答,进入核心素养时代后,课程要回应的是"学生终身发展及适应未来社会需要什么样的价值观、必备品格和关键能力"。与之相应,增值评价所应关注的"值"也就必须超越知识掌握和学业成绩,而将学生的"价值观、必备品格和关键能力"作为评价考查的重要维度。即使是学科的学业成绩,也不能停留于以往对知识技能的掌握上,而要将课程标准规定的"学业质量标准"的全部内容纳入评价范围,关注其所"增"情况。例如,李毅等通过问卷调查的形式对学生的阅读素养进行了历时的增值评价,该增值评价不单单是关注学生阅读能力的增值情况,同时也关注学生阅读兴趣、阅读策略和阅读习惯的增值情况。[①]

从实践层面讲,增值评价还有第三个关键,那就是"持续"。增值评价关注学习前后产生的历时性变化,建基于对学生学习全程的追踪,因此必然要求在课程实施过程中持续地收集学生学习的情况。增值评价指向促进学习,如果只在特定的时间点上实施增值评价,比如学期结束时拿期末情况与学期开始时作比较,那么这种增值评价在促进学习上的作用就会大打折扣。课程实施中增值评价需要持续并贯穿课程实施的始终,需要教师有持续收集学生学习证据的意识,持续关注学生的进步,并持续发现自己教学和学生学习中的问题。

(二)探索多样化的增值评价方法

增值评价在学校评价和教师评价中的运用导致了一些专门的方法或模型的产生,但其中很多模型并不适用于以学生学习为对象、指向促进学习、作为课程实施手段的增值评价。增值评价的实施通常需要遵守以下八个先后步骤:明晰评估目的和测验方向、表示和使用增值数据、分析增值数据的质量、选择合适的增值评价模型、与利益相关者商定方案细节、练习如何使用增值评价、

[①] 李毅,郑鹏宇,黄怡铭.基础教育增值评价:内涵、价值与实证研究:以新时代中小学生阅读素养为例[J].中国电化教育,2022(10):47-55.

开展增值评价试点项目、继续优化增值评价方案。① 但该步骤更适合于总结性评价，难以用于课程实施过程中那些需要持续实施的、本质上应该是形成性的评价。课程实施中的增值评价需要在实践中创造。

一方面，增值评价在评价方式上必须超越单一的纸笔考试，运用作业、观察等日常手段，"伴随教学过程开展评价，捕捉学生有价值的表现"，随时收集学生表现信息，关注学生在学习过程中真实发生的进步。另一方面，也是更重要的，增值评价应着眼于学生的学习"增值"或进步，有意识地运用评价让学生看到进步并促进进步，譬如可以运用档案袋评价和表现性评价的方法；也可以在提供学业或综合素质报告时淡化分数和等级，更多描述学生学习中的进步状况、努力方向；还可以根据学生的表现情况与学生商定评价焦点领域，签订进步合约；以及可以先对存在问题的作业提供描述性反馈，在学生修改之后再给予等级，甚至让学生在接受针对性辅导之后再次参加运用同一评价工具的评价。例如，在表现性评价中，运用同一评分规则同时结合教师的评论对学生的表现进行历时的评价，是探索多样化增值评价的重要方式之一。表 17-1 是本书作者在英语写作课堂上运用评分规则的一个简单案例，写作任务是要求学生在阅读一篇小短文后，用自己的话总结原文意思。评分规则主要从总结部分是否有逐字摘抄原文、是否总结了原文的主旨大意、是否有个人的观点与判断以及逻辑是否合理四个方面进行评价。通过将学生在每一标准的得分及教师评论与前次相比较，学生与教师可以清晰地了解该生写作的优势与劣势，教师也可以用这些评价以及增值数据来改善自己下一步的写作教学。

表 17-1　英语写作评分规则

标准	5 分	3 分	0 分	得分	教师评论	与前次写作相比较
是否有逐字摘抄原文	没有逐字摘抄	有 5–10 个字的逐字摘抄	有超过 10 个字的逐字摘抄			

---

① OECD. Measuring improvements in learning outcomes：best practices to assess the value-added of schools［EB/OL］.（2008-11-25）［2023-08-06］. https：//www.oecd.org/education/school/measuringimprovementsinlearningoutcomesbestpracticestoassessthevalue-addedofschools.htm.

续表

标准	5分	3分	0分	得分	教师评论	与前次写作相比较
是否总结了原文的主旨大意	总结了原文的主旨大意	部分总结了原文的主旨大意	没有总结原文的主旨大意			
是否有个人的观点与判断	有		没有			
逻辑是否合理	合理	大部分合理	逻辑难以理解			

（三）运用增值数据改进教学

　　课程实施过程中的增值评价主要关注的是学生学习的评价，但这并不表明这种增值评价只对学生有用。实际上，要落实新课程倡导的"评价促进学习"的理念，对通过评价所获得的信息或证据的运用是关键中的关键。评价信息既要为学生所用，也要为教师所用。从教师角度讲，评价信息的主要用途就是作为自己教学决策的依据。以往以某一时间节点上的表现为依据的评价不足以为教师提供充足的决策信息，增值评价的引入丰富了教师能获得的信息，这些信息必将成为教师教学决策的基础。这意味着，教师需要通过对学生增值信息的分析来明确自己特定的教学举措的效能，识别特定教学干预手段的成功和失败，并以此作为教学改进和自身专业发展的基础。在这一方面，现有用于学校评价和教师评价的增值评价模型能够为教师的自我反思和专业成长提供可利用的支持性工具。

▶ **拓展阅读……**

1. 崔允漷，王涛，雷浩. 义务教育课程方案（2022年版）解读［M］. 北京：北京师范大学出版社，2022.
2. 韩玉梅，严文蕃，蒋丹. 探索增值评价的中国路向：基于美国实践经验的批判性分析［J］. 华东师范大学学报（教育科学版），2023，41（2）：63-80.

18. 学业述评

新评价的一个亮点，针对长期存在的"数字"评价的弊端，倡导描述性评价，为过程评价、增值评价和综合评价的改进提供了思路。

2020年10月，中共中央、国务院印发《深化新时代教育评价改革总体方案》（以下简称《总体方案》），对我国未来较长一段时间的教育评价改革做了总体规划。《总体方案》涉及教育评价改革的方方面面，其中有很多之前从未出现过的新提法——学生学业述评就是其中之一。《义务教育课程方案（2022年版）》中未直接提及"学业述评"这一术语，但其中"基于证据的评价""表现性评价"的背后都隐含着"述评"的观念，且所有学科课程的课程标准或直接提及描述性评价，或提及如写实记录、定性评价、质性分析、评语之类，背后的核心都是"述评"。何为学生学业述评？为何要开展学生学业述评？学业述评如何开展？本章尝试基于对述评的源流的梳理来回答上述问题。

一、"述评"从何而来？

在学生学业评价领域，"述评"是一个全新的提法。但作为一种社会实践，述与评的结合却是一种常态。在专门化、制度化的学生学业评价中，述评被边缘化太久。近几十年来，随着教育评价新范式的持续建构，"述"的价值得以被重新发现。

（一）述评合一：日常生活常态

作为一种社会现象，评价有非常悠久的历史。可以说有了人类社会，如对人的议论、对事的评说、对产品的评点之类的评价就成为日常生活中的常见活动。日常生活中的评价经常会与相关的证据联系在一起，也就是在做出判断的同时提供判断的依据。比如，《论语·公冶长》中记载，孔子评价子产有君子之风时就同时提供了他的四个证据，"其行己也恭，其事上也敬，其养民也惠，其使民也义"。又比如，金圣叹评点《水浒传》，大部分的评点都在做出判断的同时提供了判断的依据,即对判断的论证,如"妙""妙在何处";即使有些评点仅有判断,但因为主要采用了夹批的方式进行评点,故而所做的判断有明确的指向,也就有了"述"的意味。

做出判断,同时为这种判断提供事实依据,并非只适用于文学批评之类专业场景的规则,相反,这是一种常识,是人类一种基本的思考方式,甚至年幼的孩子也能自发运用。比如《列子》记载的"两小儿辩日"中的小儿争辩太阳何时离人近,一小儿认为日出时离人近,日中时离人远,依据是"日初出大如车盖,及日中则如盘盂",而另一小儿认为正好相反,依据是"日初出沧沧凉凉,及其日中如探汤"。我们的教育活动也在努力培育这样的思考方式,比如小学语文教师要求学生把事"写具体"——"不用'开心'这个词却要能够让人看出你开心",就是教学生用证据表达观点。

在教育活动中,尤其在师生的日常交流活动中,教师对学生表现进行描述的做法并不罕见。然而,遗憾的是,在正式的专门的制度化的学生学业评价中,"述"却失落已久。

(二)"述"的失落:评价专门化的后果

我国的科举制度被公认为世界上最早的考试制度,其评价已没有了述的成分,而只用"圆圈""圆点"等符号来做评定。甚至在科举制成熟之前,如南朝齐泰始三年,秀才科策试就实施了等级制,只按照答题的数量来确定等级:答出全部5个问题为"上",答出3—4个问题为"中",只答出2个问题则为"下"。

1901年,著名心理学家桑代克编制的书写量表正式出版,这被看作"对教育成果的科学测量的真正开端",对教育成果的评价开始数量化。20世纪20—30年代,智力测验因其在其他领域中的明显成功而被贴上"科学工具"的标签,正好迎合了教育中科学管理运动的需求,从而被引入教育领域。自此,以学术性向测验(Scholastic Aptitude Test,SAT)等为代表的测量工具应运而生且日渐盛行,并成为其他考试工具的蓝本。基于心理测量学的标准化测验成为教育评价的主流范式,学业成就被狭化为标准化测验中的分数,分数的价值由其在"正态分布曲线"上的位置来确定。这种做法不仅在外部大规模评价中占据统治地位,甚至也逐步渗透到学校内部的日常评价之中,成为学校内部学生评价的常规做法。至此,教育领域的正式评价中,"述"即使不是完全失落了,也是被严重边缘化了。

用数字来表示学习成就,看起来似乎科学,却会导致严重后果,其中最严重的后果就是学习被"碎片化"。人们认识到,心理测量学范式不只是不适合教育评价,甚至对学校教育产生了明显的阻碍作用。在对基于心理测量学的评价范式的批判中,一种新的评价范式——有些人称为"教育性评价",有些人称为"促进学习的评价"——正在兴起。而"述"的价值被重新发现,正是新范式的一个重要特征。

(三)"述"的回归:教育评价新范式的要求

实际上,即使在心理测量学的评价理论占据主流地位的时代,现代评价理论中对"描述"的价值的探索也从未停止过。20 世纪 30 年代,泰勒基于"八年研究",首先提出评价是达成目的的手段,评价就是客观描述教育结果与教育目标的符合程度。"描述"作为评价的重要手段或方法的价值得到广泛的认可。之后的发展大致有两条路径。

一是强调对行为目标之外学习的关注。泰勒的目标模式过度强调预定的可测的行为目标,可能导致一些学习目标或结果被忽视,而这些结果有时甚至比可测的东西更重要。这些学习必须得到珍视,也必须将这些相关的学习纳入评价之中。卡利尼(Carini, P.F.)认为,学习中存在的一些不可测量的东西甚至是人性中更重要的东西,如仪态与姿势、性格与气质、与他人的关系、兴趣与爱好、思维与学习方式。由于流行的标准化测验对这些不可测的东西无能为力,因此她在所创办的展望学校中实施基于观察和描述的方法,从上述五个方面对儿童进行描述性研究。[①]

二是关注评价在促进学习中的作用。随着促进学习的评价范式兴起,关于如何运用评价来促进学习受到广泛的关注,越来越多的研究强调评价结果的运用在促进学习中的关键作用。而要发挥评价结果促进学习的作用,评价就

[①] 卡利尼. 让学生强壮起来:关于儿童、学校和标准的不同观点[M]. 张华,等译. 北京:高等教育出版社,2005:导论.

> 要使评价促进学习，评价必须为教师的教学决策和学生的学习决策提供信息。

必须超越分数符号性的评判，[①]就必须向学生提供具体的信息，让学生明了"我现在在哪里"——不仅是不可测的学习需要描述，那些原本可以用标准化测验评价的学习结果同样需要描述。这一领域的研究提供了众多的实证证据，如哈蒂（Hattie，J.）等人发现，在反馈的四个层面中，个人层面的反馈——对个人的判断——是最无效的，而任务层面的反馈——关注任务完成状况的反馈——则是最有效的。[②]巴特勒（Butler，R.）在以色列四所学校六年级的十二个课堂中调查了不同类型的反馈的有效性：那些只得到分数的学生从第一节课到第二节课没有任何进步，且其继续相关学习任务的意愿取决于其得到的分数；而只得到具体评语的学生在第二次课的任务上的得分平均高出第一次课的得分30个百分点，且所有这些学生都表示愿意继续做类似的学习任务。[③]

但"述"真正回归教育评价实践，更应归功于近几十年来教育评价发展的两个重要趋势。一是课堂评价成为评价研究的重要领域。以往的评价研究主要关注外部大规模评价，在这种评价中，即使"述"的价值得到认可，也会因为可操作性不足而被排除在外。课堂评价是教师日常教学实践层面的评价，与教学紧密相关，甚至在很多时候与教学一体，因此课堂评价为"述"与"评"的结合提供了切适的场景。二是在标准化测验之外"另类评价"方式方法的兴起。观察、记录等质性探究方法被引入评价，诸如"档案袋评价""真实性评价""表现性评价"等多种方法技术被持续开发出来，这为"述评"的实施提供了方法或技术的保障。

二、如何理解学业述评？

学生学业述评必须成为新课程实施中关键的评价实践，而要落实学生学业述评，就必须厘清其中蕴含的丰富内涵。

[①] Dessie A A, Sewagegn A A. Moving beyond a sign of judgment: primary school teachers' perception and practice of feedback [J]. International Journal of Instruction, 2019, 12（2）: 51-66.
[②] Hattie J, Timperley H. The power of feedback [J]. Review of Educational Research, 2007, 77（1）: 81-112.
[③] 威廉. 融于教学的形成性评价：原著第2版[M]. 王少非，译. 南京：江苏凤凰科学技术出版社，2021: 153-154.

（一）改进：学生学业述评的目的

作为指引新时代教育评价改革的纲领性文件，《深化新时代教育评价改革总体方案》提出了"到 2035 年，基本形成富有时代特征、彰显中国特色、体现世界水平的教育评价体系"的总体目标，并为达成这一目标设定了五大方面共二十二项重点改革任务。在第三项重点任务"改革教师评价，推进践行教书育人使命"的第二方面"突出教育教学实绩"中，《总体方案》明确提出"探索建立中小学教师教学述评制度，任课教师每学期须对每个学生进行学业述评，述评情况纳入教师考核内容"。从中可以看出，开展学生学业述评，目的在于提升教育教学实绩。所谓"教育教学实绩"，也就是教师专业实践的实际效果，这种效果一定体现在学生的学习或发展上，因此，开展学生学业述评一定是为了更好地促进学生学习。

为何要更好促进学习就要开展学业述评？原因就在于现实中"非述"之评或"无述"之评越来越明显地暴露出了其局限性。多年来，评价被视为价值判断，而这种判断经常用分数、等级、排名或笼统的评语来表征。或许不能否定这种做法的出发点也在于促进学习，然而其本质是试图经由影响学生的情绪动力来促进学习，其所依托的基本逻辑是：你知道你的得分低，你的排名靠后，你就会因此奋起直追，就会有更大的学习投入，从而就会得到更好的结果。很不幸，这个逻辑并不成立：知道自己分数低，并不一定就会产生积极的动力，也可能放弃；即使更有动力且更投入，未必带来更好的结果，因为分数不能让学生清晰地知道自己学习上的具体问题所在。

半个多世纪以来关于"形成性评价""教育性评价""促进学习的评价"等主题的研究已经证明，若要使评价发挥"形成性""教育性"或"促进学习"的功能，就不能仅依赖于评价的情绪动力功能，不能只想激发学生的学习动力，而将朝哪个方向改、改什么、怎么改等问题留给学生自己解决；要使评价促进学习，更靠得住的是评价的认知功能，也即评价必须为教师的教学决策和学生的学习决策提供信息。将表现整合成一个或几个数字或等级，或提供笼统的判断性结论的常规做法恰恰将评价信息降到了一个最低限度上，导致评价促进学习的功能受到极大的局限。相反，述评能够向学生提供关于学习情况的具体信息，因而能更好地回答"我现在在哪里"，进而能更好地找到达成学习目标的路径;更重要的是,述评能够向学生展示评价的全过程,从而向学生提供评价示范,有助于对未来更为重要的自我评价能力的发展。

(二)学业:学生学业述评的指向

学生学业述评,"述"什么?"评"什么?这似乎不言自明:所要"述评"的当然是"学业"。然而,鉴于评价的现实,厘清学生学业述评的指向很有必要。

首先,学生学业述评应当聚焦学生的学业,而不是学生这个人。当前的学生学业评价经常有过度推断的现象,即根据学生的表现来对学生做判断、下结论,甚至从"心向""智力"维度给学生贴标签,比如在小学课堂中常见的"你真聪明""你真棒"之类的评价语,导致评价焦点发生了偏差。这样一种偏差进而会导致学生产生错误的归因,将学习成败归因于内在的稳定的不可控的因素,从而形成"学习宿命论"。

其次,学生学业述评应当聚焦通过学校教育获得的学业,而不是所有的学业。学生的学习发生在众多场域,会发生于学校、课堂,也可能发生在学校之外,其中有些与学校教育没有太大关系,更多受家庭环境和教育的影响,甚至来自校外培训。将与学校教育无关的学业尤其是校外培训中获得的学业纳入述评,对来自不同社会经济背景家庭的学生是不公平的。

最后,学生学业述评应当聚焦教育目的、培养目标、课程标准中有要求的学业。从广义的学业来讲,述评应当关注的是学生在德智体美劳各方面的发展情况或综合素养的形成;从狭义的学业来讲,述评必须关注课程标准的要求,将课程标准作为述评的"直接依据"。这是新课程所倡导的基于课程标准的评价的应有之义。

总而言之,这里所说的学业应当是学生在学校学习中所获得的成就,体现为对学校相关课程目标的掌握程度。这意味着,学业成功的标准不再是超过他人,而应该是达成目标。

(三)描述:学生学业述评的核心特征

在常规的学生学业评价实践中,尽管用于做出评价的证据可能不够可靠和全面,但不能否定,大部分评价结果的得出是有依据的,只是这种依据通常没有呈现出来,从依据到结论的推论过程也没有呈现出来。学生学业述评要求的是不仅将评价建立在可靠的全面的证据基础之上，还要将从证据到结果的推论过程呈现出来，并且要将证据本身作为评价结果的重要组成部分，用于与学生及其他相关人员交流。

学生学业述评重在对学生当前学习状况的描述，也就是提供关于学生当前学习中的优势、问题等具体信息，而不是分数、等级等符号或其他笼统的判断，从这一点来说，"述评"为当前的"结果评价"改革提供了一个方向。确切地说，述评需要提供的是学生当前学习状况与目标状况的关系的具体信息，以便让学生明白当前情况与目标状况之间的差距。要提供这样的信息，教师首先必须运用多种有效的手段来收集关于学生学业状况的信息。这需要教师始终关注学生的学习，持续收集学生学习的信息，"注重对学习过程的观察"，"捕捉学生有价值的表现"，并进行客观记录，在此基础上开展"基于证据的评价"。

但述评不能仅限于"基于证据的评价"。"基于证据的评价"重在将评价建立在可靠的充分的证据基础之上，最终还是指向于评；述评还得将作为证据的描述性信息呈现出来，与被评者或其他利益关系人分享。述评要真正起到促进学习的作用，证据本身甚至比基于证据做出的结论性判断更重要。评价对学生学业的促进作用是通过学生基于评价信息的行动而实现的，如果学生不能得到这些信息，或者虽然得到但不理解这些信息，那就无法基于信息采取行动，改进也就不可能实现——"述评"就是要解决评价信息的可理解性和可行动性。就此而言，对于改进，"述"比"评"更重要，也更有效。而且，要促进改进，述评就必须在师生互动的情境中实际发生——"述评"材料绝不能放在教师的考核档案中了事，所呈现的证据或信息必须成为学生反思、交流的对象和材料，成为师生做出后续教学—学习决策的依据。

三、如何开展学生学业述评？

如果我们期望学业述评能够真正起到提升教育教学实效的作用，那么就必须让学业述评超越教师考核情境，把述评观念渗透到教师日常评价实践的各领域、全过程，并以目标为依据，收集并呈现学生在达成目标过程中的表现信息。

> 要使评价促进学习,评价必须为教师的教学决策和学生的学习决策提供信息。

(一)必须确保述评成为学生学业评价的常态

《总体方案》要求将教师的学生学业述评工作纳入教师考核指标体系,这体现了对评价作为教师专业实践领域之一的认可,有助于促使教师关注学生评价,有助于推动教师评价素养的提升。然而,如果将学生学业述评的价值局限为为教师考核服务,那么就完全偏离了《总体方案》倡导学生学业述评的本意。确切地理解,将学生学业述评纳入考核是为了更好地推进教师的学生学业述评实践。

如果期望评价有助于改进,那么评价就必须成为创造"持续地关注学生进步的信息流"[1]的过程。教师在教学过程中需要持续获得学生学习的信息以支持自己的教学决策,学生同样需要获取关于自己学习的信息来支持自己的学习决策。相对于"无述之评",述评能够提供更有用的信息,因此即使是一个学习阶段结束后实施的述评也会更有利于学生学习的改进,但阶段性、间或性的述评无法创造出"持续"的信息流。对于改进,更重要的是教师和学生在教与学的过程中持续地获得信息,就像我们使用导航仪,一定是期望它在旅程中持续向我们提供关于当前位置与目的地关系的具体信息,而不是在旅程结束之后向我们提供一份包含有旅程具体信息的报告。当师生在尚有机会改进时获取具体的信息,这种信息才能最大限度地发挥促进改进的功效。

这意味着,教学过程中所有的评价都应有述评的成分,甚至是只做描述,不做简单化判断。日常作业、随堂练习的批改可以不给分数、等级,只需要提供学生表现的具体信息;平常所用的评语需要超越"真棒""good job"之类简单的判断,至少需要在判断之后对所做的判断做出解释,说明"棒在哪里";阶段性的专门的述评不能只提供等级,而是需要提供有具体指标的分项等级,并需要对学生所获得的分项等级进行解释,让学生依据具体指标自己去对照。

(二)必须厘清学生学业述评结果的关键用户

当学生学业述评仅作为教师考核的内容之一时,教师的学生学业述评情况的关键用户就是教师考核的实施者。如果我们期望学生学业述评能够带来教育教学实绩的提升,学生学业述评的关键用户就不能仅限于教师考核的实施

---

[1] Simpson M. Differentiation and assessment [C] //Scott D. Curriculum and Assessment. Westport, CT: Ablex Publishing, 2001: 25-40.

者，而是必须扩展到学习过程的所有参与者：学生、教师，甚至家长。

学生必须成为学业述评的最关键用户。作为一种行动，"述评"一定是面对学生来实施的；作为一种产品，如"学业述评报告"或"学业分析报告"之类的文本，一方面当然用作考核的支撑材料，但更重要的是要为学生所用。只有当学生获得了学业述评结果，述评才会真正成为对学生学业改进有益的反馈。从这一角度看，当学生学业述评被纳入教师考核的内容时，一定不能只考核教师"是否提供了学生学业述评材料"，更重要的是考核"述评是否真实发生"、"述评材料是否与学生见面"、"是否采用各种措施帮助学生理解、运用述评材料"以及"述评对学生学习改进发生的实际影响"等。

此外，实施述评的教师自己也是"述评"的关键用户，教师必须认识到，对学生学业进行述评或为述评做准备（收集具体信息、客观记录），不只是向学生提供信息，更是为自己后续的教育教学决策获取坚实的依据，如果教师自己不用，那么述评促进学习就丧失了一条重要路径。此外，对于年龄较小的学生而言，其家长也应当成为学生学业述评的关键用户。在某些情境下，其他教师也应当成为学生学业述评的用户，比如，教同一班级的其他教师，或原任教师调离后的接任教师，甚至学生升学后下一学段的教师。

（三）必须以学习目标为依据

具体的"述评"内容取决于对"学生学业"的理解。学生的分数，或者其相对于同伴在一个群体中所处的位置，是学业表现的一种表征，但聚焦于这些方面的"述评"无益于学生学业的进步。指向于改进的学生学业述评需要更适当的参照系作为核心依据，那就是国家规定的对特定学生的学业要求——从操作层面来讲，这种要求体现为学习目标。

国家对学生学业的要求体现在多个层面。一是宏观层面，学生学业指学生在德智体美劳各方面的发展情况。二是中观层面，如教育部等发布的《义务教育质量评价指南》中视"学业发展"为"学生发展质量评价"指标的组成部分，与"品德发展""身心发展""审美素养""劳动与社会实践"并列，包括"学习习惯""创新精神""学业水平"三个关键指标。三是微观层面，涉及具体的课程标准中的"学业质量标准"，即以核心素养为主要维度，结合课程内容，对学生学业成就具体表现特征的整体刻画。它规定了学生在特定课程上的表现水平，明确了学生在学习课程内容后应达到的程度，构成了一个具体的学习目标体系。四是最微观层面，即一个活动、一个项目、一个单元或课时的具体学习目标。这些学业要求为学生学业述评的内容确定提供了框架，学业述评就是要描述学生在达成这些学业要求方面的具体表现，比如，要求学生完成的任务是一个"总分总"结构的片段写作，描述就不能聚焦于作业的整洁度、书写或语法的正确性，而应着重于描述学生作业中与结构相关的那些表现情况，如总起句是否很好地引导了相关的例证，例证是否是对总起句的有效展开，总结句是否很好地总结了那些例证并呼应了总起句。

需要关注的是，尽管述评参照的是相同的目标框架，但述评的具体内容必然是个性化的。因为不同学生在同一目标上的具体表现很可能各不相同，优劣势也各不相同，对评价的需求同样存在差异，因此述评涉及的具体项目、焦点、内容可以由师生双方在目标框架内来商定。

（四）必须以持续收集学生学业的具体信息为前提

"述评"的提出体现了对评价核心功能的认识的改变，"学业述评"就是要向学生提供关于其学业状况的具体信息或描述性信息。这要求教师必须在日常教学过程中运用多种手段来持续收集学生学业状况的具体信息。

首先，这些信息可以包括但绝不限于通常用来标识学生学业水平的分数、等级，也不能是对学生学业状况的笼统判断，而应当描述或刻画学生相对于学业目标或学业质量标准的具体表现。还是以前面的片段写作为例，教师就不能像以往那样只在成绩册上登记学生的等级，而需要收集学生在具体目标上的表现信息，比如表18-1所示的信息记录就为述评提供了很好的基础。

表18-1 学生片段写作的信息记录

评价主题：片段写作				
评价目标：1.有适当的总起句；2.至少运用3个支持性的例证；3.按一定的逻辑顺序呈现；4.有适当的总结句，能呼应总起句。				
学生	目标1	目标2	目标3	目标4
学生1	清晰明确	3个	有较好的逻辑	好，有呼应
学生2	无	3个，其中2个无关	缺乏逻辑	呼应不清晰

续表

学生	目标1	目标2	目标3	目标4
学生3	较好	2个	有较好的逻辑	无
学生4	不清晰	3个，其中1个无关	有较好的逻辑	呼应不清晰

其次，这些信息包括了但绝不限于某个特定时间点上学生的学业表现信息。《总体方案》规定任课教师每学期对学生进行学业述评，实践中这种述评通常会在期末实施，因此期末学业测试上的表现信息很容易成为"述评"提供的主要信息。但"述评"不能只限于提供学生在期末测试这个特定时间点上的表现信息，同样需要将学生整个学习过程的信息纳入其中，这需要教师平常加强对学生学业的记录。

最后，这些信息应该是经过加工整理，易于为学生理解运用的信息。原始记录可能是具体的，但不易让学生准确看到自己的学业不足，也难以让他们运用这些信息来支持自己下一步的学习决策。教师需要全面考察所收集的信息，基于对相关信息的分析判断，指出学生存在的不足，提出改进的建议。

拓展阅读……

1. 卡利尼.让学生强壮起来：关于儿童、学校和标准的不同观点[M].张华，等译.北京：高等教育出版社，2005.
2. 李树培.描述性学生评价论[M].济南：山东教育出版社，2012.
3. 王少非，等.促进学习的课堂评价[M].上海：华东师范大学出版社，2018.

19. 协商式评价

评价育人的重要策略，高度认可学生在评价中的主体地位，强调将协商对话贯穿评价的全过程，发挥促进学习的功能，并支持学生评价与反思能力的发展。

《义务教育课程方案（2022年版）》在第五部分"课程实施"的"改进教育评价"中明确提出："加强对话交流，增强评价双方自我总结、反思、改进的意识和能力，倡导协商式评价。"协商式评价从何而来？协商式评价的核心内涵是什么？开展协商式评价的关键点是什么？本章尝试回答上述问题。

一、协商式评价从何而来？

作为一个概念，协商式评价似乎是新一轮课程改革提出来的，但其中所蕴含的观念却有它的源流。

（一）回应式评价：通过对话交流回应相关人的需求

20世纪30年代，泰勒提出了教育评价的目标模式，强调把目标作为评价的出发点和依据。相对于以往基于心理测量学的评价，目标模式显然更符合教育的本质。然而，目标模式在后来也受到很多批评和质疑，比如过度强调预定目标，忽视非预期的结果，而目标本身的正当性没有得到评价等。

斯泰克（Stake, R.E.）针对目标模式存在的问题，提出了回应式评价（responsive evaluation）模式，从提高评价对利害关系人的效用出发，强调评价不应从预定目标出发，而要回应所有利害关系人的关切。[1]因此，评价的议题不应由评价者预先确定，而必须深入了解评价客体和利害关系人所关注的事项，通过评价参与各方的互动探讨来形成，甚至在评价过程中还可以加以调整；评价不应死扣评价方案最初的意图，而要关注评价的实施过程，特别要充分考虑评价参与各方的不同判断和价值观，并为此调整评价方法、流程甚至议题；评价的结果要反映、诠释评价参与者的不同期望和价值，并采用易于为相关人理解的方式加以呈现。在斯泰克的回应式评价中，评价不

---

[1] 金家新，兰英. 从外貌模式到回应模式：论斯泰克（R. E. Stake）的课程评价理论［J］. 外国教育研究，2010, 37（10）: 14-17.

> 对于改进，评价过程中的协商本身比协商出来的结果更重要。

再是评价者单方预定评价目标、决定评价方案，然后将评价结果强加于被评价者的活动，而是强调与评价利害关系人的持续的沟通交流，处处体现了对评价对象及评价利害关系人的尊重和理解——虽然回应式评价没有直接强调协商，且主要适用于外部评价，隐含着以外部评价者为主导的意味，但其中已能很清晰地看到"协商"的核心成分：对话与交流。

（二）第四代评价理论：为共同建构而协商

在评价理论文献中，协商（negotiation）被引入评价之中，主要归功于古巴和林肯的第四代评价理论。第四代评价理论强调评价的三个核心：（1）共同建构，评价的本质在于评价参与各方在协调价值观、解决认识分歧的基础上形成共同的心理建构。（2）回应，评价的出发点在于回应评价各利害关系人的需求。（3）协商，为达成共识，评价过程中参与者需要开展持续的对话、交流。[①]

古巴和林肯为协商建构了一种"建构性探究方法"：在自然状态中运用质性研究方法，基于各利益相关方的平等交流开展探究过程，尽可能吸收各方对评价活动的意见和见解，各方可以根据自己的观点对其他人的观点进行分析和评论，形成一个各方都能接受的意见，实现共同建构，最终形成反映各利益相关方对在特定时空、条件和经验中形成的共同建构达成共识的案例报告。报告描述的并非事物事实意义上的状态，而是所有参与评价者及利益相关者基于对对象的认识而整合成的一种共同的看法。但第四代评价理论未将教育评价作为主要讨论对象，且其协商所指向的是结果的共同建构，没有突出强调协商本身的发展价值。

（三）促进学习的评价：为学习改进而沟通

近几十年，教育评价领域兴起了一种新的评价范式，即所谓促进学习的评价（assessment for learning）。相对于传统旨在对学生学习做判断的评价（assessment of learning），促进学习的评价强调收集学生的学习信息，并将信息作为证据来支持教与学的调整。这种观念与形成性评价一样，将评价

---

① 张民选. 回应、协商与共同建构："第四代评价理论"评述［J］. 外国教育资料，1995（3）：53-59.

放在与教学、学习的互动关系中考查，强调评价改进教与学的作用。

无论是形成性评价还是促进学习的评价，都将课堂中的沟通交流视为改进的关键。比如，布莱克（Black, P.）和威廉（Wiliam, D.）在其关于形成性评价的著名研究综述《黑箱之内：通过课堂评价提升标准》中，就将课堂交流视为形成性评价的核心——课堂实践改进的关键在于认可"沟通三联"（communicative triptych）：参与、讨论和反馈。[1] 又比如，英国评价改革小组提出的促进学习的评价所建基的四种具体评价实践全都高度依赖于教学过程中的交流互动，学生必须：（1）能够清楚地理解他们正试图学习的是什么，以及对他们的期望是什么；（2）得到关于他们工作质量，以及他们可以做些什么来使它变得更好的反馈；（3）得到关于如何进行改进的建议；（4）完全参与到决定下一步需要做什么，以及如果他们需要谁可以给他们帮助的决策中。[2]

二、如何理解协商式评价？

新课程为何倡导协商式评价？从根本上讲，就是要突破课程实施中的评价瓶颈，为新课程的实施提供评价保障，同时充分发挥评价育人的作用。作为新课程提出的一个新概念，协商式评价继承了以往评价理论中的合理内核，同时又拥有了一些新的内在规定性。换言之，协商式评价已经超越了以往的评价观念。

（一）被评价者是评价的关键主体

传统上的评价隐含着"评价者与被评价者"的明确区分，评价者在评价过程中居于主导地位，决定评什么、何时评、怎么评，以及评价结果怎么用，对被评价者的期望就是作为被评判者按照要求配合评判的实施，并接受评判结论——这种结论甚至不需要被评价者理解、认同，因为他们也没有被当作评价结果的用户。

---

[1] Black P, Wiliam D. Inside the black box: raising standards through classroom assessment [J]. The Phi Delta Kappan, 1998, 80（2）：139-144, 146-148.
[2] Broadfoot P, et al. Assessment for learning: beyond the black box [EB/OL]. (1999-06) [2023-03-10]. https://www.researchgate.net/publication/271848977_Assessment_for_Learning_beyond_the_black_box.

> 对于改进，评价过程中的协商本身比协商出来的结果更重要。

当评价定位于做出一个结论的时候，这样一种评价范式有其合理性；但当试图运用评价来促进被评价者行为改进的时候，这种评价范式的局限性就凸显出来了。评价要发挥应有的促进改善的作用，关键在于被评价者基于评价结果的行动，如果被评价者不接受，或不能理解、认同评价结果，就不可能有基于评价结果的行动；而要被评价者接受、理解、认同评价结果，除了评价各方就评价结果的对话交流外，还需要被评价者参与到评价过程之中。因此，在发展性评价、形成性评价等观念被广泛接受之后，教育领域中的评价开始认可被评价者在评价中的主体地位，比如，在诸多类型的学校发展性评价或督导项目中，会将学校自定的目标作为评价督导的依据，甚至纳入学校的自我评价，等等。

然而，在学生评价领域，尤其是学生学业评价，由于长期以来以中考、高考等为代表的外部评价占据主导地位，导致日常教学层面的学生学业评价经常过度模拟外部评价。因此，尽管学生的学习主体地位被广泛认同，但其评价主体地位和作用却经常被漠视。新课程将协商式评价作为改进教育评价的一个重要方向，而改进教育评价则是推进课程实施的基本要求和重要保障。将协商式评价置于课程实施的语境中，就意味着将学生视为评价的主体——能够平等参与评价协商的主体。

（二）协商的目的在于改进

新课程将协商式评价作为课程实施的保障，就是要求运用协商式评价来支撑课程目标最终是义务教育培养目标的落实。这就要求协商式评价不能局限于得到评价参与者共同认可的结果，而必须指向于改进。事实上，新课程之所以倡导协商式评价，目的就在于期望运用评价更好地促进改进。评价的改进作用最终是通过被评价者基于评价信息的行动而实现的，而要基于评价信息来采取行动，被评价者就必须接受、理解、认同评价——实践中众多外部评价本着"以评促改"的美好愿望，却未能带来真正有价值的改进，原因之一就是这种评价经常是"强加"于被评价者的，不能满足被评价者的需求，不能为被评价者所认同，甚至导致他们的抵触。协商式评价中协商的目的就在于使包括被评者在内的评价参与者各方都能更好地理解认同评价，从而更可能运用评价结果来采取针对性的改进行动。因此，在协商式评价中，对评价结果的协商是一个方面，但即使协商式评价指向共同建构，关于评价目标、评价标准、评价方法、行动方案的共同建构都比结果的共同建构更重要。最重要的是要就评价结果共同建构之后的"行动方案"开展共同建构，若没有后续的行动，改进就不可能发生。

此外，必须注意到，评价过程中的协商本身同样比协商出来的结果更重要：它有助于评价能更好地回应被评价者的需求；有助于被评价者更好地理解评价目标或标准，从而明确努力的方向；有助于被评价者更好地接受、理解评价结果，从而更有针对性地采取改进行动……最有价值的是，被评价者在协商过程中会得到评价示范，从而学会评价——一种高阶认知，当它指向于自身的实践或学习时，它也是元认知的关键成分。而无论作为认知还是元认知，评价能力对于被评价者未来的发展至关重要。

（三）协商建基于反思且促进反思

仅仅保证被评价者有机会参与评价过程，并不能保证协商的真正发生。如果评价的参与一方对于评价的议题缺少认知，即使在良好的氛围中也不会发生真正意义上的对话交流，所谓"共同建构"很可能成为虚假的共同建构，其中一方接受了另一方的"建构"，却可能完全没有理解，更谈不上认同。

新课程倡导的协商式评价强调"增强评价双方自我总结、反思、改进的意识和能力"，明确在协商式评价中引入"自我总结、反思"。反思是协商的基础，协商需要借助于对话交流，而只有当参与各方都对评价内容、标准、当前表现等议题有自己独立的认知时，对话交流才能真正发生，才可能真正有效。比如在学习评价情境中，如果学生不能基于反思来全面认识自己当前的学习状况，就无法真正参与评价对话，更不能为共同建构做出贡献。

与此同时，反思也是协商所期望产生的效果，只有当协商激发参与各方进一步的自我反思时，协商式评价才能真正起作用。通过观点的碰撞、视角的交互等，评价参与各方都能加深对评价对象的认知。还以学习评价为例，当学生通过评价中的协商对自己的学习有更深刻的反思时，他会更准确地认识到自己的优势和问题，因而也就更有可能采取更有针对性的改进行动；当教师能够通过协商更加深入地了解学生表现及其背后的原因，从而发现自己教

> 对于改进，评价过程中的协商本身比协商出来的结果更重要。

学上的问题时，也就更有可能做出更有针对性的教学调整。

三、如何开展协商式评价？

新课程所倡导的协商式评价与其说是一种具体的评价方法，不如说是一种评价方式，甚至是一种评价理念，其实施无法用一套处方式的操作流程来规定。以下仅以学生评价为例讨论协商式评价的实施要义。

（一）创建"学为中心"的评价文化

在课程实施中，协商式评价的真正发生需要课堂层面评价文化的全面更新，创建"学为中心"的评价文化。

首先，重新定位评价。当评价被定位于衡量课程实施或学生学习结果的手段时，协商就丧失了存在的空间。必须认识到，教育中的评价从属于教育的目的，就是为了学习。因此，必须改变把评价等同于奖惩的传统观念，视评价为收集学生学习信息以支持教师教学决策和学生学习决策的活动，其目的在于改进学习，而不是对学生学习进行简单的价值判断；必须改变将评价等同于考试的观念，不能将评价视为凌驾于课程实施或教学之上的孤立的环节，而应当在教与学的自然情境中因应教学的需求而发生，持续于教学过程之中。

其次，重建成功标准。要让协商真正有效，"学为中心"之"学"就必须重新定义，学习成功的标准就应当从"超过他人"变成"掌握学习"。当"超过他人"成为成功标准时，学习的目标就会定位于成绩目标，评价协商就可能指向于争取更高的分数或更靠前的排名，而忽略真正的学习或素养提升。排名不完全取决于个体的努力，因而排名上的竞争会导致学生丧失学习上的自我效能感，更糟糕的是，这种竞争会抑制评价中的协商。只有当成功的标准指向目标达成或学习增值时，协商才能真正起作用。

最后，创建安全的环境。任何协商的发生都基于参与方的意愿。当教师认识到协商式评价的价值尤其是评价中协商本身的价值，且相信学生能够成为协商主体时，教师就具有了协商式评价的意愿。但要激发学生参与协商的意愿，则需要教师创建一个安全的环境。在这种环境中，错误不需要尽力避免或掩盖，暴露自己的问题应当得到鼓励；错误是可以接受的，甚至应当被欢迎，成为学习的一种资源或机会；良好的表现被视为努力的结果而得到真诚的认可，存在的问题被揭示但不会因此给学生贴上某种标签；在任何情况下，学生的自我价值感、自我效能感都不会被伤害。

（二）融协商于评价全过程

协商不应是评价某个或某些特定环节中需要做的事，而应当贯穿评价的所有环节——甚至有时还可以由双方协商确定要不要评。比如，一名学生对自己的单元测验结果不满意，向老师请求重测一次；老师提出两个条件，一是先完成原测验的错误订正，二是承诺一定比前一次成绩好；学生接受了老师的条件，老师用不同但指向于原测验目标的题目给了该学生再一次测验的机会。具体来说，融协商于评价全过程，包括以下几个方面。

第一，协商确定评价焦点。学生是发展中的人，其素养发展必然存在不完善、不平衡的情况。学生在素养发展的不同领域对评价有不同的需求，对于发展得好的领域，他们期望能够得到肯定；对于存在问题的领域，他们希望能够得到具体的反馈和指导。当评价聚焦于学生有需求的领域时，就能发挥更大的作用。评价应当关注学生素养的全面发展，但当评价定位于促进改进时，评价就无须面面俱到，至少在一段时间内可以有特定的焦点。这些焦点应当由教师与特定的学生通过协商来确定。比如，学生可以通过"自主申报—教师或学校认定"的方式商定个性化的奖项[1]，或者师生双方商定一段时间中需要特别关注的薄弱学习领域。需要特别说明的是，协商确定评价焦点与新课程倡导的"基于课程标准的评价"是可以兼容的。在课程标准要求达成的目标框架之内，学生对不同目标的评价需求也是存在差异的。比如在数学课程中，有些学生的问题主要集中在"数与代数"领域，而有些学生的问题主要集中在"几何与图形"领域；甚至在某一领域中，不同学生的问题可能出现在不同的具体目标上。

第二，协商确定评价标准。在学习中，很多时候学生做得不够好，往往是因为不知道要做成什么样。如果学生清晰地知道什么样的作业是"好"的，那么他们就能清楚自己的学习方向，能够在学习过程中运用相关的标准进行自

---

[1] 李希贵.协商式评价：为每位学生定制一把尺子[J].中小学管理，2004（7）：43.

> 对于改进，评价过程中的协商本身比协商出来的结果更重要。

监控，因而更可能取得更大的进步。实现改进不可或缺的条件之一就是"学生要拥有与其教师大致类似的质量概念"[①]。为此，教师可以将学习目标或评价目标直接告知学生，但重点在于"让学生知"，因此，必须给予学生思考或讨论的机会，澄清他们的理解，或者依据他们的需求适当调整目标表述。比如，共同建构写作评价标准的一种有效做法是：教师向学生提供不同质量的作文样例—学生小组对作文进行分析，按他们自己的质量观念对这些样例进行分类—讨论好样例和差样例的特征—形成评分规则。[②]

第三，协商确定评价方法。理论上，评价方法的选择取决于所要评价的学习目标，也就是说，评价方法的核心关注点在于用什么样的任务引出学生是否达成目标、与目标的差距、差距在哪里等证据。但是，学生各不相同，包括准备程度不同，学习速度不同，学习风格也不同，他们偏好的评价情境和展示学习证据的方式也各不相同。比如，有学生在借助于口头表达的评价情境中表现得更为出色，因为他更擅长运用口头表达来展示自己的学习；又比如，同样是纸笔测试情境，有些学生在以图表方式呈现的任务中表现得更好，而有些学生可能在以纯文字呈现的任务中表现得更好。因此需要给予学生更多的选择权，与他们协商确定评价方法。比如，给予多样化的任务（前提是这些任务与目标匹配），让学生选择他们展示自己所学的方法——可以手写，可以打印，可以录音，也可以使用图表；还比如，与学生商定评价所需要的时间；再比如，与学生商定档案袋中纳入哪些材料；等等。

第四，寻求关于表现的共同理解。在促进学习的评价中，反馈的作用至关重要。反馈是学习最强效的调节变量之一，[③]然而并非所有的反馈都有作用，甚至有时反馈有负面作用。反馈要起作用，一方面需要教师提供针对学生表现的准确的信息，好的反馈一定建立在教师对学生表现的准确深入全面理解的基础上，而很多时候学生在评价任务上的表现不能完全揭示背后的原因，此时的反馈过程就必须通过与学生的对话交流明晰表现背后的根源。另一方

---

① Sadler D R. Formative assessment and the design of instructional systems [J]. Instructional Science, 1989, 18（2）: 119-144.
② Stiggins R J. 促进学习的学生参与式课堂评价：第四版 [M]. 国家基础教育课程改革"促进教师发展与学生成长的评价研究"项目组，译. 北京：中国轻工业出版社，2005：13.
③ 哈蒂. 可见的学习：最大程度地促进学习：教师版 [M]. 金莺莲，洪超，裴新宁，译. 北京：教育科学出版社，2015：130.

面，也是更为重要的方面，学生能够基于反馈信息采取适当的改进行动。而要基于反馈信息采取适当的行动，学生就必须理解、接受和认同反馈信息。有些教师可能会在提供了清晰具体的反馈之后，还会确认或澄清学生对反馈信息的理解，如追问："能不能把我刚才说的复述一遍？""知道怎么做了吗？说给我听听。"通过这样的对话交流，师生双方会形成关于学生表现的共同理解，从而使得教师基于学生表现的教学调整和学生基于反馈的学习调整形成合力。

第五，共同确定行动方案。协商式评价不能止于做出结论性的评定，而必须关注后续的学习改进行动。相对于认清自己学习上的问题，学生针对这些问题采取适当的行动更为困难。教师在这一过程中可以起到极为重要的作用，但若教师只将相应的方案强加于学生，而不考虑学生的理解、需求或能力，学生所能做的也许仅仅是实践中常见的那种"订正"——按要求改了，却不知道为何要那样改，结果是在同样的问题上一错再错。这就需要教师与学生一起，基于学生的实际情况，共同确定如何改进：从哪里入手，运用哪些补充材料，开展什么样的活动，如何安排这些活动，提供哪些支持，等等。当教师和学生就接下来的行动方案达成共识时，学习上的改进也更可预期。

（三）培养学生的评价能力

学习中的自我监控、自我调节对于学生未来发展非常重要。因此，"教师的一个长期的教学目标就是使自己渐渐地不再作为唯一的反馈提供者"[①]，无论是教学还是评价都应帮助学生成为更有能力的自我评价者。让学生成为有效的自我评价者，当然是协商式评价的价值追求之一，同样也是协商式评价得以实现的关键前提。

首先，必须认可学生在评价中的主体地位。作为一种观念，"学生是学习的主体"的确得到普遍的认同，但"学生是评价的主体"即使仅仅作为一种观念也远未得到广泛认同。关键的问题是，学生有能力作为评价的主体吗？其背后既有评价观念的问题，如评价是价值判断，学生评价就是要做出关于

---

① Wiggins G. 教育性评价［M］. 国家基础教育课程改革"促进教师发展与学生成长的评价研究"项目组，译. 北京：中国轻工业出版社，2005：43.

> 对于改进，评价过程中的协商本身比协商出来的结果更重要。

学生学习情况的结论性判断，这种判断怎能让学生参与？也有评价实践的问题，如教师日常实践层面的评价经常参照外部评价的方式来实施，学生参与其中是否损害评价的公平性？还有对学生作为评价主体的能力的认识问题，如评价在布卢姆的教育目标分类中处于最高层次，心智尚不成熟的学生怎能参与其中？然而，协商式评价所指向的是教师日常实践层面的评价，其功能不在于对学生学习做判断，而在于收集信息支持学习；这种评价的公平性核心不在于平等对待每一位学生，而是要尊重和培育学生的差异性，为学生提供多重成功机会；学生发展中主观能动性的作用早就被认可，即使年幼的学生也能够在熟知的领域进行高层次思考，包括对自己活动的反思和评价。

其次，必须为学生实践评价提供机会和支架。让学生参与评价协商，本身就是给予学生实践评价的机会。但学生需要更多的机会，在学习的全过程中开展评价实践。只是这种评价实践不能局限于常规的自我／相互评分，关键是教师要给予学生明确的任务让学生进行评价实践，以使潜在的评价实践机会成为现实的机会。与此同时，需要认识到学生是一个"发展中"的评价者，要为学生的评价实践提供有效的支架。比如，向学生提供或与学生共同研发特定作业的评分规则；再比如，要求学生完成作业过程报告，说明完成作业的过程，以此来反思所碰到的问题，及如何解决；又比如，让学生完成由"我是怎么做的""我本应该怎么做""之前我想的是……现在我明白了……"三部分构成的作业订正单；等等。

再次，必须为学生的评价实践提供良好的示范。评价不是件容易的事，学生有评价机会不是评价能力发展的充分条件。如果学生不知道评什么、怎么评，那么自评、互评只能徒增课堂中的热闹，而无法带来实效。要让学生学会评价，需要给予学生评价上的专门引导和指导，但同样重要的是，要认识到教师自己的评价实践是一种隐性课程，能够对学生产生潜移默化的影响。实践中教师不当的评价实践会导致学生对评价的认识、态度产生偏差，如当教师经常将奖惩与评价挂钩时，学生会以为评价就是奖惩。因此，教师必须致力于改进自己的评价实践，否则，就不可能给予学生良好的评价示范，也就可能阻碍学生评价能力的发展。而教师评价实践的改进需要教师拥有良好的评价素养，但这种素养不是基于心理测量学的教育评价素养，而是指向于促进学习的课堂评价领域的专业素养。

拓展阅读……

1. 张民选.回应、协商与共同建构:"第四代评价理论"评述[J].外国教育资料,1995(3):53-59.
2. Stiggins R J.促进学习的学生参与式课堂评价:第四版[M].国家基础教育课程改革"促进教师发展与学生成长的评价研究"项目组,译.北京:中国轻工业出版社,2005.

20. 表现性评价

最适合素养评价的方式之一。针对纸笔考试的弊端，强调学生在真实情境中的综合表现，指向深度学习与高阶思维能力，有效支撑教与学的改进。

《义务教育课程方案（2022年版）》第五部分"课程实施"指出"改进教育评价"，特别提出："创新评价方式方法……注重动手操作、作品展示、口头报告等多种方式的综合运用，关注典型行为表现，推进表现性评价。"相应的，各学科课程标准则根据核心素养的外部表现，分学段研制了学业质量标准，明确了学生完成一个年级或一个学段的课程之后核心素养的表现水平，为评价提供了"表现标准"（performance standards）。那么，表现性评价是什么？表现性评价有哪些特征？如何设计表现性评价？本章尝试回答上述问题。

一、表现性评价是怎么来的？

　　无论在东方还是西方，尽管最初并无表现性评价这一术语，但相关实践却有着悠久的历史。美国学者曼得斯（Madaus, G.）与得叶（O'Dwyer, L.）将表现性评价的发展史划分为三个时期：前现代时期（公元前210年至1900年）、现代时期（1900年至1980年）和后现代时期（1980年至今），在不同时期，表现性评价的方法、内容不同，实践过程中的问题也不同。表现性评价从"早期运用"到"没落"再到"复兴"的发展历程，一波三折背后的原因耐人寻味。回顾表现性评价的历史源流有助于我们了解表现性评价的起源和发展脉络，从而深化对表现性评价理论与实践基础的认识与理解。

（一）质性为主：表现性评价的早期运用

　　在前现代时期，无论是在中国还是欧洲，都有表现性评价早期运用的雏形。
　　在我国，表现性评价的早期运用包括两个层面，一是教育者个人在教学中对表现性评价的应用，如在春秋战国时期，私家讲学风气盛行，以大教育家孔子为代表，通过听其言、观其行给弟子做综合考评，还设置九种情景，对他们进行综合评价。二是表现性评价在选人用人体制机制层面的应用，在这一时期，表现性评价还被作为"识人之术"，即评价一个人在官场和生活中的品行操守。例如，汉代的察举制、宋代的科举制就有表现性评价的意味；此外，在军队官员的考察中，候选人需要被考察骑射、军事技术，也都属于表现性评价的早期运用。

在欧洲，表现性评价的评价对象主要是学习"七艺"的"绅士"和行会中的手工劳动者，运用方式有辩论、讲演等口头评价方式。然而人们逐渐发现，这种口试形式的表现性评价存在一定的主观性、片面性，这可能对评价信度产生影响。由此，人们开始探索更具客观性的评价方式。

（二）从质性到量化：表现性评价的没落

随着社会和科技的发展，在大规模生产中的效率和标准化概念的激化下，量化评价的需求在整个19世纪得到加速发展。在教育领域，客观的纸笔测试日益受到重视并且开始得到大规模的使用。在19世纪末20世纪初的评价技术变革中，从口头评价到纸笔评价、从质性评价到量化评价、从简要回答到多项选择，总体趋向是提高效率，使评价系统更便于管理、标准化、易于实施、客观、可靠、可比较且花费较小。这些技术很好地适应了应试者数量激增的现实，于是在公平、效率和成本等方面处于下风的表现性评价逐渐走向没落。

然而，客观的纸笔测试有其明显的局限性，对较高层次且更加重要的思考、推理、判断、评价和应用的能力等学习目标无能为力。它经常误导学生，以至于他们认为对大多数问题都只有一个正确的答案；不鼓励学生的理解与反思，学生被训练成答题的机器——能很好地回答试卷上的问题，但缺乏解决实际问题的能力；只要求记住试题的答案，而不是去建构解决复杂问题的知识和能力。

（三）以质性整合量化：表现性评价的复兴

20世纪60年代，学者们对标准化测验进行了反思和批判，表现性评价重新进入人们的视野。其实，在泰勒的教育评价理论中已经蕴含了表现性评价的思想。泰勒建立并发展了一套基于情境的测验编制技术，开发出行为目标评价模式，认为评价者要设计情境和方法激发学生的行为，然后将学生表现与既定目标做对比，以评价学生达成教学目标的程度，这就是在强调学生在真实情境中所表现出来的复杂情意和能力。有学者认为，泰勒这种以学生行为为核心的评价理念在本质上和现代意义上的"以表现为本"是一致的，[1]而正因如此，可以认为现代表现性评价起源于"泰勒时期"。

进入20世纪80年代，建构主义学习理论在教学领域逐渐流行起来，并进而推动了教学和评价领域的改革。建构主义学习理论认为，人是主动的学习者，学习不是知识由教师向学生的传递，而是学生基于自己以往的相关经验，以自己的方式建构对于事物的理解。建构主义学习理论指导下的教学十分重视情境性，主张教学应使学习在与现实情境相类似的情境中发生，以解决学生在现实生活中遇到的问题为目标，学习的内容要选择真实性任务，不能对其做过于简单化的处理，使其远离现实的问题情境。同时，教学的过程要与现实问题解决过程相类似，所需要的工具隐含于情境当中，教师不是把提前准备好的内容教给学生，而是指导学生探究与合作，自主学习和解决问题。新的教学理论以及随之而来的新的教学实践使得建立于行为主义心理学基础之上的标准化测验的问题进一步凸显，正是在这样的背景下，有着悠久历史渊源的质性评价开始复苏，并以"另类评价""真实性评价""表现性评价"等术语获得广泛认同，作为一类与标准化测验相对立的评价方式开始进入中小学课程评价，成为重要的新兴评价方式。

大量的证据表明，表现性评价更适合检测高水平的、复杂的思维能力，且更有可能促进这些能力的获得；同时能支持更具诊断性的教学实践，促进课程与教学。[2]自2001年以来，与新中国第八轮基础教育课程改革相伴，我国一些研究者开始发表文章或翻译外文书籍来推介表现性评价的基本原理、程序和技术，表现性评价逐渐走入我国新课改进程中。在核心素养时代，表现性评价已成为一种不可或缺的评价理念与方法。

二、表现性评价究竟是什么？

表现性评价是指在真实或模拟真实的情境中，运用评分规则对学生完成复

---

[1] Wraga W G. Performance assessment: a golden opportunity to improve the future [J]. NASSP Bulletin, 1994, 78 (563): 71-79.
[2] Darling-Hammond L, Adamson F. Beyond basic skills: the role of performance assessment in achieving 21st century standards of learning [M]. Stanford, CA: Stanford Center for Opportunity Policy in Education, 2010: 23-29.

杂任务的表现或作品做出判断的过程。从内涵来看，表现性评价具有以下特征。

（一）弥补传统纸笔测试的不足，强调真实情境、真实任务与真实问题解决

传统纸笔测试的致命弱点是，"只能测定、评价以记忆、理解有关部分为中心的极其狭隘的领域"[①]，只能测量学生"知道什么"，但却不能评价学生"能做什么"，很难检测21世纪所需的素养——基于真实情境解决问题——"做事"的能力，不能评价创造性、问题解决等复杂的高层次技能。表现性评价能弥补这一不足。表现性评价强调的是学生的实际表现及历程。例如，要评价学生的实验能力，我们不仅要对学生的实验成果及获得的数据进行评价，更重要的是对学生在实验过程中对实验的设计、使用仪器和实验技巧等实验过程方面的表现进行评价。因此，典型的表现性评价不仅关注学习结果，而且关注这些学习结果得以产生的过程。

表现性评价所评的是居于课程核心的、需要持久理解的目标，这些目标需要通过真实情境中的任务来落实并进行检测。这样的任务需要学生进行建构反应，综合而又灵活地运用所学知识，进行思维加工和判断，进行各种探究活动，有个性地展现自己的才能，从而创造性地解决问题。学生完成任务的过程，也就是经历真实情境中的任务解决过程。表现性评价需要学生完成任务能力的展示，而不是知识的回忆；需要学生经历、展示任务完成的整个过程，而不是仅仅给出一个答案。表现性评价把贴近真实、活动的教育教学情境作为评价的现实场域，在近乎真实的情境中评估学生灵活应用知识与技能的能力。这样的任务是真实或模拟真实的，要求将评价所测的能力直接与生活中复杂的能力链接，以提高学生将习得的能力迁移至学校学术情境之外的生活中的程度，为培养学生"带得走"的能力提供各种各样的机会。

（二）指向深度学习与高阶思维能力，改善教与学

传统纸笔测试反映不了学生在真实情境中运用已有知识做事的能力以及完成任务的过程表现，给学生的学习和成长带来了很多负面的影响。而表现性

---

① 梶田睿一.教育评价［M］.李守福，译.长春：吉林教育出版社，1988：36.

评价不再局限于评价学生的低层次认知，它鼓励超越简单记忆，参与操作、实践表现，在基于真实任务或复杂问题的情境中为达成高层次的学习目标和成果，积极主动、坚持不懈地开展建构性学习活动，进行协作、交流、分享，对学习过程和成果负责，进行问题分析、方案构想、决策制定、总结归纳、反思评价、沟通协作、自我监控、自我调节等多种复杂的思维活动，不断反思和调节自己的学习，综合而又灵活地运用所学知识，进行思维加工和判断，经历分析、发现、构想、抉择、归纳、评价、创造等思维经验积累的过程。而且，表现性评价在关注认知的同时，也非常关注非认知因素，如与他人合作的能力、参与社会活动的能力等，突出了情感、态度、价值观因素在学生发展中的重要地位。

在这个过程中，学生需要持续投入时间与精力展开合作，将课堂中所学的知识应用于真实问题解决中，进行建构与创造，指向的是深度理解与学习。也正是从这个意义上来说，"表现性评价最重要的价值在于这个体系使每个学生的学习机会最大化"[①]。这里的机会主要是指让学生获得有意义的知识和技能，且能进行深度理解，运用于新的真实世界情境中，从而获得21世纪所需要的素养。

（三）引导学生自我评价与自我反思，用描述性反馈改善学习行为

表现性评价需要将"表现"具体化，明晰并与学生分享表现目标，因而能引领并促进学生的自我评价和自我反思。表现性评价总是借助于评分规则来实施的，而评分规则既是一种评价工具，同样是一种非常有用的教学工具，有助于师生分享学习目标，能为师生之间、学生之间交流学习质量以及学生的自我反思提供框架。

一方面，学生可以利用评分规则开展自我引导的学习，监测并改进任务表现的质量。评分规则是事先发给学生的，它定义了学生被期望展示的学习和表现的目标，并且向学生传达评价他们的作品所依据的准则，学生在开展任

[①] New Hampshire Department of Education. Moving from good to great in new hampshire: performance assessment of competency education (PACE) [EB/OL]. (2016-01) [2023-03-10]. https://www.education.nh.gov/sites/g/files/ehbemt326/files/inline-documents/2020/pace-overview.pdf.

务之前就清楚地知道各个评分等级的具体要求和标准，这有助于发挥评价的"导航"作用，明确努力的方向。在完成任务的过程中，学生参照评分规则了解自己的进程，评判自己的成果，监控任务表现的质量，也即清楚自己"要到哪里去""现在在哪里"，逐渐明晰自己的弱点和长处，并充分利用自己的已有经验和所学的知识进行反思，改善自己的表现。这个过程也就是自我评价、自我反思、自我改进的过程，体现了以学生自我建构为主的"学"的文化。总之，表现性评价为学生成为自我管理的学习者提供了契机。

另一方面，教师可以利用评分规则对学生的表现做出描述性反馈。基于评分规则的反馈改变了教师提供反馈信息的传统形式，诸如评分、分等级和简单的表扬等，而是为学生提供频繁的、及时的、持续的、经过证实的、有帮助的描述性证据，能使学生把当前表现与欲达到的结果进行比较。这些描述性的反馈明确地告知学生学习上的优缺点，用学生能理解的语言描述学生表现的质量。

三、表现性评价如何设计？

表现性评价更适合检测素养目标，且更有可能促进素养养成。诚然，发挥表现性评价促进素养养成的作用，必须要将表现性评价运用于日常教学，而不是在教学之外每学期做那么一两次。将表现性评价运用于日常教学，首先要解决表现性评价如何设计的问题，其次是怎么将表现性评价嵌入课程与教学。

（一）设计理念：以学生为中心，指向深度学习

表现性评价以促进学生学习为宗旨，让所有学生都有机会参与表现性评价，也就是有机会深度参与自我建构或社会建构的学习。

在表现性评价的实施过程中，为了能更好地驱动学生的深度学习，首先，要清楚任务要求，让学生明确地知道自己将要完成什么样的任务。其次，要创造条件确保学生有机会做选择，从而深度参与整个过程，比如选择研究问题、选择资料、决定如何展示研究结果等，学生有机会对自己的学习进行自主计划、自我监控和自我管理。在表现性评价的引领之下，学生主动地深度参与到基于真实情境的任务中，并通过评分规则获取有效反馈，明晰期望的素养目标、

现阶段的素养水平以及如何进一步发展等问题，最终通过自我反思实现核心素养的形成。最后，还要关注不同学生的不同学习经历，为每一个学生的知识建构提供可行的路径。

（二）核心要素：目标、表现性任务、评分规则

目标、表现性任务和评分规则构成了表现性评价的三个核心要素。这三个核心要素需要具有一致性。学生完成表现性任务的过程，就是深度投入学习的过程，也是素养目标落实的过程。接下来结合成都市温江区东大街第二小学韩章兵老师设计的北师大版小学数学五年级上册"多边形的面积"单元案例，介绍这三个核心要素的设计思路与样态。

→ 目标

设计表现性评价，从表述希望学习者达成什么样的学习结果开始，此为表现性评价所要评价的目标。表现性评价所评的不是常规或机械的思考，不是回忆信息、事实、定义和术语或执行简单的任务，而是那些能综合运用知识并能进行评价与创造的高阶认知目标，是居于课程核心的、需要持久理解的目标。一方面，表现性评价所评的目标需要与学习标准一致，教师首先要研究课程标准中核心素养在每个学段的具体表现及相应的学业质量标准，形成表现性评价的整体视野和宏观图景，参考新课标要求与学业质量标准，使目标设置符合标准的内容和理念。另一方面，表现性评价所评的目标必须深化学生对关键内容、方法的理解及其在学科间的迁移，体现高阶认知，如批判性思维、问题解决、交流沟通、合作和元认知等。这种表现结果需要清晰且有价值，与学科课程领域的大观念建立关联，展示学生对概念间关系的理解，并将其运用于真实生活情境。

韩老师基于"多边形的面积"这一单元的课标要求、大观念提炼和教材分析，确定如下单元学习目标：

1. 经历比较图形面积大小、图形面积猜想与验证的探究过程，体验数方格及割补法在图形面积计算中的价值，积累探索图形面积算法经验，发展空间观念。

2. 通过动手操作，认识梯形、平行四边形与三角形的底和高，会用三角尺

画这三种图形的高，感受并知道底与高的相对性。

3. 经历用割补等方法探索图形面积的过程，知道平行四边形、三角形和梯形的面积计算公式，会运用公式计算三种图形的面积，体验"转化"的思想，提升推理能力和解决实际问题能力。

→ 表现性任务

表现性任务即学生需要完成的任务或作业，是实施表现性评价的载体，它要回答的是如何激发和反映学生在真实情境中综合运用所学进行实作与表现的能力，进而为目标是否达成提供直接证据。表现性任务设计需注意以下几点。首先，任务应该具有真实性，基于真实情境或类似于真实情境，要反映出现实世界的任务和/或基于情境的问题解决；也正是因为表现性任务是真实世界中的任务，具有情境性、复杂性，评价的是复杂的学习结果，所以学生在完成任务时必须进行建构反应，展现出所要考察的表现过程与结果，而不是简单的选择反应，因此，可以通过客观测验以外的行动、作品、表演、展示、操作、写作等更真实的表现来展示学生的口头表达能力、文字表达能力、思维能力、创造能力、实践能力及学习成果与过程。其次，任务要清晰、连贯一致，学生能在任务中展示深度学习，证明对知识和技能的理解、掌握与应用；任务要具有挑战性但不能过于复杂或简单。再次，任务要和目标一致，要能够让学生在完成任务的过程或结果中展示目标界定的具体要求。最后，任务要公正且没有偏见，适合所有学生；学生要能深度参与，允许学生选择不同的方式来回应任务要求。

这里需要特别注意的是，尽管表现性评价关注的是学生的"表现"，如写作、唱歌或做实验等，但是不能认为只要是让学生写作、唱歌或做实验，就运用了表现性评价。学生的写作可能只是在概括小说情节，唱歌可能只是程式化的表演，做实验也可能简化为执行规定好的步骤，如果任务没有要求学生运用和展示他们的批判性思维、创造力等复杂的学习结果，那么它们并不构成真正的表现性评价。因此，判断一个评价是不是表现性评价，不能只看评价任务的形式，关键还要看任务所要评的是什么。

表现性评价任务设计支架有五大要素：情境、角色、挑战、表现/产品、受众/对象。以"多边形的面积"单元为例,根据这五大要素设计该单元的表现性任务,如表 20-1 所示。

表 20-1　根据表现性评价任务设计支架来设计表现性任务

要素	具体内容	表现性任务
情境	学校的小菜园很常见,面积不规整也常有发生,小菜园一般分配给小学中高年级,这与学生的生活完美契合。结合五年级的"多边形的面积"这个单元,创设了设计分配方案这个情境,让学生带着问题去学习,以任务和项目带动知识的掌握,这样的任务情境非常具有真实性,而子任务则更加真实,也与菜地分配适当结合。这样的任务设计符合学生的生活实际。	学校新开垦了几个小菜园!现在需要将这些菜园按面积的大小平均分配给四、五、六年级,现面向五年级的同学招聘"小小分配师"。请你根据这些菜园的面积和生活实际制定一份合理的分配方案,能够精确计算和结合实际进行分配更有助于你竞聘成功哟!
角色	在学校分菜园这个真实情境下,学生要扮演"小小分配师"这个角色。	
挑战	将这些菜园按面积的大小进行合理分配。	
表现/产品	菜园分配方案。	
受众/对象	分配面向四、五、六年级的学生。	

→ 评分规则

　　复杂的任务、建构性的反应,无法运用传统的二元对错评分。表现性任务不存在唯一正确的答案,因而需要相应的评分工具对学生的表现做出判断。记录和衡量学生素养表现水平的工具有很多,包括核查表、等级量表、整体性评分规则、分析性评分规则等。其中,分析性评分规则对学生素养表现的描述最具体。在这里,我们以分析性评分规则为例来介绍其相关设计问题。

　　首先,由于评分规则具有引领学生学习的作用,因此必须在学生创作产品/作品或进行表现之前就建立好,并与表现目标相一致。其次,因为任务的复杂性,评定学生完成任务的表现应当从不同维度进行描述;又由于学生表现的多样性,在具体评定学生表现水平时,就必须考虑学生的不同水平层级。因此,需要划分清晰且维度区别明显的表现水平,描述学生表现的真正差异,为学生的进阶学习提供参照。最后,对学生做固态能力划分并不是表现性评价的最终目的，其目的是通过评价，给予学生提高素养的反馈意见，是动态的生成过程，因此，评分规则与基于评分规则的反馈应是具体的描述性陈述，能激发学生改善学习行为的积极性，提供进一步提高的描述性、针对性的策略，引领并促进学生自我管理的学习。这样，分析性评分规则就由不同维度和不同水平的矩阵组成，矩阵中的每个格子里具体描述学生在某个维度某个水平上的表现（文字描述性信息），如表20-2所示。

表20-2 分析性评分规则矩阵

维度	水平1	水平2	水平3	水平4
维度1				
维度2				
维度3				
维度4				

（三）逆向设计：将表现性评价嵌入课程与教学

创设真实的情境，让学生综合运用知识和技能解决问题、完成任务，这需要花费很多的时间，本来课程就很紧张，如何实施？我们不能在原来的教学安排之外，再给学生添加一些所谓的表现性评价，而是要想办法把课程、教学和表现性评价统整在一起。表现性评价本身的特质也使得它具有统整课程与教学的潜力。[①] 其所聚焦的高阶能力的评价目标，正是课程与教学的关键目标；详细描述的评分规则，让教师和学生更加清楚地知道努力的方向；让学生综合运用知识来解决真实世界中问题的评价任务，既是学习任务，又能更深层次、更全面地了解学生的所知与所能。

表现性评价与教学的统整，需要教师在设计教学活动之前设计表现性任务，也即逆向设计。具体的做法是：首先，在设计和教学一个单元或主题之前，确定这个单元或主题的关键目标。之所以要在单元或主题开始设计之前就思考这个问题，是因为有些表现性任务是贯穿整个单元或主题的，是跨越很长时间的。我们需要提前准确地知道学生需要学习什么，不仅仅是这节课或这

---

① 周文叶.中小学表现性评价的理论与技术[M].上海：华东师范大学出版社，2014：53-59.

个单元，甚至是整学年。在确定了对学生而言什么是重要的基础上，进行课程的设计。[①] 接着，针对选定的关键目标设计表现性评价任务。然后，将评价任务镶嵌在教学活动中，使其成为教学活动的一部分。这样就确保表现性评价在课堂教学中的实施，它就是课程教学本身，而不是额外的添加。可以说，理想的表现性评价同时也是一项有效的教学活动。[②]

具体而言，我们要将表现性评价嵌入学期课程纲要和单元学习设计。图20-1呈现的是嵌入表现性评价的学期课程纲要的框架，提炼本课程本学期的关键目标（关键学习结果）—设计能检测这些关键目标的表现性评价（评分规则）—选择课程内容—设计与实施学生学习经历（表现性任务）。表现性评价一方面检测目标落实，另一方面又引领着学习过程的设计。图20-2呈现的是嵌入表现性评价的单元学习设计，同样的思路，首先提炼并明确本单元学生需要掌握的关键学习结果，接着设计能检测这些关键学习结果的表现性评价，然后把相关的表现性任务镶嵌于学习活动中。评价设计和课程设计是同时展开的，而不是相分离的，或者说表现性评价统领着课程与教学的设计。

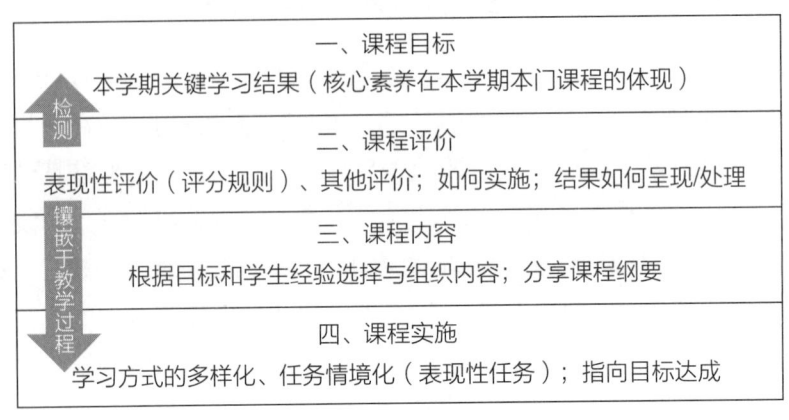

一、课程目标
本学期关键学习结果（核心素养在本学期本门课程的体现）

二、课程评价
表现性评价（评分规则）、其他评价；如何实施；结果如何呈现/处理

三、课程内容
根据目标和学生经验选择与组织内容；分享课程纲要

四、课程实施
学习方式的多样化、任务情境化（表现性任务）；指向目标达成

图20-1 嵌入表现性评价的学期课程纲要框架

---

① 周文叶，陈铭洲. 指向深度学习的表现性评价：访斯坦福大学评价、学习与公平中心主任Ray Pecheone教授[J]. 全球教育展望，2017，46（7）：3-9.
② Borich G D, Tombari M L. 中小学教育评价[M]. 国家基础教育课程改革"促进教师发展与学生成长的评价研究"项目组，译. 北京：中国轻工业出版社，2004：180.

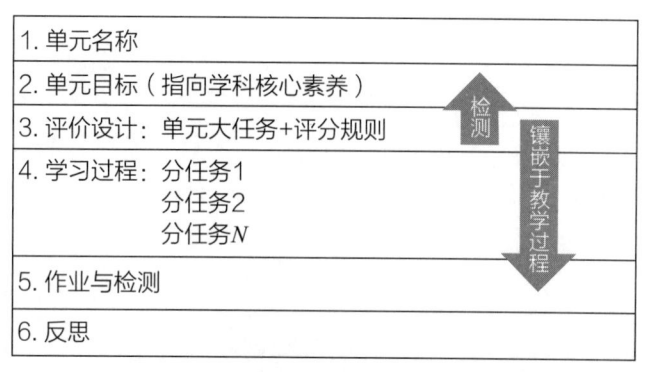

表现性评价最重要的价值在于这个体系使每个学生的学习机会最大化。

```
1. 单元名称
2. 单元目标（指向学科核心素养）
3. 评价设计：单元大任务+评分规则          检测
4. 学习过程：分任务1                    镶
             分任务2                   嵌
             分任务N                   于
                                       教
5. 作业与检测                           学
                                       过
6. 反思                                 程
```

图 20-2　嵌入表现性评价的单元学习设计

由此，表现性评价将课程、教学、评价三者相整合，一致地指向高阶复杂的学习目标，从而促进学生核心素养的形成。嵌入课堂的表现性评价不仅能测评学生不断达成标准的进阶过程，而且可以将基于标准的课堂教学与评价实践连接起来，二者不断互相渗透，从而改善教与学。

拓展阅读……

1. 周文叶.中小学表现性评价的理论与技术[M].上海：华东师范大学出版社，2014.
2. 伦兹，威尔士，金斯敦.变革学校：项目式学习、表现性评价和共同核心标准[M].周文叶，盛慧晓，译.长沙：湖南教育出版社，2020.
3. 哈蒙德，亚当森.超越标准化考试：表现性评价如何促进21世纪学习[M].陈芳，译.长沙：湖南教育出版社，2018.
4. 王少非，等.促进学习的课堂评价[M].上海：华东师范大学出版社，2018.

21. 新技术支持的评价

新评价的方向之一。技术与评价的融合能有效支撑新课程所倡导的因材施教以及过程评价、增值评价、综合评价等评价方式方法的改革。

《义务教育课程方案（2022年版）》在第五部分"课程实施"的"改进教育评价"中明确提出，"推动考试评价与新技术的深度融合"。2020年中共中央、国务院颁布的《深化新时代教育评价改革总体方案》也强调："创新评价工具，利用人工智能、大数据等现代信息技术，探索开展学生各年级学习情况全过程纵向评价、德智体美劳全要素横向评价。"由此可见，利用人工智能、大数据等现代信息技术创新评价工具是推动教育评价专业化的一项重要举措，开展新技术支持的评价将成为未来教育评价改革的发展方向之一。那么，什么是新技术支持的评价？其具有怎样的应用价值？在实践中如何推进？本章尝试回答上述问题。

一、什么是"新技术支持的评价"？

在如今生活和工作环境变动不居的信息时代，学习者必须具备有效处理不确定性的素养，而不仅仅只是掌握基本的知识和技能。此外，学校教育方式也在发生着改变，线上线下混合式学习乃至完全的线上学习越来越普遍。学习者的学习目标、学习内容和学习方式都产生了深刻的变革，这也对学习评价提出了新的要求。面对这些新要求，传统的缺少技术参与的学习评价往往显得无能为力。总体而言，其局限性主要体现在以下四个方面。首先，传统学习评价通常采用纸笔测试的方式，而这样的方式只能检测学生对知识的记忆、理解和应用等低阶认知目标，难以检测复杂的核心素养。其次，由于技术手段的限制，传统学习评价难以对学生学习状况进行实时的追踪与诊断，因而更关注结果评价，轻视过程评价，导致教学与评价分离。再次，在传统的学习评价实践中，教师往往是根据小规模抽样的情况，基于主观经验而不是证据做出推论。最后，传统学习评价往往使用单一的标准来评估所有的学生，忽视了学生的个性差异。

> 新技术支持的评价本质上仍是一种人机协同的价值判断，离不开人类智慧的参与。

为了突破上述局限，新技术的介入提供了一种可行方案。那么，到底何为新技术支持的评价？尽管学者们的定义不尽相同，但基本体现了以下共识，即利用大数据、人工智能等现代信息技术赋能学校课程与教学情境中学生评价信息的收集、分析、运用、反馈全过程。

（一）逻辑基础：现代信息技术赋能评价数据的无损采集与高效分析

大数据、人工智能等现代信息技术让我们可以无损采集学生的各项信息，并进行高效的分析和处理，这构成了新技术支持的评价超越传统学习评价的逻辑基础。

首先，在新技术支持的评价中，所收集的学生信息具有海量、连续、多源、异构的特征，增强了评价数据的全面性。通过学习环境全域覆盖网络，结合不断完善的物联感知技术、视频录制技术、图像识别技术，我们可以全过程伴随式地采集学生的各项信息，且学生不必特地配合。这样一来，评价数据是海量的，教师可以看到所有学生表现的全貌；评价数据也是连续的，反映了学生在自然状态下动态的过程表现；评价数据还是多源的，从课内到课外，从学校到家庭，不同来源的信息在评价过程中得以整合；评价数据更是异构的，不仅包括数字和文字，还包括图像、声音、视频等多模态信息，具有更加强烈的情境性。由于教育评价正是通过教育信息来认识教育活动并做出价值判断，教育信息的多寡、真实与否直接关乎价值判断的可靠程度，[1]因此，学生信息的无损采集是使得新技术支持的评价比传统学习评价更加可靠的基础。

其次，在新技术支持的评价中，评价信息的分析和处理是即时、智能、可视化的，保证了评价结果运用的高效性。相比于教师或评价专业人员的人工分析，依托新技术的评价数据分析主要具有以下优势：一是耗时更短、效率更高，能够即时反映学生当下的学习情况；二是对于人工难以分析的多源异构的数据，新技术也能提供强有力的算法支持；三是可视化呈现评价结果，揭示数据中蕴含的丰富意义，给予学生及家长更直观的反馈。如果只有评价数据的收集，而没有相应的分析和处理，那么我们就无法运用评价结果来促进学生的学习，这些数据也就犹如一潭死水，失去了活力和价值。由此可见，

---

[1] 朱德全，吴虑.大数据时代教育评价专业化何以可能：第四范式视角[J].现代远程教育研究，2019，31（6）：14-21.

对评价数据的高效智能分析同样不可或缺，这是使得新技术支持的评价比传统学习评价更加有用的基础。

（二）本质归属：基于科学评价模型的人机协同判断

尽管一系列新技术使得评价数据的采集与分析更加全面和高效，但这并不是评价的全部。要想得出可靠而有效的评价结论，并给予学生恰当的学习建议，核心仍在于由学科专业人员、教育评价人员、信息技术专业人员组成专业团队，基于学习目标共同建构科学的评价模型，结合技术分析结果做出综合判断。

数据驱动是现代信息技术的主要特征之一，其所采用的归根结底是一种归纳的逻辑，即它所追求的是事物之间的相关性，而不追问为什么。但是，在两种事物之间存在相关并不代表因果关系成立，而我们的教育实践在某种程度上又是希望通过改变教学的"因"去影响学习的"果"。如果教师过分依赖智能技术自动生成的数据，过分关注那些可测量、可外化的评价指标，而不结合学习目标加上自己的判断，那么就有可能得出错误的结论，从而导致评价的价值取向产生偏差。

所以，新技术支持的评价本质上仍是一种人机协同的价值判断，离不开人类智慧的参与。这一点与现代医学诊断类似，X光、CT、核磁共振等机器检查手段在脱离病史、临床症状和体征的情况下有很大的误判概率，如果没有医生的解读，其结果对患者而言只是一堆无意义的文字、图片和数字。即使面对同一个结果，不同的医生也可能会产生迥然各异的解读，患者该如何吃药、做哪些康复训练完全依赖于医生的临床判断。技术之于评价也是如此，只有技术而没有专业人员建构的评价模型，只有数据而没有教师的判断和解读，是无法实现真正可靠的评价的，也难以让学生受益。我们在评价中运用新技术的同时，需要警惕数据的绝对主义和算法霸权，回归评价的本源和初衷。

（三）功能定位：坚持育人为本

随着技术的不断进步，尽管学习评价的方式方法越来越多元，评价结果也日趋精确和客观，但是其核心功能还是在于促进学习。所以，新技术支持的评价应坚持育人为本的理念，以促进学生德智体美劳诸要素的全面发展为宗旨。

一方面，由于技术的快速发展与进步，许多原本停留于理论思考层面的学

> 新技术支持的评价本质上仍是一种人机协同的价值判断，离不开人类智慧的参与。

习评价理念得以落地，实施起来更加便捷高效，如形成性评价、综合素质评价、增值评价等。在学习评价从重视知识走向重视素养、从关注结果走向关注过程、从经验主义走向证据主义、从单一标准走向个性化评价的过程中，技术提供了极大的驱动力。

另一方面，尽管技术在推动学习评价变革方面起到了重要的作用，但也存在一些容易忽视的灰色地带。例如，学生信息采集的边界到底在哪？在评价者伴随式无损采集学生的相关信息时，这些信息也存在泄露的风险，可能对学生造成意想不到的伤害。

上述二元性正是技术与人之间关系的本质体现，是价值引领技术，还是技术僭越价值，取决于如何把握人与技术间的关系。① 学习评价归根结底还是人的实践活动。我们可以利用技术，但不能被技术掌控。人的发展与幸福始终是所有评价活动的终极价值。以人为本的价值引领是确保学习评价不落入技术理性窠臼的关键。新技术支持的评价不能仅仅停留在测量学生的学习结果，为选拔人才提供可靠依据，而是要更加关注如何利用这些结果来促进学生的成长与发展。如果评价在与技术深度融合的道路上，一味追求数据至上和效率主义，增加了学生的评价焦虑，甚至侵犯学生的隐私、伤害学生的尊严，那么无论这样的评价多么有效和可靠，都是不合伦理的，应该被摒弃。新技术支持的评价为学生带来积极的学习影响是我们理应追求的价值标准。

二、"新技术支持的评价"有何用？

新技术为学习评价的变革带来了无限的可能性，包括实施计算机自动化评分、自适应测试、高阶思维等复杂能力测评等。下面主要以三个关键场景为例，进一步剖析新技术支持的评价的应用价值。

---

① 吕鹏，朱德全. 未来教育视域下教育评价的人文向度 [J]. 现代远程教育研究，2019（1）：40-45，65.

（一）横向拓展：对"难以测量的素养"的评价成为可能

在学校课程育人目标从三维目标走向核心素养的背景下，学生核心素养水平的考查成为学习评价的一项关键课题。而评价核心素养往往需要具备以下两个条件。首先，以批判性思维、创造性思维、协作能力为代表的核心素养指向真实情境中的问题解决，所以其评价常常需要在开放而复杂的非标准化情境中进行。其次，除了关键能力以外，核心素养还包括必备品格和正确价值观，所以对核心素养的评价也需要过程数据的支撑。只有分析过程表现，我们才能知道被评价者能否持续正确地做事，进而判断他是否具备必备品格和正确价值观。以上两个条件是传统学习评价难以实现的，而新技术支持的评价为我们提供了可能的解决方案。

首先，虚拟现实、游戏化测评等技术在增强评价情境真实性的同时兼顾了安全性和经济性，提升了在非标准化情境中评价学生素养的可行性。例如，有研究以《植物大战僵尸2》游戏为载体考查初中生的问题解决能力，认为该游戏实现了素养的隐性评价，即问题解决能力的评价在学生看来只是游戏的一部分，学生在接受评价的时候是完全投入其中的，甚至意识不到自己是在接受一种评价。[1] 利用上述技术，学生完成评价任务的表现会更加接近真实情境中产生的表现。

其次，基于人工智能的数据挖掘、学习分析等技术使得必备品格和价值观念的评价成为可能。例如，许多研究者都尝试开发在线任务来记录问题解决者在合作解决问题过程中的所有行为（如鼠标点击、键盘操作等）和聊天记录，依据预先设计好的评分算法对这些过程数据进行智能分析，研究者能够更真实地评估问题解决者的合作意识。[2] 持续生成的过程数据就如同行车记录仪一般，记录了一个人的长期表现，比点状的结果评价更能反映品格和观念。

---

[1] Shute V J, Wang L, Greiff S, et al. Measuring problem solving skills via stealth assessment in an engaging video game [J]. Computers in Human Behavior, 2016, 63: 106-117.

[2] 米丽根，张忠华，高文娟. 大数据、人工智能与学习评价方式 [J]. 北京大学教育评论, 2019, 17（4）：45-57, 185.

> 新技术支持的评价本质上仍是一种人机协同的价值判断，离不开人类智慧的参与。

（二）纵向追踪：助力学生的个性化学习

许多教师都意识到，评价对于促进学生学习是非常重要的，但是苦于缺乏足够的时间精力来对学生的学习情况一一进行反馈。而新技术提供了另一种形式的"大脑"，可以代替教师完成部分工作。例如，2018年江西省开始推进"智慧作业"项目，引入AI智批系统，在小学和初中阶段的数学、英语科目中进行试点应用：当学生完成书面作业后，教师可以通过扫描识别技术采集作业信息；接着由人工智能机器自动做出分析和判断，针对有多种答案的作业题目，一方面专业教研团队预先进行了答案补录，另一方面教师也可在网上进行手工批改，以保证作业批改的覆盖率和准确率；最后输出正确结果、得分、相关知识点、推荐资源等各类信息，教师、学生及家长可以登录系统查看。[①] 这一技术不仅大大减轻了教师的作业批改负担，而且学生也能获得更加精准和详细的反馈。

除了课后作业场景以外，新技术支持的评价还可以运用于课堂教学等各个方面，全方位支持学生的个性化学习。一般而言，其背后的典型框架包括三个部分，分别是学生特征监测模型、学习模式数据分析模型以及个性化学习推荐模型，构成一个循环（见图21-1）。首先，学生特征监测模型是对学生多方面特征的捕捉和刻画，既包括静态的人口统计学信息、个性、学习风格等特征，也包括动态的学习行为特征，如课堂提问和习题的作答情况、听讲时的目光表情等。其次，学习模式数据分析模型是通过数据挖掘等方式发现学生的学习行为表现与他们潜在的认知、情感、元认知等特征之间的关系，进而预测学生的学习状态，判断学生是否达到学习目标。最后，个性化学习推荐模型是在上述数据采集与分析的基础上，向学生推荐符合他们需要的个性化的学习方法与学习资源，或者提示教师采取差异化的教学策略。

---

① 唐旭，张远伟，张国强.基于智慧作业生态圈的作业AI自动批改探索与实践[J].中国电化教育，2023（4）：115-121.

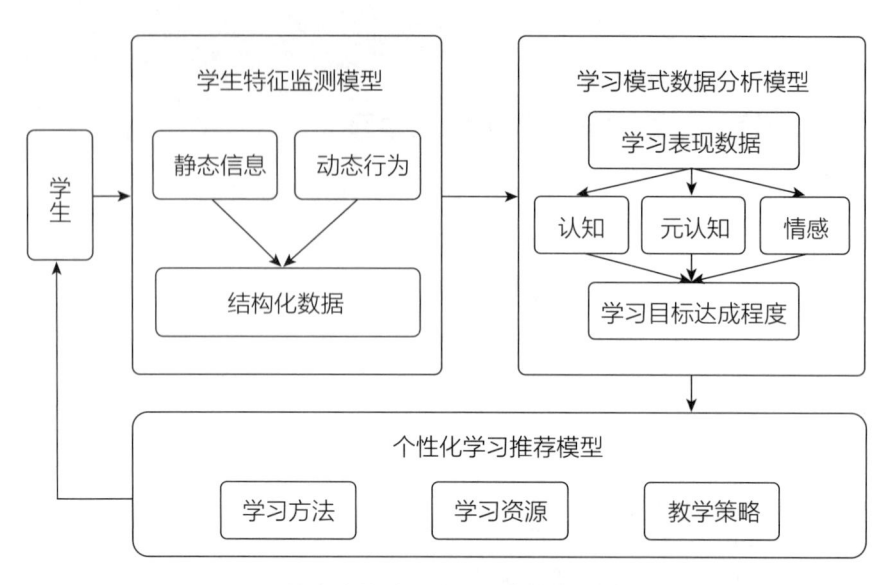

图 21-1　新技术支持的评价促进个性化学习的典型框架

由此可见，在新技术的支持下，教学和评价长期分离的状况将有可能终结，学生学习的过程同时也是形成性评价的过程。① 评价一直伴随学习过程，不仅能够持续追踪学生的学习状态，还能够即时反馈给学生，为学生提供下一步学习计划以及有针对性的练习、资源等，解决"异"学习的问题，真正实现"因材施教"。

（三）立体多维：让综合素质评价更加全面客观

健全综合素质评价体系是中小学考试评价制度改革中的一项重要举措，旨在纠正只关注学生考试分数而忽视学生全面发展的倾向。然而，综合素质评价的实施仍然存在许多现实困境，如忽视情感态度等具有内隐性的品质、忽视过程性的资料积累、记录的随意性强且缺乏监督等。在新技术的支持下，这些困境将有望得以解决。

首先，新技术的应用提升了综合素质评价的全面性。利用新技术，学生的学习痕迹信息采集范围可以涵盖课内和课外、正式和非正式学习环境、线下和线上学习，突破了人工记录的局限性。这些多源异构的海量数据不仅能够

---

① Cope B, Kalantzis M. Big data comes to school: implications for learning, assessment, and research [J]. AERA Open, 2016, 2 (2): 1-19.

> 新技术支持的评价本质上仍是一种人机协同的价值判断，离不开人类智慧的参与。

反映学生外在的行为表现，而且为一些内隐的心理素质提供了判断依据。例如，有研究者建构了一个基于大数据的多源多维综合素质评价模型，该模型包含品德发展与公民素养、修习课程与学业成绩、身心健康与艺术素养、创新精神与实践能力四个方面。[1] 其中的许多指标可以通过学生在网络学习平台中的痕迹信息来反映，如学生的在线研讨内容可以反映其思维品质，学生在线选课后能否坚持学完可以反映学习的坚持性品质等。

其次，新技术的应用保障了综合素质评价的客观性。通过自动抓取学生在网络平台中的学习痕迹信息，可以实现一种非干预式的评价信息采集。也就是说，很多评价信息无须教师记录，也不依赖于学生的自我报告，而是自然状态下学生最真实表现的写照。例如，上海市静安区市西小学就引进了人机对话技术，运用iPad端软件收集过程性数据，对学生的学科素养、综合能力做出评价。[2] 此外，利用区块链技术对学生的综合素质评价档案进行安全存储和加密传输，可以避免评价结果被随意更改。这些都在一定程度上减少了由于认知偏差、利益分配、学业竞争而带来的主观性，降低了综合素质评价结果运用的风险。

最后，新技术的应用增强了综合素质评价的发展性。利用技术收集并分析学生的学习信息，建立个人成长档案与评估报告，有助于学生获悉自身在学习上的优势与不足，满足个性化发展需求。尤其是个人、班级、学校多层面的数字画像，能够形象、全面地呈现诊断结果，服务于学生生涯规划以及教育教学改进。例如，上海市闵行区田园外语实验小学通过对学生"身心健康"数字画像的分析发现，部分学生在体育健康指标上存在下滑趋势，于是设计了有针对性的体育运动来提升学生锻炼的积极性，并运用体育微课资源推送，将体育锻炼延伸至家庭生活，促进学生体质健康的提升。[3]

---

[1] 张治，戚业国.基于大数据的多源多维综合素质评价模型的构建[J].中国电化教育，2017（9）：69-77，97.
[2] 孔晶，郭玉翠，郭光武.技术支持的个性化学习：促进学生发展的新趋势[J].中国电化教育，2016（4）：88-94.
[3] 赵瑛群，刘亚龙.基于学生数字画像的综合评价改革[J].上海教育，2021（Z1）：85.

三、实践中如何推进"新技术支持的评价"？

从理论上看，新技术在学习评价中的应用前景非常广阔，但是相关的实践探索还远远不够，存在许多有待攻克的难题和挑战。为了充分发挥新技术支持的评价对学生发展的积极作用，我们在实践中还需要关注以下三个方面。

（一）将评价模型与学校日常的课程教学工作建立关联

教师在开展日常课程教学工作的过程中，其实做了大量记录和评估的工作，比如作业批改、错题分析、试卷讲评、成绩归档、学生作品展示等，但是这些工作总体比较零散和随意，缺乏纵向的追踪与横向的对比。从某种程度上说，新技术提供的是一种更强大的评价数据管理手段，帮助教师系统地保存和分析评价数据。为了引入新技术，学校往往需要组建由骨干教师、课程专家、评价专家构成的专业团队，与科技公司合作，共同建构底层的评价模型与表层的用户界面。在这一过程中，需要注意将新技术支持的评价系统与学校日常开展的课程教学工作关联起来，以服务日常教学、提高育人质量为宗旨。

以综合素质评价为例，其评价模型的基本逻辑架构如图 21-2 所示。在技术人员介入之前，学校首先需要厘清自身的育人目标，并以此为依据建构评价指标体系，建立指标与学生日常学习信息的关联，然后再与技术人员商讨如何实现学生学习信息的收集、分析、呈现和运用。比如，浙江省杭州市春晖小学近年来研制了学生综合素质数字化评价体系，在"有涵养、有学识、有格局、有韧性"目标的统领下，利用手机 APP 动态采集数据，涵盖学科成绩、行为表现、习惯养成等多个方面，纳入教师、学生、家长多元评价主体，如学生在课堂上是否认真思考、积极合作等"有学识"方面的表现由教师在系统中输入评价，学生助人为乐等"有涵养"方面的表现由同学互评，学生在家锻炼、做家务等"有韧性"方面的表现则由家长评价，评价结果以雷达图、曲线图等可视化图表呈现，反映学生的成长轨迹与状态。[1] 此外，该小学

---

[1] 田冰冰，徐华斌. 用数据为学生成长"动态画像"，杭州春晖小学构建了综合素质数字化评价体系 [EB/OL]. （2022-04-26）[2023-06-17]. https://www.edurck.com/content/news/show/2751/10.

> 新技术支持的评价本质上仍是一种人机协同的价值判断，离不开人类智慧的参与。

还建立了争章激励机制，当学生做到相应方面的要求时，如一年级认识少先队队旗和队徽标志、能佩戴红领巾、会唱队歌等，即可获得徽章奖励。徽章奖励可折算成"晖币"，存入"德育银行"，在学校定期举办的"晖币购购乐"活动中，学生可用"晖币"兑换学习用品或校园岗位的体验资格。从这一案例中可以看出，数字化评价体系收集的信息本就是学校日常课程教学工作中的一部分，而在技术的支持下，评价结果更加清晰有条理，便于教师做出决策与改进。

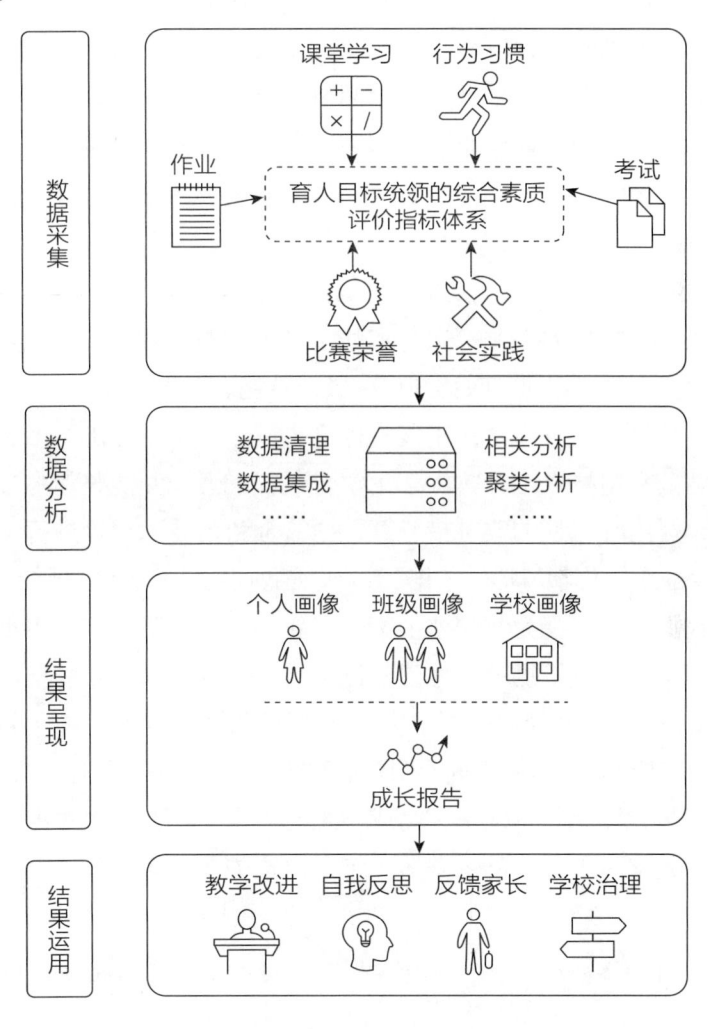

图 21-2　新技术支持的综合素质评价模型基本架构

（二）提升教师的数据素养

如前所述，新技术支持的评价本质上是一种人机协同的价值判断。无论技术在分析学生学习信息方面做得多么智能，都需要依赖教师基于评价结果采取相应的教学策略，用于改善学生学习，真正实现评价的育人功能。通过分析 AI 教师和真人教师合作的课堂视频发现，AI 教师的行为聚焦于提问和表扬，遵循着可以预设的脚本来工作，而对于学生的描述性反馈需要通过真人教师来进行。[1] 由此可见，教师仍旧是评价结果运用的重要实践主体。特别是当技术将教师从作业批改等重复性工作中解放出来后，教师需要进一步思考如何根据学生的评价数据诊断学生学习问题成因，设计教学改进策略。然而，在新技术广泛应用的背景下，评价数据变得前所未有的丰富和复杂，这对教师的数据素养提出了更高的要求。

所谓教师的数据素养，就是指教师通过收集、分析、解释各种类型的数据，将信息转化为可操作的教学知识与实践，以帮助确定教学步骤、开展有效教学的能力，包含数据意识、数据知识、数据技能、数据伦理等多个方面。[2] 我国的《中小学教师信息技术应用能力标准（试行）》也提出了相关要求，如教师应"尝试利用技术工具收集学生学习过程信息，并能整理与分析，发现教学问题，提出针对性的改进措施"，"综合利用技术手段进行学情分析，为促进学生的个性化学习提供依据"等。过去我们往往只关注教师的评价素养，而教师的数据素养可视为教师评价素养在新技术环境下的特殊表现。如果教师缺乏数据素养，就不能敏锐地感知评价数据的变化，也难以发现数据变动背后的意义，从而无法及时把握学生的学习状况，失去对学生学习进行干预、调整教学的最佳时机。举例来说，当评价系统显示学生最近的作业准确率降低，并不必然意味着课堂教学效率不高或学生能力水平不行。教师需要根据最近的学习目标、学习内容、学生学情，结合作业类型、作业难度等多种数据去

---

[1] 阮婷婷，黄甫全，曾文婕. 智能化学本评估初探：基于 AI 教师主讲课堂的试验研究[J]. 教育研究与实验，2021（2）：69-75.
[2] Mandinach E B, Gummer E S. What does it mean for teachers to be data literate: laying out the skills, knowledge, and dispositions [J]. Teaching and Teacher Education, 2016, 60: 366-376.

> 新技术支持的评价本质上仍是一种人机协同的价值判断，离不开人类智慧的参与。

分析这一结果的成因，可能是因为课堂教学方式不恰当，也可能是因为作业难度过高，或者可能是因为作业内容与学习目标不匹配等。只有在准确分析数据意义及其问题成因的基础上，教师才能做出适切的教学调整。

因此，我们需要采取具体措施提升教师的数据素养，帮助教师恰当地解读和运用评价结果，譬如加强在职教师培训，根据教师的任教科目、岗位角色、专业发展阶段分层分类开展关于评价知识以及技术工具使用方法的专题培训；增加实践应用的机会，在教研活动中围绕评价数据的解读与运用进行常态化的研讨与反思；联合信息技术人员、教育评价专家进行多方协作，形成数据分析与应用的一般流程、典型案例，以供教师借鉴和参考。

（三）关注技术应用的伦理问题

由于学习评价是教育活动的重要组成部分，关涉不同主体之间的交往与互动，因而不可避免地需要伦理的规范和制约。而新技术的应用给学习评价带来了传统评价伦理框架之外的新挑战。有学者通过梳理文献发现，目前关于教育大数据的伦理议题主要包括四个方面：隐私、知情同意和数据所有权；数据和算法的有效性与完整性；伦理决策和采取行动的义务；治理和问责制。[①] 其中最关键的问题有二：首先，大量收集学生信息的做法可能侵犯学生的隐私权，学生个人信息一旦泄露，可能会对他们的学习、情绪乃至社会交往产生严重的消极影响。其次，部分学业预警机制和学习路径推荐算法可能会加深固有偏见或产生新的弱势群体，导致学习机会的不公平，限制学生的自由发展。例如，不擅长使用技术设备的学生可能无法在基于计算机平台的评价任务中产生良好的表现，而这却会被系统识别为在知识或能力上有所欠缺，从而推荐与他们本身知识能力水平不匹配的学习路径，这就使得一部分学生无法获得他们本应拥有的学习机会。

因此，如何建立新技术环境下的评价伦理共识并加以践行是开展新技术支持的评价时需要特别关注的问题。具体措施包括：一是增加数据收集与使用的透明度，尤其是让学生及其家长知道他们的哪些信息会被收集、他们可以

---

① Hakimi L, Eynon R, Murphy V A. The ethics of using digital trace data in education: a thematic review of the research landscape [J]. Review of Educational Research, 2021, 91 (5): 671-717.

如何获取自己的信息、平台采用了怎样的保密措施等；二是在新技术支持的评价系统正式发布和使用之前，政府相关监管部门邀请第三方专业人员对该系统使用的算法进行独立审查，检查其中是否存在伦理风险；三是学校及教师不过度依赖算法和数据，在"教—学—评"一致性等专业理念的指导下，结合教师的专业经验对学习进行综合判断。

拓展阅读……

1. 讯飞教育技术研究院，认知智能国家重点实验室智能教育研究中心. 2021智能教育发展蓝皮书：智能技术赋能教育评价［R］. 第四届智能教育论坛，2021.
2. 杨鸿，朱德全，宋乃庆，等. 大数据时代学生综合素质评价：方法论、价值与实践导向［J］. 中国电化教育，2018（1）：27-34.
3. 刘邦奇，袁婷婷，纪玉超，等. 智能技术赋能教育评价：内涵、总体框架与实践路径［J］. 中国电化教育，2021（8）：16-24.
4. 曾文婕，周子仪. 走向"智能型学习为本评估"：技术赋能学习评估的历史嬗变与未来展望［J］. 课程·教材·教法，2022，42（6）：72-80.
5. 杨欣. 教育评价改革的算法追问［J］. 华东师范大学学报（教育科学版），2022，40（1）：19-29.

22. 学校课程实施方案

学校育人的课程蓝图，是学校有效实施国家课程和合理开发校本课程的基础性保障，涉及学校课程规划方案、学期课程纲要、单元/课时学习方案三个层级的方案。

《义务教育课程方案（2022年版）》中的"课程实施"部分明确提出要"科学规划课程实施"，并强调学校应依据省级义务教育课程实施办法以及学校教育哲学，分析资源条件，制定学校课程实施方案。那么，学校为何要编制课程实施方案？学校一级的课程实施方案有哪几层、分别是什么？编制学校课程实施方案的要领是什么？本章将尝试回答上述问题。

一、新课程为何强调"学校课程实施方案"的编制？

学校课程实施方案作为学校课程建设的关键文本，是落实立德树人根本任务、深化教育教学改革、全面提高学校教学质量的重要方略，在教育民主化发展、专业化进程、课程改革顶层设计的进程中，成为学校育人内涵式发展的必然选择。

（一）教育民主化的发展：三级课程管理制度下国家课程方案校本化实施

2001年，国务院颁布的《国务院关于基础教育改革与发展的决定》和教育部颁布的《基础教育课程改革纲要（试行）》明确提出了我国基础教育改革的六大改革目标，以纲领性文件的高度为我国基础教育描绘了一幅理想的蓝图。其中，改革目标之一是"改变课程管理过于集中的状况，实行国家、地方、学校三级课程管理，增强课程对地方、学校及学生的适应性"。这意味着中国基础教育课程管理要从过于集中转向赋权增能、共享治理的新时代。

国家、地方、学校三级课程管理制度最有意义的创新之处就在于，从课程管理走向课程治理、课程领导，赋予学校部分课程决策权。这不仅明确了国家、地方和学校在课程管理上的权利与责任，更体现出我国课程管理体制独有的民主化发展。在三级课程管理制度中，学校不再像过去那样只能简单接受上级教育部门的课程安排，而是必须依据国家和地方制订的课程计划，结合学校的教育哲学（愿景、使命与毕业生形象）与传统优势，制定本校的学校课程实施方案。学校不仅是课程实施的地方，也要履行课程管理的责任，校长成了学校一级课程管理的第一责任人，教师也随之成为学校课程的开发者。

在这一民主化的转变中，学校需要考量诸多问题，包括：如何从"依据教学计划、教学大纲实施教学"转向"根据育人目标及课程标准、教材发展学校课程"？教师如何从"备一节课"到"备一门课程"或"备一个单元课程"，从"教教材"到"用教材教"？教师如何转变角色去当"导师"？……如果这些问题没有一套本土化的专业规范，就会严重影响新一轮课程改革的成效，影响国家基础教育的整体质量，甚至影响"培养什么人、怎样培养人、为谁培养人"的国家战略。因此，为学校课程建设赋权增能，对学校而言既是机遇也是挑战，学校仍需进一步加强自身课程建设，以便深化落实国家课程政策，快步进入全面提高质量的内涵发展阶段。

（二）教育专业化的进程：教师、方案、学生三要素互动的育人机制

教师、课程、学生是学校课程实施的基本要素，且在课程实施中存在着紧密的互动关系，因此，课程实施可以被视为教师不断评估学生需求且与学生共同调整建构课程的过程。[①] 学校课程实施是一个互动的过程，即学生带着一定的经验与知识进入学校现场，术有专攻的教师以学习为中心，借助文本课程（课程标准、教材），设计专业化的方案（如教案），与学生进行深度互动，以促进每个学生的成长（见图22-1）。学校课程实施互动理论通过教师、方案、学生三要素的互动机制来实现教育意义，以课程之网来促进学生的学习与发展，并刻画学校教育的具体过程，从理论上消解了教师主体与学生主体的二元论，并解释了教师不是教教材而是用教材教（设计、实施与评估方案）的专业人员，凸显了互动的育人价值，为学校育人的专业化之路廓清了发展方向与实践路径。就专业实践过程来看，课程之网也是学校教育区别于家庭教育、社会教育的关键要素，更是课程发展专业化的标志。

---

① Taylor M W. Replacing the "teacher-proof" curriculum with the "curriculum-proof" teacher: toward more effective interactions with mathematics textbooks [J]. Journal of Curriculum Studies, 2013, 45 (3): 295-321.

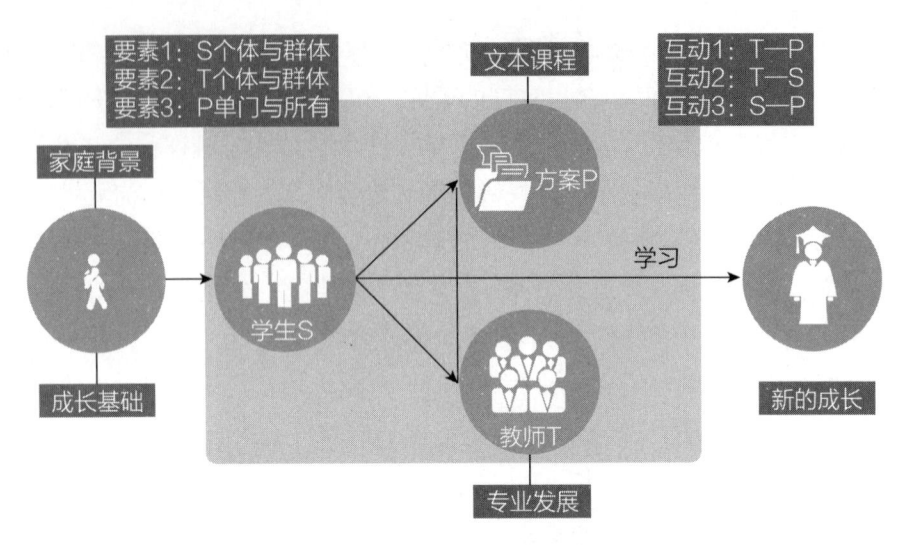

图 22-1　学校课程实施互动理论图解

（三）我国基础教育课程改革的顶层设计：特色化发展的学校课程实施方案

国家、地方、学校三级课程管理体制的建立从国家教育政策层面为学校课程建设提供了重要的政策保障。由此，学校可以根据教育部或者上级教育行政部门的课程政策文本，结合自己学校的教育哲学以及可获得的教育资源，对本校课程进行具体的规划和安排；教师也可以根据学科课程标准、教材，结合学生情况和可利用的资源，规划或设计一个学期的课程；同时，教师还可以根据学期课程目标、课程标准、教材和学情来设计单元/课时方案。学校课程就是在不同层面的课程发展过程中，充分融入本校的元素，留下丰富且独特的学校印记，利用特定的现场资源，吸收多样的教师智慧，展示学校课程的独特性，助推学校特色化发展。这能够有效抑制"千校一计划，万人同课表"的倾向，解决学校课程固定化、同一化的问题，真正激发学校的办学特色。

二、如何理解学校一级的课程方案：三个层级、三种文本？

学校是三级课程管理体制中的实践一级，也是课程改革的"最后一公里"，

> 学校课程既是学校课程领导力的具体体现，也是一所学校整体规则的图纸。

但学校层面的课程实施涉及多个主体多个层面，需要在学段、学期、单元／课时三个层级整体推进。就此而言，学校课程的有效实施需要三个层级的专业规范的支持，与之相应，学校一级的课程方案从宏观至微观主要包括三类文本：学校课程实施方案、学期课程纲要和单元／课时学习方案（见图22-2）。这三层方案自上而下逐步分化，不断具体化，自下而上不断整合，融合为一体，形成了学校课程实施专业方案体系，充分体现了学校课程建设的专业性，也体现了课程育人的复杂性和一致性。

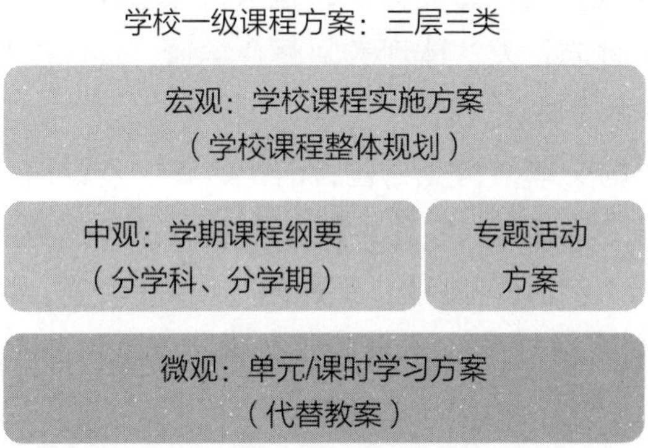

学校一级课程方案：三层三类

- 宏观：学校课程实施方案（学校课程整体规划）
- 中观：学期课程纲要（分学科、分学期）
- 专题活动方案
- 微观：单元/课时学习方案（代替教案）

图 22-2　学校一级课程方案层级化示意图

课程建设如建筑。如果把学校课程实施方案比作新校建筑图纸，课程类型相当于学校的功能区域（如教学区、运动区与生活区），那么学期课程纲要就是一幢楼（即一门学科）中的一层楼的图纸，单元／课时学习方案就是一间房的图纸。

（一）宏观层：学校课程实施方案

学校课程实施方案是指学校依据教育部颁发的义务教育课程方案和省级教育行政部门颁布的义务教育课程实施办法，结合学校教育哲学、学生课程需求、可得到的教育资源等因素，对学校课程实施进行整体规划所形成的方案。从文本结构来看，学校课程实施方案包含学校课程实施规划的依据（必要性和可能性）、学校课程计划及其说明、课程实施建议和保障措施四个板块。

学校课程实施方案是学校育人蓝图、课程总纲，具有长远性、全局性、战略性、方向性、概括性和激励性。这是三级课程管理政策背景下学校一级课程管理的重要标志，也是学校课程领导力的具体体现，更是学校课程改革的重要组成部分。如果借用建筑的话语来说，它就是一所学校整体规划的图纸。

（二）中观层：学期课程纲要

学期课程纲要是指教师依据课程标准、教材与学情，以提纲的形式，对学生在某一学期所要学习的课程目标、内容、实施与评价进行一致性的规划与设计。学期课程纲要有别于"教学进度表"，前者是"用教材教"或教师作为专业人员参与课程开发的重要标志，是国家课程校本化的具体体现，而后者是"教教材"的标志，无法体现教师整合学情、资源以及解读课程标准后对本班级学生学习的个性化设计。

学期课程纲要的文本结构应当包含前记、正文及说明三个板块（如下所示）。其中，"前记"包括学校名称、教师、科目名称、课程类型、教材、课时、适用对象等；"正文"包括课程目标、课程内容、课程实施、课程评价四个方面；"说明"应回答为何这样设计，包括设计依据、创意和参考文献等。

- 前记：学校名称；教师；科目名称；课程类型；教材；课时；适用对象
- 正文：一致性地回答四个课程问题：
  - 课程目标
  - 课程内容
  - 课程实施
  - 课程评价
- 说明：回答为何这样设计，如依据、意图或参考文献（此部分内容无须发给学生，供校本教研用）

就国家课程而言，教师必须依据学科课程标准、学情与教材，一致性地设计某一学期或学年某门课程的目标、内容、实施与评价，以规范并指导学生的学习和自己的教学。就校本课程而言，教师必须依据学校教育哲学，在评估学生的课程需求与可获得的课程资源后，一致性地设计某门校本课程的目标、内容、实施与评价。由此可见，学期课程纲要是一种课程合同、认知地图、课程计划或交流工具，有利于教师审视某门课程育人所需的所有条件，以形成学科

> 学校课程既是学校课程领导力的具体体现,也是一所学校整体规则的图纸。

观或课程意识,并且帮助学生明确一门课程的全貌或相关政策,最终实现国家课程校本化的实施与学业质量管理。

(三)微观层:单元/课时学习方案

世界上有记载的教案已有200余年历史。但一些喜欢思考的教师却质疑,当前教学目标的主语是学生,是期望学生学会什么,那教学过程的主语是谁?为解决这一问题,敢于探索的教师开始了学案、导学案、教学案、学历案等教学方案变革的尝试。学历案作为新的教学方案之一,是指教师以促进学生素养发展为宗旨,以课程标准、教材与学情为依据,以学生何以学会的历程为主线而开发的一种微型课程文本。它具有三个特征:一是课程视角,它不仅要设计期望学生学会什么(目标),还要设计学什么(内容)、怎么学(实施)以及何以知道学生学会了(评价任务);二是学习立场,它不是呈现教师怎么教的过程,而是呈现学生如何学会的进阶或过程;三是助学方案,它是作为专业人员的教师通过研读课程标准和教材、评估学生的需求,基于可得到的资源而开发的引领学生学好教材的助学方案。单元/课时学习方案则是指教师在开展专业实践之前,依据国家课程标准中的内容标准要求以及对应的课程纲要,对某个单元/课时实施教学而进行的专业设计文本。

从单元/课时学习方案的结构来看,单元必须有目标,并且还要有为实现目标而努力的多次教育行动,这样构成一个完整的育人事件;单元不是知识点,也不是教学内容单位,而是最小的课程单位,是教育的细胞,整个课程体系就是由单元建设起来的。作为课程单位的单元至少要包括五个要素,对应回答五个问题,即需求(为什么学)、目标(期望学会什么)、内容(学什么)、实施(怎么学)、评价(学会了没),且当这五个问题体现了内部一致性时,才能构成"完整"的教育事件。由于国家课程的需求问题在各学科的课程标准中都有明确的规定,故单元教学设计的文本主要集中在后面四个要素及其一致性上。基于此,单元学历案则至少包括单元名称与课时、学习目标、评价任务、学习过程(含资源与建议、分课时设计)、作业与检测、学后反思六个要素。

由此可见,单元/课时学习方案作为落实新课程标准倡导的素养导向的一种教学对策,能够为学生实现主动学习并获得适合的教育提供专业化学习支架，是提高学生课程适应性的重要举措。

三、如何编制"学校课程实施方案"？

学校课程建设主要是学校课程实施方案、学期课程纲要和单元/课时学习方案三层方案的一体化设计。那么在学校教育中，这三层方案到底该如何设计？需要注意那些专业规范？因学期课程纲要与单元/课时学习方案在本书第12个关键词"基于课程标准的教学"中已有讨论，故此处只讨论宏观的"学校课程实施方案"如何编制的问题。

学校课程实施方案作为一所学校对该校学生在某一学段的课程学习进行的整体谋划，其完成主体应当是学校的利益相关者（包括学生代表、教师、家长代表、社会代表及学校领导）和专业人员组成的学校课程委员会，以代表学校课程建设的领导与决策结构。从结构来看，学校课程实施方案包括学校课程实施方案制定的依据、学校课程计划与说明、课程实施与评估建议、保障措施等要素。从具体内容来看，学校课程实施方案的四大要素应当分别回答不同的关键问题，以下列18个问题支架为着力点（见表22-1），在逐一回答的过程中搭建学校课程建设的规划体系。下面将对每一个要素的内容及框架进行具体说明。

表22-1　学校课程实施方案的问题支架一览表

要素与关键问题	18个问题
一、学校课程实施方案制定的依据 必要性与可能性？	01 如何落实国家或省级课程方案的相关政策？特别是国家课程部分的相关规定？ 02 如何从学校声誉、师资、生源、资源、课程、环境等方面进行SWOT分析？ 03 如何评估学生的课程需求？如何了解社区对课程的期待？ 04 怎样凝练学校教育哲学（愿景、使命与毕业生形象）？
二、学校课程计划与说明 哪些课程？结构如何？如何安排？	05 如何设计与毕业生形象对应的课程结构？开设哪些课程？不同课程之间是什么关系？ 06 如何按年级分周课时安排全校的课程计划？是否达到开齐、上足要求？ 07 如何协调国家课程与校本课程、学科课程与活动课程、正式课程与专题活动的关系？ 08 说明部分是否聚焦学校课程计划中的关键点做进一步的补充或说明或展开？

> 学校课程既是学校课程领导力的具体体现，也是一所学校整体规则的图纸。

续表

要素与关键问题	18 个问题
三、课程实施与评估建议 如何分课程类别落实？有何实施与评估建议？如何保证课程的持续改进？	09 国家课程如何校本化实施？基于课程标准的教学如何做？"教—学—评"如何一致？学习方式如何变革？ 10 如何创建综合实践活动实施模式？如何整合各类活动？ 11 劳动教育如何有效安排？如何建立与家庭、社区的关系以落实劳动教育？ 12 校本课程如何特色化发展？如何开发与管理？如何推进跨学科学习？ 13 如何基于不同目标的课程设计匹配的评价方案？如何落实"为学习而评价"的理念？ 14 如何推进指向核心素养的评估？包括作业设计、试题命题、表现性评价、过程评价如何开展？ 15 如何在课程实施的过程中收集信息、运用评价结果来更新原有的课程和课程规划？
四、保障措施 有哪些组织、制度、资源保障？	16 如何建立组织保障？包括学校课程委员会的组建、章程的制定、议事与决策程序的建立等。 17 如何建立制度保障？包括教研、校本课程申报、审议、选课制度以及人员研修制度等。 18 如何建立资源保障？包括人、财、物、时间、空间、信息等，人员包括专兼职、校内外。

（一）学校课程实施方案制定的依据

学校课程实施方案制定的依据主要包括如下四个方面，着力回答学校课程规划的必要性与可能性。

一是政策依据。学校要认真研究《义务教育课程方案（2022 年版）》和各省制定的义务教育课程实施办法的政策要求，特别是国家课程部分的相关规定，明确学校一级课程建设与管理的责任，厘清课程实施的任务范围。

二是本校课程优势与传统。课程发展应体现连续性与阶段性、传承与创新的统一，在制定新的课程实施方案时，学校需要进行本校的背景分析，对本校的学校声誉、优良传统、课程特色、教学经验、师资与生源特点、资源条件、社区环境、困难制约等做客观分析，也可以借鉴 SWOT 分析法，分别从优势（S）、劣势（W）、机遇（O）、威胁（T）等方面分析内外部的有利因素与不利因素，以使课程发展工作有的放矢。背景分析是制定学校课程规划与课程实施方案的基础工作，可以将其简要内容写进方案，也可由另外的文案承载这些思考。

三是本校学生需求分析。学校一定要通过问卷调查、访谈座谈、建群征求意见建议等多种途径，了解本校学生的个性化发展需求，明确学生及其家长、社区的课程期待，让校本课程真正体现"因需而设"。

四是明确育人目标或毕业生形象，凝练学校教育哲学。学校课程实施方案应从义务教育性质出发，根据《义务教育课程方案（2022年版）》提出的"有理想、有本领、有担当的时代新人"的要求，明确学校育人目标。为了便于理解、传播、聚心合力，也可尝试采用"毕业生形象"，形象化、校本化地表述育人目标，以构成学校教育共同体的集体愿景和育人使命。

（二）学校课程计划及说明

学校课程计划及其说明，是为了实现学校的育人目标，学校准备安排哪些课程，这些课程之间的关系或结构是什么，课程的开设顺序及课时分配是什么等，体现出一定的结构且与目标保持一致，以便对标"毕业生形象"。对此，学校应依据省级课程实施办法，整体规划学校的国家课程、地方课程与校本课程，一般包括具体说明课程类别（特别是校本课程的类别）、课程计划表及其说明等内容。在编制方式上，通常按学段如小学、初中、九年一贯编制本校课程计划，以表格的方式呈现。同时在编制过程中特别要处理好下列三个问题。

一是要开齐开足独立开设的国家课程。依据省级义务教育课程实施办法科学安排每学期授课科目，明确各年级开设的科目、周课时等内容。严格控制课时总量，严格控制学生在校活动时间。可以以半学期为单位安排课程，减少并开科目，提高课程密度。

二是要合理开发校本课程或需要整合实施的课程。校本课程开发的关键不在数量而在质量，其质量的关键在于满足学生多样化的发展需求。同时，校本课程开发需要在程序、课程纲要文本、课程设置与教学安排上符合专业规范。此外，没有明确课程标准的、相对开放的、需要学校整合实施的国家课程，如综合实践活动、劳动课程，学校要因地制宜，努力与校本课程、地方课程一起整合实施，既能确保规定的学习时间，又能提高课程实施的育人效能，做好课程之间的协调工作。

三是要研究课时的灵活运用。《义务教育课程方案（2022年版）》不规定课时时长，便于学校灵活安排长短课，从时间上保证能上"出汗的体育课""完整的实验课"或者开设"快乐星期几"（即半天活动课程），但这需要学校好好研究并利用这些关键点，做好补充说明，以实现制度重建。

（三）课程实施与评估建议

学校课程实施方案应就如何组织开展教学与评价实践有清晰的思路和组织规划。主要包括学校层面教学管理的组织安排和教师层面开展教学活动的指引。

教学工作的首要任务是国家课程的校本化实施。如何将专家设计的课程转化为教师理解的课程，进而成为师生实践的课程，是一个创造性劳动的过程。教师要研究课程标准与教材，进行教与学设计（包括作业）、课堂教学与课外指导、学习评价与反馈，积极思考并实践基于课程标准的教学，落实"教—学—评"一致与学习方式变革。要帮助教师高质量地完成教学过程，须建立较为完善的教学常规管理制度。

《义务教育课程方案（2022年版）》特别提出"深化教学改革"的四方面要求。这些改进教与学的要求，反映了对当前教育教学实践的深刻反思。学校课程实施方案应结合本校教学实践的基础，将深化教学改革的要求消化转化为本校实践推进的计划。要对课程实施的难点有充分的认知，展开深入务实的研究，通过提高教师团队能力，促进学与教的转型，循蹈正确的路径，组织有效的教学活动与学习实践。

没有评价就没有课程。课程评价是学校课程实施方案的重要组成部分，主要涉及三个部分：学习评价、教学评价与文本评价（如学期课程纲要、教学方案等）。通过对学习、教学和文本的评价，获取课程实施过程与结果的信息，更新原有的课程，修订学校课程实施方案。评价建议围绕下列三个关键问题展开。

一是"为什么评"——评价的目的与功能。倡导评价促进学习的理念，注重提高学生自我评价、自我反思的能力，引导学生合理运用评价结果改进学习。要变甄别为诊断，从他评控制为主转向唤醒自我评价，促进内生成长，落实"为学习而评价"的理念。评价结果的运用是评价目的与功能所决定的。

二是"评什么"——评价内容。要从"知识立意"的评价转向"能力立意""素养立意"的评价；要重视结果评价与过程评价的结合；注重价值观、必备品格与关键能力，以及综合素质的评价。

三是"怎么评"——评价方式。要提高纸笔测试的命题技术，引导素养测评，遏制简单训练，并建立促进"教—学—评"有机衔接的机制；探索伴随学习过程的评价，在课程实施的过程中收集信息，推进表现性评价；根据学生年龄特点与学科特点采用差异化的评价方式与策略。

（四）保障措施

要将学校课程规划付诸实施，学校课程委员会应事先就组织与保障进行周到的考虑，即为了保障规划的课程能够落到实处，学校需要整合哪些可得到的人、财、物、时间、空间、信息技术等资源，在使用和提供哪些资源及机制上有哪些保障和建议，通过组织保障、制度保障、资源保障等确保上述规划能够落实落地。如学校课程委员会的组建、相关章程的制定、议事与决策程序的建立；教研、校本课程申报、审议、选课制度以及人员研修制度等；职能部门的分工协调、师资等人员的任务安排、工作进度计划及监管评价、工作经费预算、课程教学资源的开发机制与共享平台以及图书馆、实验室、专用教室、活动基地等学习空间等的建设与管理等。

值得一提的是，在学校课程建设的过程中，需要建立两级课程审议制度：一是每所学校的课程实施方案需要上级教育主管部门组织专家进行审议；二是教师开发的学期课程纲要，特别是校本课程纲要需要学校一级组织专家审议。两级审议机制，不仅是课程发展质量的保障机制，而且能部分地解决长期存在的"一统就死，一放就乱"的管理顽症。

承上所述，学校课程实施方案制定的依据、学校课程计划与说明、课程实施与评估建议以及保障措施应具有内在的一致性，且提纲挈领、清晰可行，体现出合目的、合一致、合好用。

四、示例及说明

《广州市第八十九中学课程实施方案》[1]是新课程背景下学校课程实施方案的一个示例，现介绍一下文本编制的思路，便于读者更好理解上述内容。该方案的内容主要包括如下四个部分。

一是背景与依据，涉及学校课程发展SWOT分析、学生课程需求评估，以及学校依据义务教育培养目标，结合"有理想、有本领、有担当"时代新人的培养要求，继承百年至德的学校历史文化底蕴，遵循人文、科技、绿色与幸福教育的发展脉络，凝练出的"尚学、至德、敏行、致远"的毕业生形象。

二是学校课程计划及说明，涉及"课程结构"及"课程设置和课时安排"两个板块。其中，"课程结构"包括对国家课程、地方课程与校本课程三个部分的设计。"课程设置和课时安排"则明确了各年级的课程/科目及课时，并对其细则进行补充说明。

三是课程实施与评价建议，划分为"高质量实施国家课程"和"合理开发校本课程"两个板块。前者又细化为五个方面，包括编制学期课程纲要和单元学历案，深入推进国家课程校本化；以点带面，抓好试点学科课程建设，着力提升学生的核心素养；聚焦"学为中心"，推进以学历案为载体的课堂教学改革；落实"双减"政策，规范教学过程和作业管理；推进适合每位学生的教育，落实因材施教。后者是在梳理学校已有校本课程的基础上，对照学校毕业生形象，优化构建至德、科创、学科特长与学科拓展四类校本课程。评价建议被划分为学习评价、教学评价和方案评价三个板块进行分别论述。

四是保障措施，划分为"组织与制度保障""人力资源保障""环境与技术保障""经费保障"四个板块。其中，"组织与制度保障"包括成立课程发展委员会、成立五大中心、加强制度保障三方面。"人力资源保障"包括加强师资队伍建设，保障高质量实施学校课程；借力专家，用好科研院所研究力量，丰富课程资源；盘活家长资源，形成课程实施合力三方面。

---

[1] 此案例在出版中，作者是广州市第八十九中学教师熊涛、李其雄、王强。

拓展阅读……

1. 崔允漷,王涛,雷浩.义务教育课程方案(2022年版)解读[M].北京:北京师范大学出版社,2022.
2. 崔允漷.学校课程建设:为何与何为[J].中国民族教育,2016(Z1):8-10.
3. 崔允漷.学校课程实施过程质量评估[M].上海:华东师范大学出版社,2017.
4. 崔允漷.学校课程发展"中国模式"的建构与实践[J].全球教育展望,2019,48(10):73-84.
5. 崔允漷,雷浩.优质学校课程建设的专业规范[J].人民教育,2019(Z2):37-40.